DIE WEISHEIT DER BÄUME

Fred Hageneder   MIT FOTOGRAFIEN VON EDWARD PARKER

DIE WEISHEIT DER BÄUME
MYTHOS · GESCHICHTE · HEILKRAFT

KOSMOS

Die Weisheit der Bäume

Gewidmet den in diesem Buch genannten Bäumen sowie jenen, die hier nicht erscheinen.

SEITE 2: *Küsten-Mammutbaumwald bei San Francisco, USA*

LINKS: *Gewöhnliche Douglasien, Schottland*

Inhalt

Einleitung	6	Echte Feige	90	Karolina-Pappel	160
Reiche, Völker, Stämme	12	Maulbeer-Feige	94	Kirsche	164
		Banyan	96	Schlehe	166
Akazie	16	Pipalbaum	100	Granatapfel	168
Ahorn	20	Esche	102	Birne	170
Baobab	24	Ginkgo	106	Eiche	172
Rosskastanie	26	Stechpalme	110	Weide	178
Kauri	30	Walnuss	112	Holunder	182
Erle	32	Wacholder	116	Mammutbaum	186
Mandel	34	Lärche	120	Eberesche	190
Araukarie	38	Lorbeer	122	Tamariske	194
Birke	40	Apfel	124	Mexikanische Sumpfzypresse	196
Hainbuche	46	Maulbeere	128	Eibe	198
Ess-Kastanie	48	Myrte	130	Linde	206
Zeder	52	Olive	132	Ulme	210
Orange	60	Dattelpalme	138		
Myrrhe	64	Fichte und Tanne	142	Glossar	212
Hasel	66	Kiefer	146	Einführung in die Naturheilkunde	214
Weißdorn	68	Terebinthe	150	Weiterführende Literatur	216
Zypresse	72	Platane	152	Register	220
Quitte	78	Totara	154		
Eukalyptus	82	Pappel	156		
Buche	86	Espe	158		

RECHTS: »Rizzio's tree« in Melville Castle bei Edinburgh, Schottland – Ess-Kastanie, angeblich von David Rizzio (1533?–66), dem Sekretär Marias von Schottland, als Zeichen seiner Liebe zu ihr gepflanzt

Einleitung

Bäume und Menschen lebten immer schon in einer symbiotischen Beziehung. Durch die Jahrtausende boten die Bäume uns Schutz vor Kälte und Hitze. Sie versorgten uns durch ihre vielen essbaren Früchten, Blätter, Blüten und Wurzeln mit Nahrung. Sie gaben uns Holz für Werkzeuge, Waffen und Spielsachen, nicht zu vergessen Material für Häuser, Zäune, Schiffe und Brücken. Am bedeutendsten aber war, dass Bäume den Brennstoff für das Feuer lieferten, das vor Jahrtausenden zum Motor der menschlichen Zivilisation wurde. Bäume sind unsere engsten Verbündeten.

Das gesamte Spektrum menschlicher Existenz spiegelt sich in Bräuchen und Mythen um Bäume: der Zyklus von Geburt, Tod, Wiedergeburt, der uralte Kampf zwischen Gut und Böse und die Suche nach Schönheit, Wahrheit und Erleuchtung.

Unsere Vorfahren wussten um das Gleichgewicht des Lebens: Man gibt und man nimmt. So feierten sie die Kräfte der Natur mit Gaben, Gesängen, Gebeten und Segenssprüchen und gaben ihr so wieder etwas zurück – zurück in die Welt, als deren natürlicher Teil sie sich fühlten. Viele Kulturen sahen (und sehen noch immer) die ganze Schöpfung von Geist beseelt und alle Lebewesen als heilig.

Ob wir persönlich an Naturgeister und an die Existenz Gottes innerhalb oder außerhalb der Schöpfung (oder überhaupt) glauben, oder nicht – eines ist gewiss: Die Fähigkeit, unser Mitgefühl auf andere Lebensformen auszuweiten, Dankbarkeit dafür zu empfinden, dass wir am Wunder des Lebens teilhaben dürfen, und all unsere Mitbewohner dieses Planeten zu achten oder gar zu lieben, macht uns zu besseren Menschen und lässt uns über Gleichgültigkeit und Habgier triumphieren. Die Weisheit der Bäume zeigt uns dabei den hohen Wert des Lebens.

OBEN: *Der Grüne Mann, Symbol der regenerativen Kräfte der Natur, oft abgebildet mit aus dem Mund sprießenden Blättern, wie bei diesem Beispiel von der Kirche in Sutton Benger, Wiltshire, England*

Der Lebensbaum

Die nordamerikanischen Ureinwohner nennen Bäume »unsere stehenden Brüder und Schwestern«. Denn sowohl Menschen als auch Bäume stehen aufrecht. Wir bewegen und verändern uns, und sie bleiben das ruhige Zentrum des *Seins*.

RECHTS: *Buchmalerei in einer Handschrift mit der Darstellung Fenrirs, des Wolfs der nordischen Mythen, und des Weltenbaumes Yggdrasil (Isländische Schule, 1680)*

Nach vielen alten Weisheitslehren dreht sich das Universum in einer spiral- oder kreisförmige Bewegung um eine zentrale Achse, die *axis mundi*. Dieser zentrale Pol wurde oft als *Lebensbaum* oder *Weltenbaum* dargestellt. Der Lebensbaum ist im Wesentlichen ein Abbild des ganzen Universums oder wenigstens der Erde, das die Idee verkörpert, dass alles Leben miteinander verbunden und heilig ist. Er zeichnet das Universum nicht bloß als leblosen Mechanismus, der blind den Gesetzen der Physik gehorcht. Er beschreibt unsere Welt vielmehr als einen lebendigen, sich entwickelnden Organismus, erfüllt von göttlichem Geist.

Der Lebensbaum ist ein Sinnbild, das bis in die Jungsteinzeit zurück verfolgt werden kann. Seit damals gehört es zur Philosophie der meisten alten Zivilisationen, sowohl der alten Hochkulturen Ägyptens, Persiens und Griechenlands als auch der enger der Natur verbundenen Stammesgesellschaften. In der Bronze- und Eisenzeit entwickelten die verschiedenen Kulturen ihre eigenen Merkmale, ihre Moralvorstellungen und Gesetze, ihre Ästhetik, Sprache, Bräuche und so weiter. Als Teil dieses Prozesses entwickelte sich auch das Bild des Lebensbaums in vielfältiger Weise – zum Beispiel zum *Haoma*-Baum im zoroastrischen Persien, zum *Tooba*-Baum im Zentrum des islamischen Paradieses oder zum Weltenbaum Yggdrasil der nordischen Mythen, *'Ez Chajim* im Judentum und *Ts'ogs-shing*, dem »Versammlungsbaum der Götter« im tibetischen Buddhismus. Er erscheint in vielerlei Gestalt in allen Mythen der Welt.

Ein Aspekt der mit Bäumen verbundenen Traditionen blieb durch die patriarchalischen Zeiten nach dem Neolithikum immer erhalten: der ausgeprägte Sinn für die *weibliche* Seite des Göttlichen. Der Baum war eng mit der Vorstellung weiblicher Gottheiten und der alten Muttergöttin verbunden. In der Vor-Hieroglyphen-Schrift des alten Ägypten etwa leitet sich das Wort für »gebären« direkt vom Wort Baum ab. Das war kein Zufall. Der Lebensbaum ist die große Mutter der Schöpfung: allumfassend, allgebärend, allheilend. Diese Symbolik geht auf die Zeit des weltweiten Kults der Großen Göttin zurück.

Dieser kosmische Schoß ist auch allverschlingend, doch nur, um Leben umzuformen und *wieder* zu *gebären*. In der alten Kosmologie ist der Tod nicht der polare Gegensatz des Lebens, sondern nur ein wichtiger Teil seines Kreislaufs. Die meisten Völker glaubten an die Wiedergeburt oder andere Formen des Lebens im Jenseits. Ein alter gallischer Druidenspruch besagt: »Der Tod ist bloß ein Tor auf einer langen Reise.«

Die Weisheit der Bäume lehrt uns, dass wir alle zusammen durch die Zyklen des Lebens reisen.

Der Baum der Erkenntnis

In den germanischen Sprachen leiten sich die meisten Ausdrücke für Lernen, Wissen, Weisheit usw. von Wörtern für Baum oder Wald ab.

Im Angelsächsischen steckt dies in *witan* (»Sinn, Bewusstsein«) und *witiga* (»Weisheit«), im Englischen in *wits, witch* und *wizard*, im Deutschen in *Witz*. All diese Wörter stammen von der altskandinavischen Wurzel *vid*, was »Wald« bedeutet.

Ein Druide ist ein »sehr weiser« Mensch. Das Wort entstand aus zwei gallisch-keltischen Wörtern: *dru* (»sehr«, »höchst«) und *vid* (»Wissen«). Und eben dieses Wissen kam aus den Wäldern, nicht nur weil Druiden bis zu 20 Jahre lang in abgeschiedenen Waldakademien ausgebildet wurden, sondern auch weil *alles* ursprüngliche Wissen von den Bäumen kam. (Das bedeutet keine Bedrohung der Erhabenheit Gottes als höchstes Wesen: Gott ist die Quelle, die Bäume sind die

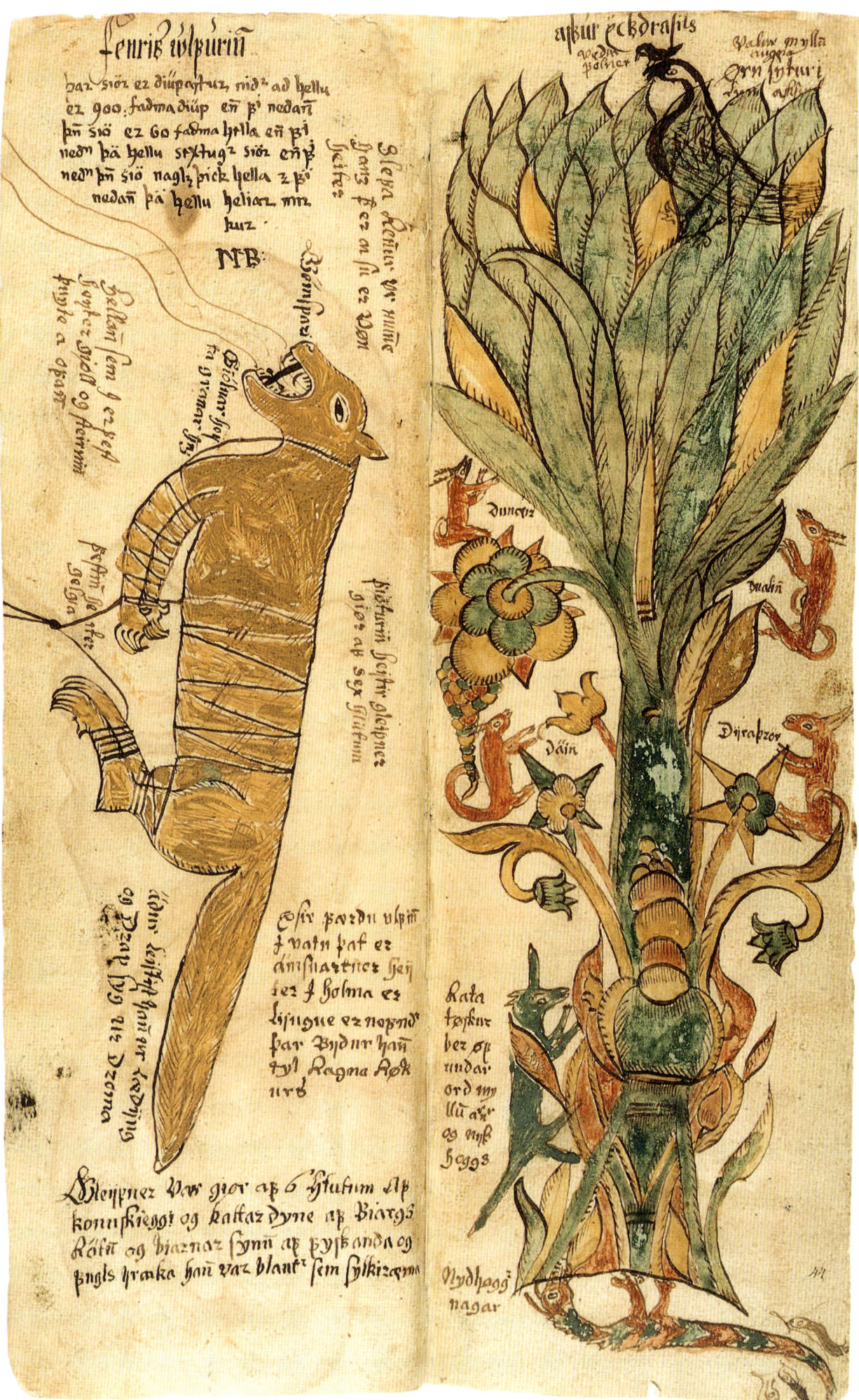

Kanäle). Alle alten Kulturen, ob sie zu einem Gott oder zu vielen beteten, erkannten, dass Bäume das menschliche Bewusstsein zu höheren Formen der Wahrnehmung erheben können. Durch sie konnte man Botschaften höherer Ebenen (oder des tieferen Ichs) empfangen – das erklärt die reiche Tradition von Baumorakeln und Baumheiligtümern auf der ganzen Welt. Einige Götterboten, etwa die Vögel, haben Flügel – die meisten aber Blätter.

Und die Blätter vom Baum der Erkenntnis sind die Lettern der alten heiligen Alphabete. Unsere Vorfahren »pflückten« sie von den Bäumen, die ihnen somit die Schrift gaben, mit der sie das Wort bewahren konnten. Schrift galt als magisch, ermächtigt doch das Wort, durch die Zeit zu reisen und sie zu besiegen. Frühe Schriften dienten zunächst als Wahrsagesysteme (zum Beispiel die nordischen Runen), wobei jedes Symbol einen Aspekt der ursprünglichen Lebenskraft darstellt. Das alte irische Alphabet *Ogham* (Aussprache »oam«) umfasst 20 Buchstaben, jeder nach einer lokalen Baumart benannt. Mit solchen Alphabeten begannen die Menschen auf Birkenrinde, Walnussholz- oder Buchentafeln zu schreiben und Sprüche in Eibe, Eberesche und andere Hölzer zu schneiden.

Im siebten Jahrhundert vor Christus suchte Buddha unter dem heiligen Pipalbaum nach höchster Erkenntnis, der »letzten und unbedingten Wahrheit«. Er fand sie. Die Weisheit der Bäume lehrt uns, dass Lernen mit Zuhören beginnt.

Heilige Haine

Die Idee von der spirituellen Natur der Bäume hatte ganz konkrete Auswirkungen auf Mensch und Landschaft. Auf jedem Kontinent wurden bestimmte Bäume oder Wäldchen als „heilig" unter Schutz gestellt. Bei den verschiedenen Völkern der

LINKS: *Wandmalerei der 19. Dynastie aus dem Grab des Sennedjem, Deir el-Medina, Theben, Ägypten. Die schwer beladenen Dattelpalmen und Feigen zeugen von der Sorgfalt, mit der Sennedjem und seine Frau ihr Land zum Wohlgefallen der Götter verrwalteten.*

Erde repräsentieren ganz verschiedene Arten den Lebensbaum (oder Aspekte davon), je nachdem, welche Bäume heimisch waren und – da alle Arten verschiedene Merkmale und Eigenschaften haben – welcher Baumcharakter am ehesten den von einer bestimmten Kultur betonten spirituellen Vorstellungen entsprach. Bei den alten Sumerern scheint dies die Libanon-Zeder gewesen zu sein, im prähistorischen Persien war es die Platane, und in Sibirien ist die Birke der Weltenbaum der schamanischen Tradition.

Die meisten Religionen begannen unter heiligen Bäumen. Ein einfacher Altar kennzeichnete das Heiligtum. Später wurden ein Dach oder eine Einfriedung hinzugefügt, schließlich entstand daraus ein von Menschen errichteter Tempel.

Der »sakrale« Status hatte auch direkte ökologische Folgen: ein Baum oder sogar die ganze Art war dadurch unter Schutz gestellt. Die Persea *(Mimusops schimperi)* etwa war einer der heiligen Bäume im alten Ägypten. Mit dem Verschwinden der alten Religion verlor sie aber ihren Sonderstatus und wurde in diesem heißen und an Bäumen armen Land zur Bau- und Brennholzgewinnung herangezogen. Traurigerweise war sie etwa 900 Jahre danach in Ägypten ausgerottet – heute gibt es nur wenige Exemplare in Äthiopien. Im mittelalterlichen Europa waren beinahe die einzigen Eiben, die dem Fällen und der Verarbeitung zu Langbogen entgingen, jene Exemplare, die auf Friedhöfen wuchsen.

Nachhaltigkeit

Die Menschen brauchten zum Überleben die verschiedensten aus Bäumen hergestellten Produkte. Doch das Bevölkerungswachstum und die zunehmende Intensivierung der Landwirtschaft veränderten langsam das Aussehen der Erde.

Heute verbindet man oft die frühen Kulturen mit der achtlosen Abholzung der Bäume, doch gibt es immer mehr archäologische Erkenntnisse, dass man in der Antike durchaus mit Rohstoffen zu haushalten wusste. Nachhaltige Forstwirtschaftsmethoden gehen bis ins Neolithikum zurück und wurden nicht erst – wie man früher annahm – durch den enormen Holzkohlebedarf der mittelalterlichen Metall-, Glas- und Salzindustrie eingeführt. Die Verwendung von Ästen als Blattfutter für den Viehbestand geht ebenso auf die antike Landwirtschaft zurück.

Ein Beispiel antiker Forstkultur geben die Zypressen von Kreta, die in der minoischen Kultur hoch geschätzt waren, aber auch nach Ägypten und Griechenland exportiert wurden. Die kretischen Zypressenbestände gediehen durch die Antike und wurden erst im Mittelalter von den Venezianern zum Bau ihrer Schiffsflotten ausgerottet. Die explodierende mittelalterliche Bevölkerung Europas mit den großen Städten aus Holz, die wiederholt niederbrannten und neu aufgebaut werden mussten, erzeugte eine höhere Nachfrage nach diesem Rohstoff als die Jahrtausende alten Kulturen im Nahen Osten, die selbst für ihre Paläste meist Lehmziegel verwendeten. Und jeder moderne Wolkenkratzer benötigt mehr Holz für die Betonschalungen als je ein antiker Palast.

Der Holzhandel gehörte in der Antike genauso zum Alltag wie heute, doch der Respekt vor Bäumen wog damals genausoviel wie der wirtschaftliche Druck. Vor etwa 3500 Jahren führte der Kämmerer des Pharaos Thutmosis III. eine Expedition zur Suche nach Zedernholz in den Libanon. Die Inschrift auf seinem Grab beschreibt die Opfer, die er darbrachte, bis er – von einer Instanz jenseits unseres modernen Denkens – die Erlaubnis erhielt, *bestimmte* Bäume zu fällen. Dies ist eines von vielen antiken Beispielen, in denen im Einklang mit der Natur der Respekt über die Habgier triumphiert.

Reiche, Völker, Stämme

Ägypten Eine der frühesten Stadt- und Schriftkulturen. Ihre Jahrtausende andauernde Kulturgeschichte begann um 3100 v. Chr.

Alte Welt Ein von Kommentatoren der Neuen Welt (Amerika, Australien und Neuseeland) verwendeter Ausdruck für Europa, von wo sie ursprünglich stammten. Der Ausdruck wird hier aber als Bezeichnung für die alten Kulturen des Nahen Ostens (Ägypten, Kanaan, Phönizien, Syrien, Arabien, Persien, Mesopotamien, Anatolien, Griechenland, das vorchristliche Rom und deren Kolonien) und ihre politischen, sozialen und wirtschaftlichen Beziehungen verwendet. Die Stammesgesellschaften der nordeuropäischen Völker (Kelten, Germanen, Finno-Ugrier) sind damit nicht gemeint.

Amerikanische Ureinwohner Der amerikanische Kontinent soll erstmals um 10 000 v. Chr. von asiatischen Stämmen besiedelt worden sein. Die aus dem nordöstlichen Sibirien stammenden ersten Amerikaner kamen wahrscheinlich über die Beringstraße nach Alaska und verbreiteten sich dann nach Süden. Viele dieser nordamerikanischen Kulturen behielten ihre Lebensweise als Jäger und Sammler bis zur postkolumbischen Kolonisation durch die Europäer bei.

Angeln Germanenstamm, der gemeinsam mit den Jüten und Sachsen im 5. Jahrhundert n. Chr. Britannien eroberte.

Arier Ein Volk, das in prähistorischer Zeit im Iran und Nordindien siedelte. Die indo-europäischen Sprachen Südasiens gehen auf seine Sprache zurück.

Assyrien Königreich im nördlichen Mesopotamien (heutiger Irak und Südost-Türkei). Entstand im 14. Jahrhundert v. Chr. und war bis zu seinem Untergang 612 v. Chr. ein Großreich.

Babylonien Königreich im südlichen Mesopotamien. Die Stadt Babylon wurde um 1850 v. Chr. das wirtschaftliche und administrative Zentrum. Babylon wurde 689 v. Chr. zerstört.

Dorer Alter griechischer Stamm, ursprünglich aus Nordwest-Griechenland (Makedonien und Epirus). Im 11. Jahrhundert v. Chr. eroberte er die Halbinsel Peloponnes, löschte die mykenische Kultur aus und stürzte Griechenland in ein dunkles Zeitalter, bis 300 Jahre später die Stadtstaaten entstanden.

Gallier Eine keltische Ackerbaukultur auf dem Boden des heutigen Frankreichs und Teilen Belgiens. Gallien wurde 58–50 v. Chr. vom römischen Feldherrn Julius Cäsar erobert.

Germanische Stämme Uneinheitliche Gruppe indo-europäischer Stämme, die in der Bronzezeit im südlichen Teil des heutigen Schweden, auf der dänischen Halbinsel und in Norddeutschland lebten. In der Eisenzeit und im Frühmittelalter dehnten sie ihr Siedlungsgebiet aus. Zu diesen Stämmen gehörten die Sachsen, Angeln, Friesen, Langobarden, Burgunder und Goten.

Hebräer Altes nordsemitisches Volk, die Vorfahren der Juden.

Ionier Die östlich verbreiteten alten Griechen, die Ionien an der Westküste Anatoliens (heutige Türkei) ihren Namen gaben. Die Ionier sollen nach dem Einfall der Dorer von Attika (südöstliches Griechenland) eingewandert sein. Später (ab dem 5. Jahrhundert v. Chr.) wurden die Ionier mit der einheimischen Bevölkerung, den Pelasgern, gleichgesetzt. Ihr Beitrag zur griechischen Kultur war von großer Bedeutung.

Israeliten Die Nachkommen der biblischen Patriarchen von der Zeit der Eroberung Kanaans (um 2000 v. Chr.) bis zur Rückkehr aus dem Babylonischen Exil (spätes 6. Jahrhundert v. Chr.), wonach sie als Juden bekannt wurden.

Jericho Möglicherweise die älteste Stadt der Welt. Die Siedlung steinzeitlicher Jäger wurde um 9000 v. Chr. zu einer hoch organisierten Gemeinde, die um 8000 v. Chr. massive Steinmauern um ihre Stadt errichtete. Die Größe der Siedlung (geschätzte 2000 bis 3000 Einwohner) lässt vermuten, dass die Bewohner schon frühe Formen von Landwirtschaft und auch Bewässerungsmethoden kannten.

UMSEITIG: *Diese stattliche Eiche steht in einem Meer von Glockenblumen zwischen verstreut stehenden Haselsträuchern.*

Kanaan Gebiet westlich des Jordan, später Palästina genannt. Die Religion der Kanaaniter ähnelte der der Phöniker.

Kelten Gruppe indo-europäischer Völker, die sich ab dem 2. Jahrtausend v. Chr. über weite Teile Europas ausbreitete. Der Hallstattzeit (um 700 v. Chr.) folgte die La Tène Kultur (ab 450 v. Chr.). Die meisten keltischen Territorien wurden im 1. Jahrhundert v. Chr. vom römischen Imperium annektiert.

Mesopotamien Das »Zweistromland«, der »fruchtbare Halbmond« zwischen Euphrat und Tigris (heutiger Irak). Siedlungsraum der alten Kulturen von Sumer, Babylonien und Assyrien.

Palästina Späterer Name für Kanaan. Das Wort ist von Philistia, dem von griechischen Autoren verwendeten Ausdruck für »Land der Philister«, abgeleitet. Die Römer bezeichneten mit diesem Namen den südlichen Teil ihrer Provinz Syria, »Syria Palaestina«.

Pelasger Ägäische Bevölkerung Griechenlands vor dem 12. Jahrhundert v. Chr. Als *Pelasgoi* bezeichneten die Griechen ihre Vorgängerkultur. Es ist nicht bekannt, wie die Pelasger sich selbst nannten, oder ob sie überhaupt eine homogene Gruppe bildeten. Die Griechen übernahmen zahlreiche pelasgische Mythen und Legenden, die ihre Kultur so reich und vielfältig machten.

Persien Die Parsa, ein indo-europäischer Stamm, kamen um etwa 1000 v. Chr. auf die iranische Hochebene. Langsam entwickelte sich ihre Macht zum Persischen Weltreich, das bis zu seiner Eroberung durch Alexander den Großen im 3. Jahrhundert v. Chr. bestand. Zarathustra (um 628–551 v. Chr.) war ein bedeutender kultureller und religiöser Reformer.

Philister Volk ägäischen Ursprungs, das im 12. Jahrhundert v. Chr., etwa zur Zeit der israelitischen Wanderung, an der Südküste Kanaans (zwischen Tel Aviv und Gazastreifen) siedelte.

Phönizien Region an der Ostküste des Mittelmeers (heutiger Libanon). Die Phöniker tauchten um 3000 v. Chr. auf, sie waren Seefahrer, Händler und Koloniegründer. Ihr Küstenterritorium reichte bis zum Libanongebirge mit seinen berühmten Nadelbäumen (Zedern). Im Zentrum der Religion standen die Kräfte der Natur, wie etwa Baal, der Geist des Landes und die Muttergöttin Astarte.

Phrygien Landschaft im westlichen Zentralanatolien. Die Phrygier beherrschten Kleinasien vom 12. bis 5. Jahrhundert v. Chr. Sie betrieben Ackerbau, Schaf- und Pferdezucht. Ihr Hauptkult der Muttergöttin Kybele wurde von den Griechen übernommen.

Römisches Reich Ende des 1. Jahrhunderts v. Chr. errichtet, beherrschte es fast alle Mittelmeerländer und reichte im Norden bis Britannien. Ab etwa 300 n. Chr. begann es zu zerfallen und endete im Jahr 395 mit der Teilung in ein Ost- und ein Westreich.

Sachsen Ein germanischer Stamm, der zunächst im Bereich Norddeutschlands und der Ostseeküste lebte. Er eroberte und besiedelte Britannien im 5. Jahrhundert n. Chr.

Sparta Griechischer Stadtstaat. Seit dem 5. Jahrhundert v. Chr. widmete sich seine Führungsschicht dem Krieg und der Diplomatie und vernachlässigte Kunst und Philosophie. Die einseitige Konzentration auf die Kriegsführung leistete Griechenland in Zeiten nationaler Bedrängnis zwar große Dienste, schloss aber jede Hoffnung auf politische Einigung der einzelnen Staaten aus und beschleunigte schließlich die römische Eroberung Griechenlands.

Sumer Südlichster Teil Mesopotamiens. Ort der ältesten bekannten Zivilisation. Zwölf unabhängige Stadtstaaten erlebten hier von etwa 3000 bis 1900 v. Chr. ihre Blüte.

Ur Alte Stadt in Südmesopotamien (Sumer), etwa 300 km südöstlich von Bagdad, gegründet von Bauern der Kupferzeit im 4. Jahrtausend v. Chr. Um 2000 v. Chr. zog der biblische Abraham mit seinem Stamm von Ur nach Kanaan.

Akazie *Acacia*

Akazien sind eine sehr große Gattung mit 800 bis 1000 Arten von Sträuchern und Bäumen und kommen in subtropischen und tropischen Regionen vor, besonders in Afrika und Australien (wo sie als *Wattle*s bekannt sind). Hauptsächlich sind sie Sträucher, doch erreichen einige Arten auch Baumgröße. Die Blätter sind oft doppelt gefiedert. Die Blüten erscheinen meist gelb in Form kleiner Kügelchen. Die Früchte sind schotenförmige Hülsen.

Die Gemeine Akazie *(A. raddiana)* wird 5–8 m hoch, ihre Blätter teilen sich doppelt gefiedert in kleine längliche bis elliptische Blättchen. Hauptblütezeit ist im Frühling, die zweite dann im Spätsommer. Die gedrehten Schoten enthalten viele Samen, die, nachdem sie zu Boden fallen, von verschiedenen Tieren gefressen werden. *A. abyssinica* ist in Äthiopien beheimatet, sie hat 7,5–12,5 cm lange Früchte.

Die Gemeine Robinie bzw. Scheinakazie *(Robinia pseudoacacia)* gehört nicht zu dieser Gattung, zählt aber wie die echten Akazien zu den Schmetterlingsblütengewächsen.

Praktischer Nutzen

Die Akazie war im alten Ägypten von großer praktischer und religiöser Bedeutung. Sie war der meist verbreitete und nützlichste einheimische Baum. Dachbalken von über 5 m Länge konnten aus den tiefhängenden, gebogenen Ästen geschnitten werden, und das Holz war stark genug für die Hauptbalken des Rumpfs und der Spanten kleinerer Schiffe. Kürzere Holzstücke wurden für die Lastkähne am Nil verwendet. Ein

RECHTS: *Schöne, gefiederte Blätter im Mischwald der Provence. Man nimmt an, dass die duftenden Akazien wegen der Parfümindustrie nach Südfrankreich gebracht wurden.*

GEGENÜBER, OBEN: *Elephanten in einem Akazienwald auf dem Weg zu einem Wasserloch im Waza National Park, Nord-Kamerun*

GEGENÜBER, UNTEN: *Die Schoten der erbsenartigen Akaziensamen sind Nahrungsquelle vieler Tiere und eingeborener Jäger und Sammler.*

Boot wurde so aus 60 cm langen Holzstücken konstruiert, die wie Ziegel zusammengefügt wurden. Akazien lieferten außerdem das Holz für Möbel, Truhen, Särge und Bögen.

Im Südwesten der USA essen bis heute die Stämme der Cahuilla und Pima die Schoten oder Samen der »Catclaw« Akazie *(A. greggii)* roh oder gemahlen und zu Kuchen gebacken. In Hawaii diente das Holz von *A. koa* zum Bau von Kanus.

Heilkräfte

Die Hawaiianer geben Kindern Koa-Asche in den Mund, um ihnen Kraft zu geben. Sie legen auch die Blätter auf das Bett von Kranken, um das Schwitzen zu fördern.

Kultur, Mythos und Symbolik

In den Augen der alten Ägypter war ein Boot nicht nur ein Objekt, sondern auch ein Sinnbild: das Spiegelbild der Barke des Bewusstseins, auf der die Seele durch das Leben zog. So gesehen haben Boote und Särge etwas gemein, und in vielen Kulturen entstanden Schiffs- oder Bootsbestattungen. In den fünf in der Nähe der Cheops-Pyramide (um 2500 v. Chr.) gefundenen Bootsgräbern waren die Boote aus Akazien- oder Zedernholz.

Besonders bedeutend war die ursprünglich aus Akazienholz gebaute heilige Barke des Osiris im Tempel von Theben. Der alte Naturgott »starb« alljährlich, wenn die Pflanzen verwelkten, um im Frühling »wiedergeboren« zu werden. Durch den Sieg über den Tod und das Erlangen ewigen Lebens personifizierte Osiris die Verheißung der Auferstehung. Das spirituelle Ziel der alten Ägypter war das Überschreiten des eigenen Ich und das Aufgehen in Osiris. Die Akazie war die Hüterin dieser Verheißung, denn sie beschützte die Mumie des Osiris, während seine Seele das Universum umfasste. Inschriften nennen ihn den »Einsamen in der Akazie«, Abbildungen zeigen ihn als von dem Baum beschützte Mumie.

Die Stämme Israels fertigten die Bundeslade, den Tabernakel und den Altartisch aus dem Holz der Gemeinen Akazie *(A. raddiana)*. Dieser Baum kommt in der jüdischen Sakralgeschichte sonst nicht vor, er wurde für die Bundeslade vermutlich verwendet, weil Moses aus Ägypten mit ihm vertraut war. Von allen Akazienarten, die unter den harten Bedingungen des Sinai überleben können, eignet sich bloß diese Art als Bauholz.

In Arabien wird die Akazie noch immer verehrt, und wer einen Zweig abbricht, soll innerhalb eines Jahres sterben.

Im alten China soll der große Erdgott in einem Kiefernbaum gelebt haben, während die anderen Götter in den vier Himmelsrichtungen in anderen Baumarten residierten. Die Götter des Nordens lebten in Akazienbäumen.

Symbolik: Feingefühl und Schutz

Göttlicher Bezug: Osiris (altes Ägypten)

Astrologischer Bezug: Sonne, Pluto

Historisches: Bei einer Reise durch Patagonien (südliches Chile und Argentinien) kam Charles Darwin 1833 zu einem heiligen Baum zwischen dem Rio Negro und dem Rio Colorado. Die eingeborenen Stämme bezeichneten diese vereinzelt stehende Akazie als Altar von Walleechu, den sie besuchten, um Votivgaben an seine Äste zu hängen. Arme Leute hängten bunte Fäden daran, Reiche gossen Alkohol und *Maté* in ein Loch im Baum. Die Besucher brachten Rauchopfer dar, um der Geisterwelt ihre Dankbarkeit auszudrücken.

Ahorn *Aceraceae*

Die Ahorngewächse *(Aceraceae)* umfassen mehr als 100 Arten, die in der gemäßigten nördlichen Zone und in großer Zahl in Ostasien vorkommen. Hauptsächlich sind sie Laubbäume und Sträucher mit gegenständigen Blättern, die bei den meisten Arten handförmig gelappt sind. Die Blüten sind klein, aber oft attraktiv, und öffnen sich meist zugleich mit den Blättern. Die von Insekten bestäubten Blüten reifen zu geflügelten Samen, mit denen Kinder gerne spielen.

Der Feld-Ahorn *(Acer campestre)* ist ein mittelgroßer Baum, häufig auf Feldern und in Hecken in Europa; er wächst auch in Westasien. Im Herbst werden die Blätter gelb, manchmal rot. Der Spitz-Ahorn *(A. platanoides)* ist ein stattlicher, schnell wachsender Baum von beachtlicher Größe. Der Berg-Ahorn *(A. pseudoplatanus)* gedeiht in exponierten Lagen auf fast jedem Boden. Die aus den europäischen Bergregionen stammende Art wird sehr häufig gepflanzt. Der Silber-Ahorn *(A. saccharinum)* ist ein großer, schnell wachsender Baum im östlichen Nordamerika. Form und Farbe seiner Blätter erzeugen im Wind hübsche Effekte. Der Zucker-Ahorn *(A. saccharum)* ähnelt dem Spitz-Ahorn und ist einer der beeindruckendsten Bäume Nordamerikas, gerade wenn seine Blätter im Herbst die Farbe wechseln.

Praktischer Nutzen

Das feste, feinmaserige Holz eignet sich für hochwertige Erzeugnisse – wie zum Beispiel Musikinstrumente – oder für Drechslerarbeiten wie Zierschalen. In England grub man an-

RECHTS: *Ein attraktives Merkmal der Ahornfamilie ist die herbstliche Verwandlung der Bäume. Ihre Blätter zeigen dann ein weites Spektrum an Farbtönen – von Zartgold bis Tiefrot.*

gelsächsische Ahornharfen aus einem Hügelgrab in Taplow, Berkshire, aus; man fand sie auch, eingehüllt in einen Robbenhaut-Sack als Teil des Schatzes des Schiffsgrabes von Sutton Hoo in Suffolk. Das helle, geruchlose Berg-Ahornholz ist für Küchentische und Möbel beliebt, weil die feine Maserung leicht zu reinigen ist. In anderen Gegenden Englands verwendete man einst Berg-Ahornblätter als Unterlage beim Backen der Oster- oder Erntedankkuchen, denen ihre typischen Blattadern ein schönes Muster verliehen.

In Nordamerika nutzen viele indianische Stämme traditionell Ahornholz zum Herstellen von Paddeln und Rudern, als Baumaterial oder für Korbwaren und zur Möbelerzeugung.

Der beliebte Ahornsirup wird hauptsächlich in Kanada produziert. Seit Jahrhunderten schneiden die nordamerikanischen Ureinwohner im Winter die Stämme des Zucker-Ahorns ein, um den Saft aufzufangen. Heute ist das eine richtige Industrie. Wenn nicht zuviel Saft abgezapft wurde und die Bäume relativ unbeschädigt blieben, kann der Vorgang im Folgejahr wiederholt werden. Man braucht etwa 180 Liter Saft, um 4,5 Liter Sirup herzustellen.

Reiner Ahornsirup ist kostbar, denn er enthält neben Zucker Mineralstoffe wie Kalium, Kalzium, Magnesium und Mangan, die Vitamine A, B2, B5 und B6, Folsäure, Niacin, Biotin und Proteine. Doch Vorsicht – einige billigere Produkte enthalten nur ein Fünftel Ahornsirup in einer Mischung mit Weizensirup und verschiedenen künstlichen Zusätzen, achten Sie beim Kauf also immer auf die Inhaltsangabe!

Heilkräfte

Alle Ahornarten haben eine große Tradition in der Kräutermedizin, besonders bei den nordamerikanischen Ureinwohnern.

OBEN: *Wegen des vielfältigen Nutzens der Baumes wurde das charakteristisch geformte Ahornblatt kanadisches Nationalsymbol.*

Der Stamm der Tsalagi verwendet die Rinde des Silber-Ahorns für Arzneien gegen Augenentzündungen, gynäkologische Symptome und Krämpfe. Die Chippewa nehmen sie zur Wundbehandlung, die Mohegan gegen Husten, die Ojibwa gegen Gonorrhö.

Kultur, Mythos und Symbolik

Der Berg-Ahorn in den Alpen und der Feld-Ahorn in den tieferen Regionen Europas hängen eng mit der bäuerlichen Kultur zusammen. Man aß die Frühlingsblätter als Salat und in anderen Speisen, und die belaubten Äste wurden oft als Viehfutter verwendet. Die Bäume boten Schatten, stabilisierten Hänge oder feuchte Böden und zählten beinahe schon zu den »Arbeitskräften« des Bauernhofs.

In der alten walisischen Tradition, Liebeslöffel zu schnitzen, nahm man gerne den Berg-Ahorn, doch abgesehen von

AHORN

Eine Erzählung des nordamerikanischen Salteaux-Stammes berichtet, wie die glühenden Herbstfarben des Ahorns die Großmutter des Schöpfers Nanahboozhoo vor bösen Geistern der Dunkelheit retteten.

der traditionellen Verwendung für Musikinstrumente (das Holz kann Schall besonders gut übertragen), »verließen« die Bäume kaum je ihren Bauernhof.

Ihre Bedeutung in Nordamerika ist eine ganz andere. Eine Erzählung des Salteaux-Stammes berichtet, wie glühende Herbstblätter des Ahorns die Großmutter des Schöpfers Nanahboozhoo vor bösen Geistern der Dunkelheit retteten. Nanahboozhoo war so dankbar und so eingenommen von der Schönheit der Bäume, dass er beschloss, unter ihnen zu leben. Eines Tages kamen einige Stammesangehörige und fragten ihn, wie sie Ahornsaft sammeln sollen, und er zeigte ihnen, wie sie das tun konnten, ohne die Bäume mehr als notwendig zu verletzen... Der Ahorn kommt auch in den Mythen und Legenden vieler anderer Stämme nordamerikanischer Ureinwohner vor. In einer von den Chippewa erzählten Geschichte über den Helden Mishosha war der Ahorn einst ein böser Zauberer. Mishoshas mutige Taten aber machten aus einem äußerst bösen Menschen einen Heil bringenden Baum.

Die Irokesenlegende »Jagd auf den Großen Bären« erzählt, wie vier Brüder Nyahgwaheh, einen riesigen Bären jagten. Nach einer langen und gewagten Verfolgung erlegten sie ihn endlich am Gipfel eines Berges. Sie machten ein Feuer, brieten den Bären und aßen ihn. Als sie satt waren, blickten sie hinab und sahen tausende kleine funkelnde Lichter unter und zwischen sich. Sie waren nicht mehr auf dem Berg, sondern im Himmel! Die Knochen des Bären erwachten wieder zum Leben und begannen zu laufen, und die vier Brüder ergriffen ihre Speere und folgten ihm durch den Himmel. Und das tun sie noch immer – denn sie bilden das Sternbild des Großen Bären. Jeden Herbst, wenn sie ihn töten, so besagt die Legende, fällt das Blut des Bären vom Himmel und färbt die Ahornblätter scharlachrot.

Die Kiowas verwenden das Holz des Eschen-Ahorns (*A. negundo*), um am Altar das Feuer der heiligen *Peyote*-Zeremonie zu entzünden (*Peyote* ist ein halluzinogener Kaktus).

Symbolik: Ausdehnung, Erweiterung

Göttlicher Bezug: Nanahboozhoo (Salteaux-Indianer)

Astrologischer Bezug: Jupiter

Aberglaube: Der römische Gelehrte Servius notierte um 400 n. Chr., dass der Ahorn ein Baum sei, der Unglück bringe, da das trojanische Pferd aus Ahornholz gemacht worden sei.

Historisches: Der Berg-Ahorn wird 1578 erstmals in England erwähnt, vielleicht wurde er von Kreuzfahrern aus Kontinentaleuropa mitgebracht. Der englische Name »*sycamore*« bezieht sich auf »Sykomore«, die Maulbeer-Feige aus Ägypten und Palästina.

Baobab *Adansonia*

Adansonia ist eine Gattung von acht in Afrika, einer in Australien und sechs in Madagaskar vorkommenden Arten von Laubbäumen. Die häufigste Art, der Baobab oder Affenbrotbaum *(A. digitata),* wächst in Afrika und Madagaskar. Er hat einen kurzen, aber massiven, bis zu 18 m hohen Stamm, dessen Durchmesser seine halbe Höhe erreichen kann. Die Blätter an den Enden der kräftigen Äste haben fünf bis sieben länglich-elliptische, bis zu 12 cm lange Blättchen. Die Blüten öffnen sich oft vor den Blättern mit weißen, verkehrt-eiförmigen, an die 10 cm langen Blütenblättern. Bestäubt werden sie von verschiedenen nachtaktiven Tieren, wie Fledermäusen. Der größte lebende Vertreter steht in Northern Province (Südafrika) und misst 14 m im Durchmesser. Sein Alter wird auf über 3000 Jahre geschätzt.

Praktischer Nutzen

Die gewaltigen Stämme der größten Baobabs können über 140 000 Liter Wasser aufnehmen. Mit der besonderen Fähigkeit, in ihrem saugfähigen Holz Wasser zu speichern, sichern sie vielen Völkern das Überleben in Trockenperioden oder in Gebieten ohne Oberflächenwasser.

Die innere Bastschicht unter der Rinde der Stämme liefert eine feste Faser für Seile und Netze, aber auch für Stoffe. In einigen Teilen Afrikas wird das weiße, faserige Fruchtfleisch zur Abwehr von Insekten verbrannt.

Symbolik: Lebensbaum

Göttlicher Bezug: Geisterwelt

Astrologischer Bezug: Mond

Heilkräfte

Die großen, holzigen, eiförmigen Früchte, reich an Proteinen und Öl, sind eine wichtige Nahrungsquelle der Einheimischen. Die großen, schwarzen Samen werden pur gegessen, mit Hirse vermischt, oder zu einem Brei zerstoßen; auch das Öl wird extrahiert. Das weiße Fruchtfleisch ist Grundlage eines limonadenartigen Getränks. Die jungen Triebe und Blätter werden von Haustieren, Wild und Mensch verzehrt.

Der Baobab hat eine lange Geschichte medizinischer Anwendungen. Blätter und Samen sind reich an Vitamin C und Kalzium, die das Immunsystem stärken. Rinde und Samen werden zur Fieberbehandlung und gegen Malaria eingesetzt.

Kultur, Mythos, Symbolik

Besonders zu Beginn des 20. Jahrhunderts trug man eine große Sammlung von Mythen, Legenden und Bräuchen um den Baobab zusammen. Als Wasserspender wurde dieser Baum zum wahren »Lebensbaum« vieler Völker, und seit Menschengedenken werden ihm Respekt und Danksagungsrituale entgegengebracht. In einigen Ländern gibt es bei einigen Stämmen Begräbnisriten, bei denen besonders geachtete Menschen wie Medizinleute und Schamanen oder auch Dichter und Musiker, in geborstene, hohle Baobabs gelegt werden, die man nicht mehr als Wasserspeicher verwendet. Wie die Birke in Sibirien gilt der Baobab als mächtiges Tor zur Geisterwelt, das den Aufstieg der Seele erleichtert – und, wenn sie gerufen wird, auch deren Rückkehr.

GEGENÜBER: *Baobabs gehören zu den ältesten und meist verehrten Bäumen Afrikas. Ein ganzes Dorf kann dank des im mächtigen Stamm eines einzigen alten Baums gespeicherten Wassers überleben.*

Rosskastanie *Aesculus*

Die Gattung der Rosskastanien umfasst 13 Arten in Südosteuropa, Nordamerika und Ostasien. Alle haben gefingerte Blätter mit 5–7 Teilblättchen. Die Blüten treten in Rispen auf. Die Bäume sind leicht zu ziehen und gedeihen auf jedem Boden, daher ihre weite Verbreitung in Parks und Städten.

Die in Europa bekannteste Art ist die aus dem Grenzgebiet zwischen Nordgriechenland und Albanien stammende Gemeine Rosskastanie *(A. hippocastanum)*. Erst 1576 kam dieser Baum nach Mitteleuropa. Er kann bis zu 27 m hoch werden, produziert klebrige Knospen und sieht besonders schön aus, wenn seine »Blütenkerzen« im Mai aufgehen. Die Blüten sind cremig-weiß mit einem gelben Fleck, der später karminrot wird.

Die großen, braun glänzenden Kastanien stecken in grünen, stacheligen Kapseln. Bei näherem Hinsehen zeigt die Oberfläche der Früchte baumartige Ringe, was sie wie poliertes Holz aussehen lässt. Rosskastanien sind schön und fühlen sich gut an, was sie bei Jung und Alt beliebt macht.

Zu den amerikanischen Mitgliedern der Familie gehört die Kahle Rosskastanie *(A. glabra)*, das Staatssymbol von Ohio. Die einzige Rosskastanie des Westens ist die Kalifornische Rosskastanie *(A. californica)*, ein kleiner Baum mit prächtigen Blüten.

Praktischer Nutzen

Das Holz der Rosskastanie wird nur selten verwendet, doch der lebende Baum ist eine große Zierde, daher wird er in Parks und Alleen gerne gepflanzt. Die Früchte sind reich an Saponinen und wurden früher zur Seifenerzeugung verwendet. Roh sind sie für Menschen giftig. Die Knospen sind ein brauchbarer Hopfenersatz in der Bierbrauerei.

Heilkräfte

Amerikanische Pioniere trugen sehr gerne Früchte der Kahlen Rosskastanie als Vorbeugung gegen Rheumatismus in der Tasche.

Cremes, Salben und Tinkturen aus Rosskastanien sind wichtige Heilmittel zur Behandlung von Krampfadern und Hämorrhoiden. Offenbar regen sie die Blutzirkulation an und verringern die Durchlässigkeit der Kapillaren, außerdem wirken sie adstringierend und entzündungshemmend. Traditionell wurden sie zum Lösen von Venenverstopfungen verwendet. Sie sollen auch Symptome wie schmerzende Beine, Wassersucht und Juckreiz lindern. Jüngste Forschungen

LINKS: *Die Blätter sind handförmig gefingert. Im Herbst zeigen sie ein weites Farbspektrum von Gelb bis Tiefbraun.*

GEGENÜBER: *Der herrliche Anblick eines ausgewachsenen Rosskastanienbaums in voller Blüte ziert oft Parks und Alleen.*

GEGENÜBER: *In der frostigen Morgendämmerung fressen Damhirsche herabgefallene Früchte.*

weisen darauf hin, dass Aescin, ein Stoff, der aus der Kastanie gewonnen werden kann, ein gutes Mittel gegen Verstauchungen und Prellungen ist – genau jene Leiden, deretwegen die Türken ihre Pferde mit dieser Frucht behandelten.

Die Baumessenz beruhigt erregte Gemüter und fördert die Klarheit des Denkens und die Intuition.

Kultur, Mythos und Symbolik

In Britannien sind die Früchte der Rosskastanie gemeinhin als »Conkers« bekannt, und seit dem späten 18. Jahrhundert spielen Kinder ein Spiel gleichen Namens. Sie bohren die Kastanie in der Mitte durch und fädeln sie an einer langen Schnur auf, die an den Enden verknotet wird. Zwei Kinder schwingen nun abwechselnd ihre Kastanie, um die ihres Gegenspielers zu treffen, die ruhig an der Schnur baumelt – wer dabei die Kastanie seines Gegners zerstört, hat gewonnen.

Es gibt keine wirklich alten Traditionen zur Rosskastanie, denn wie alle Bäume »zog« sich auch diese Art nach Südosteuropa zurück, um die letzte Eiszeit zu überleben. Als sich dann langsam das Klima wieder erwärmte, saß sie in einem entlegenen Tal in Osteuropa fest. Während Birkensamen rasch mit dem Wind reisen können und die Früchte von Ebereschen wie andere Beeren mit den Vögeln mitziehen, die sie fressen, gelangte die große und schwere Frucht der Rosskastanie allerdings 10 000 Jahre lang nicht aus ihrem Gebirgstal!

Schließlich aber kam ihre Stunde. Im 16. Jahrhundert besuchte Ogier Ghislain de Busteq, von 1556 bis 1562 flandrischer Botschafter in der Türkei, den Hof »Suleimans des Prächtigen« und sah, wie türkische Soldaten ihre Pferde mit dieser Frucht fütterten – daher der Name »Rosskastanie«.

OBEN: *Die »Blütenkerzen« der Rosskastanie erscheinen im Mai.*

Man nennt sie auch so, weil die Blätter, wenn sie abfallen, auf den Zweigen Narben in Hufeisenform zurücklassen. Busteq fand jene Bäume, die die Früchte hervorbrachten, mit denen die Soldaten die Pferde fütterten, und sandte ein junges Exemplar an den Botanischen Garten in Paris. 1576 wurden die ersten Rosskastanien in Wien gepflanzt, von wo aus sie sich über Europa und Nordamerika verbreiteten.

Symbolik: Geduld

Astrologischer Bezug: Jupiter

Historisches: Die Früchte enthalten Aescin, das roh eingenommen giftig ist. Während der Lebensmittelrationierungen im II. Weltkrieg rösteten aber viele Zivilisten Kastanien und mahlten sie zu einem bitteren Kaffee-Ersatz.

Kauri *Agathis australis*

Die Gattung *Agathis* gehört zu den *Araucariaceae*, derselben Familie wie die Araukarien, und umfasst etwa 20 Arten großer, immergrüner Koniferen, die in Neuseeland, Australien und den Philippinen beheimatet sind. Ihre Blätter sind breit, ungeteilt, weich und ledrig. Die Samen, von denen je einer hinter jeder Schuppe eines Zapfens sitzt, reifen im zweiten Jahr.

Der Kauri *(A. australis)* in Neuseeland ist einer der größten und schönsten Bäume der Welt. Seine jungen Blätter sind gegenständig, länglich und bis zu 7 cm lang. Ältere Blätter sind elliptisch bis breit-länglich, ungestielt und 1,5–4 cm lang.

Praktischer Nutzen

Kanus, Versammlungshäuser und Schreine der Maori wurden traditionell aus Kauri-Holz gefertigt. Das Harz dieses Baums, der »Gummi«, war sehr gefragt – in gehärteter Form wurde es verbrannt und lieferte den begehrten Farbstoff für zeremonielle Tätowierungen.

Leider wurden in den letzten 150 Jahren die alten, majestätischen Kauriwälder der Nordinsel Neuseelands von geschätzten 1,6 Millionen Hektar auf 7500 Hektar reduziert.

Symbolik: heilige Beziehung

Astrologischer Bezug: Saturn, Mond

Göttlicher Bezug: Tane Mahuta, Herr des Waldes (Maori)

Historisches: Als Captain Cook 1769 Neuseeland »entdeckte«, notierte er begeistert: »Die Ufer des Flusses waren völlig bedeckt mit dem feinsten Holz, das meine Augen je sahen...«

Kultur, Mythos und Symbolik

Die Maoris, die Ureinwohner Neuseelands, glauben, dass alles in der Natur beseelt ist, auch Bäume, Tiere, Vögel, Insekten und Steine. Am Beginn der Zeiten waren Himmel und Erde eins, und eines ihrer Kinder war Tane Mahuta, das Höchste Wesen, Herr des Waldes. Als Himmel und Erde sich trennten, bot er sich an, diese als Säule im Gleichgewicht zu halten.

In den Wäldern haben die Maoris das Gefühl, unter Verwandten zu sein, denn sie glauben, dass Menschen wie auch Bäume von Tane abstammen. Wenn der jüngere Zweig der Familie (die Menschen) ein Mitglied des älteren Zweigs (einen Baum) fällen muss, um Holz für Häuser oder Boote zu gewinnen, müssen deshalb feierliche Zeremonien durchgeführt werden. Vorbereitend beschauen die *Tohunga* – die weisen Männer oder Priester – die Mondphase und die Geister des Waldes.

Ein alter Maori-Mythos bringt die enge Beziehung des Kauri mit einem anderen für die Maori wesentlichen Geschöpf, dem Wal, zum Ausdruck. Von seinem Platz im Wald beobachtete und bewunderte der große Kauribaum den Wal im Meer. Eines Tages schwamm der Wal an die Küste und die Riesen trafen einander und wurden Freunde. Jeder wollte beim anderen sein, doch keiner konnte seine Welt verlassen. Sie fanden daher einen anderen Weg, ihre Freundschaft zu zeigen: Der Wal nahm seine graue Haut ab und gab sie dem Kauri, und der Kauri nahm seine Haut (die Rinde) ab und gab sie dem Wal.

GEGENÜBER: *»Tane Mahuta« im Waipoua Forest, Neuseeland, ist der größte lebende Kauri mit einer Höhe von 51 m und einem Umfang von 13,8 m. Er soll 2000 Jahre alt sein. Ein doppelt so alter und dreimal so großer Kauri wurde in den 1880ern durch ein Feuer zerstört.*

GEGENÜBER: *Alte Erlen haben einen besonderen Charakter, und dieses ungewöhnliche Exemplar mit einem massiven Stamm in Sheepscombe, England, ist eine der ältesten Erlen Europas.*

Erle *Alnus*

Die Gattung umfasst etwa 35 Arten und besteht aus einhäusigen Laubbäumen und Sträuchern, die vorwiegend in der nördlichen, gemäßigten Zone wachsen. Die männlichen Blütenkätzchen sind lang und hängend, die weiblichen kurz und werden später zu holzigen Zapfen. Die Schwarz-Erle (*A. glutinosa*) findet man oft an Seen und Flüssen und in Feuchtgebieten. Die Rinde des jungen Baums ist weich und grünlich-braun, später wird sie dunkelbraun oder grau und bekommt tiefe Risse. Die Zapfen bleiben oft den Winter über am Baum, während die Samen davonfliegen oder im Wasser verdriftet werden, da sie kleine Luftsäcke haben.

Praktischer Nutzen

Das proteinreiche Erlenholz lockt den Holzwurm an, es wird daher kaum zum Bauen verwendet. Unter Wasser aber ist es gut zu gebrauchen, es ist sehr beständig gegen Dauernässe. Viele Gebäude am Fluss- oder Seeufer haben Fundamente aus Erlenpfählen. Traditionell wurde Erle auch für Wasserpfeifen, Pumpen, Schleusen und Holzkohle verwendet.

Heilkräfte

In der europäischen Kräutermedizin verwendete die Landbevölkerung oft Erlenrinde zum Behandeln von Entzündungen, Rheumatismus und Diarrhö. Säckchen, gefüllt mit erhitzten Blättern, sollten bei chronischen Hautkrankheiten helfen, Blätter und Rinde wurden auch als Gurgellösung zum Heilen von Geschwüren im Mund verwendet. Die Baumessenz ist belebend, verringert aber auch Nervosität und Angst.

Kultur, Mythos und Symbolik

In der griechischen Tradition ist die Erle dem Erfinder des Feuers, Phoroneus, geweiht. In der germanischen Überlieferung treffen wir die Erlenfrau unter den Namen *Else, Elsa, Elise*, verwandt mit dem angelsächsischen *Alor* und dem gotischen *Alisa*, was »Erle« heißt. Sie erscheint zuerst als verführerische Frau, erteilt aber allzu lüsternen Männern eine Lektion, indem sie sich in eine behaarte oder rindenartige Kreatur verwandelt. In der Wolfdietrich-Sage ist sie eine wild aussehende Frau, die »Raue Else«. Sie verzaubert den Helden, der irre wird (wie Merlin in der walisischen Tradition), und sechs Monate im Wald von Blättern lebt. Dann bringt sie ihn auf einem Boot in ein anderes Land, wo sie Königin ist. Sie badet in einer Zauberquelle, wodurch sie zur schönsten Frau wird, die man sich vorstellen kann. In ihrer neuen Gestalt heißt sie Sigeminne, »Sieg der Liebe«.

Diese Erzählung erinnert an die alte keltische Göttin, die einen sterblichen König heiratet. Sie ist der Geist des umgebenden Landes. In Verbindung mit dem Land steht auch der griechische Name der Erle, *Klethra*, das von *kleio*, »ich umarme, ich umschließe«, kommt.

Nach dem walisischen Mythos wurde König Bran, »der Rabe«, gezwungen, Krieg gegen Irland zu führen, um seine Schwester Branwen zu retten. Tödlich verwundet befahl er, ihm den Kopf abzuschneiden, der daraufhin sang und Prophezeiungen sprach. Nach sieben Jahren wurde der Kopf an der Stelle begraben, wo später der Londoner Tower errichtet wurde. Deshalb werden dort bis heute Raben gehalten.

Symbolik: Befreiung

Göttlicher Bezug: Bran (walisisch), Phoroneus (griechisch)

Astrologischer Bezug: Neptun

Mandel *Amygdalus*

Die Gattung *Amygdalus* umfasst etwa 40 Arten, die hauptsächlich in Südwest- und Zentralasien vorkommen. 15 Arten treten im Iran auf, und zwei bittersamige und eine mit süßen Früchten in Israel. Letztere *(A. communis)* ist die Mandel, die eng mit der jüdischen Tradition verbunden ist. Der wilde, mittelgroße Laubbaum mit länglichen, lanzettlichen Blättern blüht von Mitte Februar bis Mitte März. Die Fülle schneeweißer Blüten erscheint meist vor den Blättern. Die glockenförmigen Blüten werden von Bienen bestäubt.

In der kommerziellen Mandelproduktion verwendet man eine Kulturvarietät, den Gewöhnlichen Mandelbaum *(Prunus amygdalus, P. dulcis)*, einen kleinen Baum mit langen, lanzettlichen, fein gezähnten Blättern. Die rosafarbenen Blüten blühen einzeln oder paarig im März, ihr Durchmesser beträgt 2,5–5 cm.

Die weiche Hülle der Früchte umschließt eine harte Schale, die den Kern schützt – die eigentliche Mandel. Er ist von einem braunen Samenhäutchen umgeben, das Antioxidantien enthält, die vor dem Ranzigwerden schützen.

Praktischer Nutzen

Essmandeln *(P. amygdalus* var. *dulcis)* sind oval, abgeflacht oder rundlich und schmecken süßlich. Man isst sie roh oder geröstet, pur oder verarbeitet in Gebäck, Kuchen, Konfekt und Marzipan.

Bittermandeln *(P. amygdalus* var. *amara)* sind kleiner und spitzer, sie wirken adstringierend. Sie enthalten zwei bis vier Prozent Amygdalin, dessen Blausäuregehalt für den

RECHTS: *Mandeln und Lavendel sind traditionelle Produkte der Provence – wie hier am Plateau von Valensole.*

RECHTS: *Mandelbäume wachsen in Europa, Marokko, Israel, im Iran, China, Australien, Argentinien und den USA (Kalifornien). Ihre Früchte sind reich an einfach ungesättigten Fettsäuren.*

menschlichen Körper gefährlich ist. Sieben bis zehn roh gegessene Bittermandeln können bei Erwachsenen ernsthafte Probleme verursachen und für Kinder tödlich sein. Durch Kochen oder Backen wird der Großteil der gefährlichen Säure zerstört. Aus Bittermandeln gewinnt man das meiste Mandelöl.

Heilkräfte

Mandelöl ist eines der wichtigsten kosmetischen Öle, es beruhigt, glättet und pflegt die Haut. In der Ernährung sind Essmandeln eine wichtige Quelle für Kalium, Kalzium, Magnesium, Vitamin E und Proteine.

In der ayurvedischen Medizin gelten die Mandeln als Balancenahrung: Zehn geschälte Mandeln täglich bringen das Energiesystem des Körpers ins Gleichgewicht. Der Proteingehalt stabilisiert den Blutzucker, Kalium, Magnesium und Kalzium stärken das Nervensystem und liefern Energie.

Kultur, Mythos und Symbolik

Seit Beginn der Zivilisation kündigt der weißblühende Mandelbaum den Frühling an und ist Symbol der archetypischen Weißen Göttin. Sein archaischer semitischer Name *Amygdala* geht auf das sumerische *ama ga*, Große Mutter, zurück.

Auch für die alten Phrygier war die Mandel der Ursprung aller Dinge auf Erden. In ihrem Schöpfungsmythos erschien Agditis, ein hermaphroditisches Monster, und erschreckte die Götter. Sie kastrierten es und verwandelten es in Kybele, die Große Mutter, und brachten so die ursprüngliche Einheit der Gegensätze (männlich und weiblich) zum Verschwinden. Doch aus dem vergossenen Blut wuchsen zwei Bäume, ein Mandelbaum und ein Granatapfelbaum. Viele Jahre später wurde Attis, das Kind der Göttin Kybele, auf wundersame Weise durch die Tochter eines Flussgeists empfangen, als diese eine Mandel oder einen Granatapfel aß... Diese Geschichten zeigen, wie sehr die Mandel mit den Urkräften der Schöpfung zusammenhängt.

Unter den Stämmen Israels galt die Mandel als Lebensbaum. Der Stab Moses' (und Arons) war aus ihrem Holz (Numeri 17,8) und wird als »Gottesstab« beschrieben (Exodus 17,9). Er soll von Adam über Abraham, Isaak und Jakob an Josef weitergegeben worden sein, der ihn nach Ägypten mitnahm, wo Moses ihn erhielt. Dass ausgerechnet Moses den Mandelbaum der Großen Mutter trug, ist fast schon eine Ironie, denn im Alten Testament wird ihm befohlen, den Kult

MANDEL

RECHTS: *Der köstliche Kern, die eigentliche »Mandel«, wird von einer harten Schale und einer weichen, ungenießbaren Haut geschützt.*

dieser Göttin zu vernichten (Exodus 22,1 und 34,13). Doch sein Stab wurde für viele Generationen zum Zepter der Könige Israels. Später folgten die »Hirtenstäbe« der christlichen Patriarchen dieser Tradition, und noch heute trägt der Papst einen Krummstab. Die Ironie erscheint wiederholt, wenn wir daran denken, dass im ersten Jahrtausend des Christentums viele der Ketzerei beschuldigt wurden, weil sie »heidnische« Holztalismane trugen. Der Stab galt – wie ein Zauberstab – als ein Machtinstrument, von dem sein Träger eine Art göttlicher Rechtfertigung für Herrschaft ableitete.

Die wahre Bedeutung des Mandelbaums hat aber nichts mit Macht oder Herrschaft zu tun, sondern mit dem göttlichen Licht, das uns alle gleichermaßen umfasst. Das zeigt sich im anderen alten Namen der Mandel, *Luz*, dem aramäischen Wort für »Licht«. Das ist auch der Name der mythischen »Stadt der Mandel« der Kanaaniter (die die Göttin Astarte verehrten). Das Judentum übernahm diese Traditionen. Jakob schlief in *Luz*, einem Mandelbaum-Heiligtum in Kanaan, wo ihm Gott erschien (Genesis 28, 11-19). Im Judentum wurde das göttliche Licht, das in mystischer Weise vom Mandelbaum ausgeht, im Lichterbaum gefeiert. Im Ritual ist das die *Menora*, der Kerzenleuchter, der ein Licht für jeden der sieben Planeten trägt. Die Menora im Tempel Salomos in Jerusalem hatte mandelförmige Kerzenhalter, die den zerbrochenen Stab Aarons darstellen sollten. In der rabbinischen Tradition wird die mystische Eigenschaft der Mandel noch mehr betont. Wir hören von einer paradiesischen Stadt, deren einziger Zugang »durch ein Loch in einem Mandelbaum« zu finden war. An diesem Ort »hat der Engel des Todes keine Macht«.

Im Aramäischen bedeutet *Luz* sowohl Mandelbaum als auch Steißbein, das Ende der Wirbelsäule. Die Idee, dass dieser Körperteil der Kern des Lebens sei, der den Tod überwindet, findet ihre direkte Parallele in der Djed-Säule des Osiris im alten Ägypten. Und natürlich bestehen auch Parallelen zu den Lehren des Kundalini Yoga und zur taoistischen Praxis, die beide ein Energie-Tor am Ende der Wirbelsäule beschreiben, an dem die Lebenskraft oder *Kundalini* in den Körper eintritt.

Das Alte Testament (Jeremiah 1,11) verknüpft das hebräische Wort für Mandelzweig, *Schaked*, in einem Wortspiel mit *Schoked*, »wachen«, und verbindet damit die Mandel als Baum des göttlichen Lichts mit der Allgegenwart Gottes.

Symbolik: Reinheit und Perfektion

Göttlicher Bezug: Weiße Göttin, Kybele (Phrygier), Astarte (Phönikier)

Astrologischer Bezug: Venus, Mars und Merkur

Historisches: Mandelbaum-Heiligtümer gab es im alten Israel und Judäa bis zu den religiösen Reformen König Josias (621 v. Chr.). Er konzentrierte das religiöse Leben auf den Tempel, um so Widerstand gegen den assyrischen Einfluss zu leisten.

GEGENÜBER: *Die vulkanischen Hänge der Anden an der Grenze von Chile und Argentinien sind die Heimat der Araukarien.*

Araukarie *Araucaria araucana*

Zur Gattung *Araucaria* gehören ungefähr 15 Arten großer Zimmergrüner, meist getrenntgeschlechtlicher Nadelbäume, die auf der südlichen Halbkugel zu Hause sind. Alte Bäume haben gewöhnlich flache Kronen auf eher kahlen Stämmen. Junge Nadeln können sich von älteren in Größe, Form und Anordnung unterscheiden. Die großen, holzigen, weiblichen Zapfen bergen an jeder Schuppe geflügelte Samen. Sie brauchen zwei bis drei Jahre bis zur Reife.

Die Chilenische Araukarie oder Andentanne (*A. araucana*) hat dachziegelartig angeordnete, dreieckige, scharf zugespitzte Nadeln. Die aufrecht stehenden männlichen Zapfen werden von den weiblichen an Größe übertroffen. Diese werden 10–17 cm hoch sind und haben einen Durchmesser von 7–12 cm.

Praktischer Nutzen

Ursprünglich war die Araukarie eine wichtige Nahrungsquelle der einheimischen Völker, wurde dann aber zum bedeutendsten Nadelholzlieferanten Chiles. Starke Ausbeutung brachte sie auf die Liste bedrohter Bäume, und heute ist der Handel mit Chilenischen Tannen nach dem Washingtoner Artenschutzabkommen verboten. In den 1980ern kämpften die Ureinwohner um den Schutz der Bäume. Doch als die chilenische Regierung endlich den Forderungen nachgab, beschränkte sie nicht nur die Aktivitäten internationaler Holzfällergesellschaften, sondern auch das Recht der Ureinwohner, die Samen als Nahrung zu sammeln.

Heilkräfte

Die Ureinwohner entfernen die äußere Haut der nahrhaften Samen und essen sie gekocht oder geröstet. Der Geschmack ähnelt dem der Ess-Kastanie. Man mahlt sie auch zu Mehl für Brot oder für ein nahrhaftes Getränk. Das Harz dient verschiedenen inneren und äußeren Anwendungen.

Kultur, Mythos und Symbolik

Vor etwa 190 Millionen Jahren dominierte die Araukarie auf der Südhalbkugel, heute wächst sie nur mehr in einem kleinen Gebiet. Die Pehuenche, ein Stamm aus Südchile, haben eine besondere Beziehung zu ihr, sie nennen sich sogar danach (*Pehuen* – Araukarie, *che* – Leute). Jeden Spätsommer und Frühherbst sammeln sie in den hohen Vulkanwäldern Araukariensamen, um sie zu essen und einzulagern. Sie verbrennen zwar totes Holz, fällen aber nie einen lebenden Baum.

Den Pehuenche ist die Araukarie heilig. Sie betrachten die weiblichen Bäume als »Mütter« und den Araukarienwald als Teil ihrer Familie. Sie glauben, dass sich die männlichen Bäume *(Domopehuen)* und die weiblichen *(Wentrupehuen)* durch ihr weitläufiges Wurzelsystem fortpflanzen. Ihre Götter Pehuencha und Pehuenkuze leben im Wald. Eine spezielle Zeremonie zur Sommersonnenwende beinhaltet Gebete und Tänze um die Araukarie, die als Brücke zwischen der Erde und der Geisterwelt gilt.

Symbolik: Pflege

Göttlicher Bezug: Pehuencha und Pehuenkuze (Chile)

Astrologischer Bezug: Saturn and Mars

Historisches: Für europäische Forscher war es damals ein Rätsel, wie Affen über die scharfen Spitzen von Stamm und Ästen klettern könnten, daher heißt der Baum im Englischen *Monkeypuzzle*. Übrigens gibt es gar keine Affen in den Wäldern Chiles.

GEGENÜBER: *Birken, wie diese in Aberfeldy, Schottland, wurden 1787 vom Dichter Robert Burns (1759–96) in seinem Gedicht »The Birks of Aberfeldie« unsterblich gemacht.*

Birke *Betula*

Birken umfassen etwa 60 Arten einhäusiger Laubbäume und Sträucher in der nördlichen, gemäßigten Zone. Sie gedeihen auf den meisten Böden, ob trocken oder feucht, brauchen aber viel Licht. Die männlichen Blütenkätzchen sind hängend und wachsen im Frühling in die Länge. Die weiblichen Kätzchen sind kürzer und stehen aufrecht. Birken gehören zu den anmutigsten und attraktivsten Bäumen, da sie sehr schlank sind, eine helle Rinde haben und ihre Blätter im Herbst gelb werden.

Die Weiß- oder Hänge-Birke (*B. pendula*), ein mittelgroßer, weißstämmiger Baum, bevorzugt trockenere Böden als die Moor-Birke (*B. pubescens*), von der sie sich durch raue, warzige Triebe und diamantförmige Blätter unterscheidet. Die Moor-Birke hängt weniger über, hat rundere Blätter und weiche, flaumige Triebe. Alte Hänge-Birken bekommen unten eine raue, schwarze Rinde, ältere Moor-Birken behalten dagegen ihre weiße Rinde.

Praktischer Nutzen

Überall in den Wäldern des Nordens und der gemäßigten Zonen leistete die Birke einen willkommenen Beitrag zum Leben der Menschen. Die Ureinwohner Nordamerikas, Sibiriens, Nordeuropas und Skandinaviens fertigten aus der haltbaren Rinde eine ganze Reihe von Gegenständen wie Boote, Kanus, Dächer für Wigwams und *Jurten*, Dachschindeln für Häuser oder Behälter, Schreibpapier und sogar Schuhe.

Heilkräfte

In russischer und skandinavischer Tradition nimmt man Birkenzweige, um den Körper in der Sauna zu »schlagen«, eine alte Methode, den Kreislauf zu stimulieren und die Haut zu beleben. Ähnlich wird die Birke auch in den Schwitzhütten-Reinigungszeremonien der nordamerikanischen Ojibwa verwendet, die auch den Boden ihrer Tipis mit Birkenzweigen auslegen.

Tee aus jungen Blattknospen stimuliert die Gallenblase, Nieren und Leber und kann drei Wochen lang zum »Entgiften« im Frühling getrunken werden. Die Blätter werden im April und

LINKS: *Einer der letzten Reste des alten Birkenwaldes von Glen Finglass, Schottland.*

UNTEN: *Junge Birke, Siljan-See, Schweden. Saunabenutzer entspannen die Muskeln traditionell mit leichten Schlägen von Birkenzweigen.*

Mai gesammelt und dann getrocknet. Sie bringen Erleichterung bei Gicht- und Rheumatismussymptomen. Junge Blätter sind eine gesunde Zutat zu Salaten. Der blutreinigende Saft ist ein Stärkungsmittel für den Stoffwechsel. Äußerlich wurde Birkenteeröl zum Behandeln von Ekzemen und Schuppen eingesetzt, der Saft ergibt ein ausgezeichnetes Haarwasser.

In der klassischen Homöopathie hat die Birke denselben Effekt wie der lebende Baum in der düsteren nordischen Landschaft – sie bringt Licht ins Dunkel. Die Baumessenz fördert das Empfinden für Schönheit und Ruhe.

Kultur, Mythos und Symbolik

Die nach ihrer weißen Rinde benannte Birke teilt ihren Namen mit der alten irischen Göttin Brigid. Beide Namen kommen vom indo-europäischen Wort *bher(e)g*, »weiß glänzend«. Brigid war eine Heil bringende Göttin, eine Muse der Dichter und Patronin des Handwerks, besonders des Spinnens und Webens.

In der nordischen und germanischen Tradition wird die Birke mit Freya, der Herrin der Wälder, und Frigga, der Gemahlin Odins (der ursprünglich ein Windgott war) assoziiert. In der russischen Volkssage wird die Birke als Herrin der

Wälder bezeichnet. Der nahrhafte und heilende Baum ist ein Sinnbild der Weißen Göttin, und die germanische Rune Berkana, »Birke«, steht für Mutterschaft, Busen und Schutz. Auch die Gestalt der Rune, die in unserem Buchstaben »B« fortlebt, ist von den »Mutter-Hügeln« der Jungsteinzeit abgeleitet. Das waren meist Grabhügel und Kultplätze, an denen die Mysterien von Tod und Wiedergeburt gefeiert wurden. Zwillingshügel symbolisierten die Brüste der Erdmutter. Geburt, Leben und Tod standen unter dem Einfluss dieser Göttin, und diese drei Lebensaspekte brachten eine Vielfalt an weiblichen Gottheiten in verschiedenen Kulturen hervor: Göttinnen der Geburt und Jugend, Göttinnen des reifen Frauseins und Göttinnen von Tod und Winter. In der Bronzezeit erhielten sie individuelle Züge – so wie die Kulturen, in denen sie verehrt wurden. Sie gehen aber alle auf die alte Große Göttin der Altsteinzeit zurück, die all jene Aspekte in sich vereint (und daher als Dreifache Göttin bezeichnet wird). Ihre Farben sind Weiß, als Symbol des Mondes und der Muttermilch; Rot, als Farbe des Blutes; und Schwarz, als Farbe der Nacht.

Es gibt aber noch einen weiteren Aspekt: In der Frühgeschichte finden wir verschiedene Manifestationen der Kriegsgöttin, die aber als unbesiegbare Beschützerin eher Verteidigerin als Angreiferin ist. Diese Facette steht für frauliche Reife. Als sich die patriarchalischen Gesellschaften durchsetzten und die soziale Rolle der Frauen einschränkten, gab es keinen Raum mehr für die wilden, unberechenbaren, gefährlichen oder ekstatischen Aspekte der Weiblichkeit.

Es blieben aber Spuren in Frühlings- und Fruchtbarkeitsriten. Im christlichen Mittelalter wurde die Landjugend bei den Maifeiern in den Birkenwäldern verkuppelt. In Schottland wurden Erwachsene für den Beltane-Tag sogar von

Symbolik: Erneuerung und Schutz

Göttlicher Bezug: Weiße Göttin, Brigid (keltisch); Freya und Frigga (nordisch); Venus (römisch)

Astrologischer Bezug: Venus

Historisches: 1893 entedeckte der britische Geheimdienstoffizier Captain H. Bower in Turkestan eines der ältesten Birkenrindenmanuskripte der Welt, datiert auf 350 n. Chr.

ihren Ehegelübden entbunden. Diese Praxis erzürnte die Kirche, also kehrten die Leute sie um: Wenn sie nicht zu den Birken gehen durften, brachten sie die Bäume eben ins Dorf und so entstand der Maibaum. Sorgsam ausgewählt und festlich geschmückt wurde er zum Mittelpunkt für Feste und Feiern. Und Anfang Februar kamen viele Kinder zur Welt...

In der Wildnis ist die Birke einer der ersten Bäume, der neues Land besiedelt und seinen Boden für künftige Wälder vorbereitet. Diese Pioniereigenschaft spiegelt sich auch in ihren kulturellen Assoziationen. Die ersten Versionen der alten indischen Weisheitslehren, die *Veden* oder »Blätter« (des Baums der Erkenntnis), waren auf Birkenrinde geschrieben.

Nach der irischen Legende lernten die Kelten, als der Gott Ogma ihnen die magische Gabe des Schreibens brachte, dass das Baumalphabet Ogham zuerst verwendet wurde, um den Sonnengott Lugh zu warnen, dass seine Frau gefangen und in die Unterwelt gebracht werden sollte, »... es sei denn, sie wird von Birken beschützt«. In der westeuropäischen Tradition macht man Wiegen aus Birkenholz, um die Babys vor bösen Mächten zu schützen. Die Geschichte von Lugh zeigt, dass die Macht der Birken stärker ist als die Macht

BIRKE

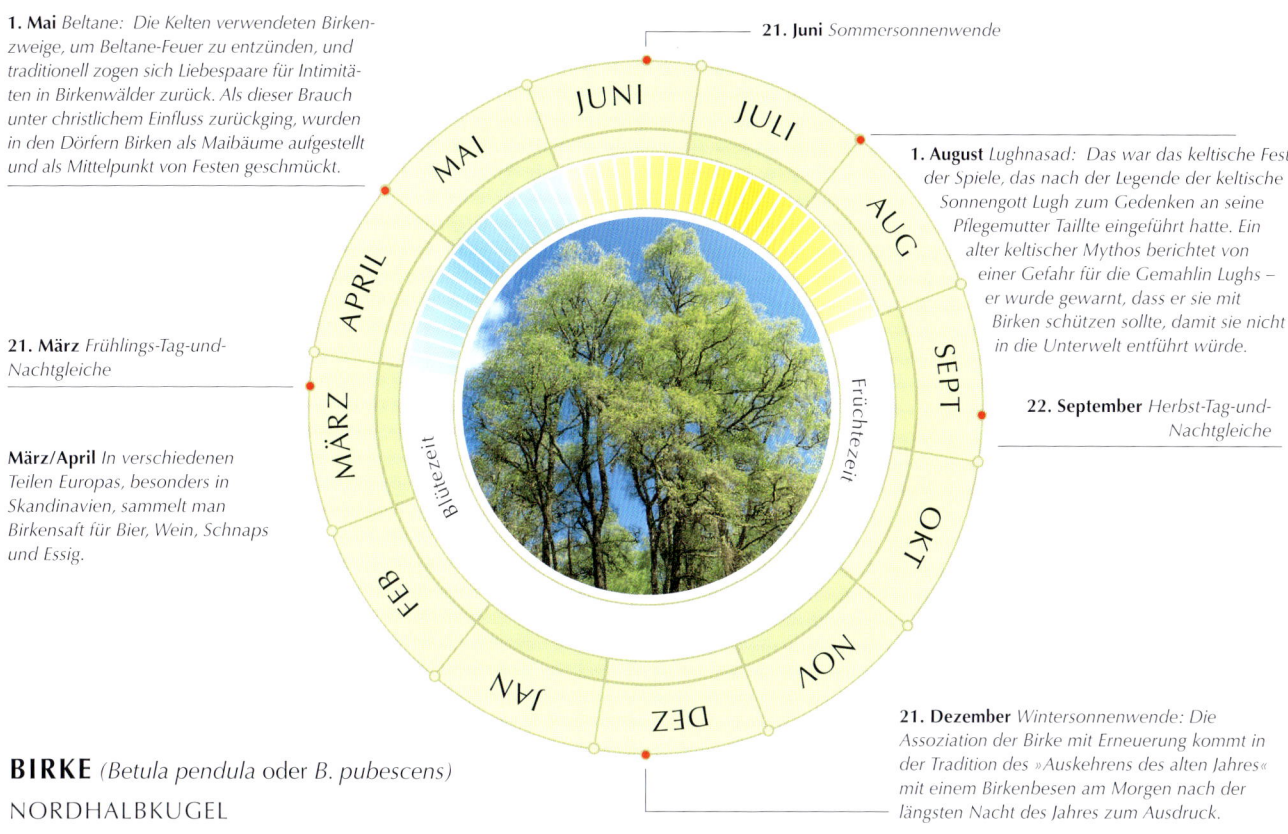

1. Mai *Beltane: Die Kelten verwendeten Birkenzweige, um Beltane-Feuer zu entzünden, und traditionell zogen sich Liebespaare für Intimitäten in Birkenwälder zurück. Als dieser Brauch unter christlichem Einfluss zurückging, wurden in den Dörfern Birken als Maibäume aufgestellt und als Mittelpunkt von Festen geschmückt.*

21. März *Frühlings-Tag-und-Nachtgleiche*

März/April *In verschiedenen Teilen Europas, besonders in Skandinavien, sammelt man Birkensaft für Bier, Wein, Schnaps und Essig.*

BIRKE *(Betula pendula oder B. pubescens)*
NORDHALBKUGEL

21. Juni *Sommersonnenwende*

1. August *Lughnasad: Das war das keltische Fest der Spiele, das nach der Legende der keltische Sonnengott Lugh zum Gedenken an seine Pflegemutter Taillte eingeführt hatte. Ein alter keltischer Mythos berichtet von einer Gefahr für die Gemahlin Lughs – er wurde gewarnt, dass er sie mit Birken schützen sollte, damit sie nicht in die Unterwelt entführt würde.*

22. September *Herbst-Tag-und-Nachtgleiche*

21. Dezember *Wintersonnenwende: Die Assoziation der Birke mit Erneuerung kommt in der Tradition des »Auskehrens des alten Jahres« mit einem Birkenbesen am Morgen nach der längsten Nacht des Jahres zum Ausdruck.*

---

der Unterwelt (des Todes), was für diejenigen keine Überraschung ist, die wissen, dass die Wiedergeburt immer das große Geschenk der Weißen Göttin gewesen ist.

Die ganze spirituelle Stärke der Birke erstrahlt im sibirischen Schamanismus. Hier ist sie *Udesi-Burchan*, die »Gottheit des Tores« zur Geisterwelt. Eine Birke wird über eine Zeremonie im Wald ausgesucht und in eine besondere *Jurte* (ein mit Häuten bedecktes Zelt der Nomadenstämme) gebracht. Neun Kerben werden hineingeschnitten (Neun ist die Zahl der Erdmutter), bevor sie als Mittelpfosten aufgestellt wird. In Trance klettert der Schamane zur Spitze hinauf, während sein Geist den Weltenbaum entlang in den Himmel oder in die Unterwelt reist. Er sucht Antworten von Schutzgeistern oder Ahnen, oder bittet die Geistwesen einer Krankheit, den Kranken zu verlassen. (Der Zahl neun und dem Weltenbaum werden wir wieder bei Odin und der Eibe begegnen. Siehe Seite 198–205.)

Der Aspekt der Erneuerung wird auch im Brauch des »Auskehrens des alten Jahres« mit einem Birkenbesen betont. Dies geschieht am Morgen nach der längsten Nacht, der Wintersonnenwende (21. Dezember auf der Nordhalbkugel), der den eigentlichen Beginn des neuen Jahres markiert. Diese Zeit symbolisiert die Dunkelheit des Mutterleibs oder die dunkle Erde, die die Saat umgibt. Die Angelsachsen feierten drei »Mutternächte« oder *Modraneht*, die die Wiedergeburt der Sonne und somit den Beginn des neuen Sonnenjahres am 24. Dezember mit sich bringen.

GEGENÜBER: *Die kleinen Blätter der Birke erzeugen ein angenehmes leichtes Rauschen, wenn der Baum sich anmutig im Wind wiegt.*

GEGENÜBER, OBEN: *Herbstliche Hainbuchen. Das Holz war ein Hauptprodukt traditioneller Forstwirtschaft.*

GEGENÜBER, UNTEN: *Das volle, prächtige Blattwerk der Hainbuche*

Hainbuche *Carpinus*

Hainbuchen sind schöne Bäume, die gut auf Lehm- und Kalkböden gedeihen. Sie sind in der nördlichen gemäßigten Zone weit verbreitet, doch die Mehrheit der über 30 Arten ist in China beheimatet. Die Gewöhnliche Hainbuche *(C. betulus)* stammt aus Europa und Kleinasien. Sie ist ein mittelgroßer Baum mit einem typischen grauen, geriffelten Stamm und ovalen, gezackten und gerippten Blättern. Sie kommt einzeln oder in Hecken vor, wo sie der Buche ähnelt, aber langsamer wächst. Die Hainbuche ist aber nicht mit der Buche, sondern mit der Haselnuss verwandt; beide Gattungen gehören zu den Haselnussgewächsen *(Corylaceae)*.

Praktischer Nutzen

Holzkohle aus diesem langsam wachsenden, dichten Holz verbrennt so heiß, dass man Eisen schmelzen kann. Hainbuchenholz ist von ausgezeichneter Qualität, aber so hart, dass die Zimmermannswerkzeuge schnell stumpf werden, daher auch die Bezeichnung »Eisenholz«. Das widerstandsfähige Material war ideal für die Räder von Wind- und Wassermühlen. Außerdem verwendete man es für Wagenachsen, Dreschgeräte und Joche von Zugtieren, auch für Billardqueues, Trommelschlägel und Klavierhämmer.

Bei den Chippewa in den USA wird das Holz für den Hauptpfahl der Wigwams verwendet. Ein Wigwam der Waldstämme ist kleiner als ein Tipi und mit Baumrinde oder kleineren Tierfellen statt mit Büffelhaut bedeckt.

Heilkräfte

Die Tsalagi (Cherokee) verwendeten die adstringierende innere Borke der Amerikanischen Hainbuche *(C. caroliniana)* zur Behandlung von Ausfluss und Harnproblemen. In Europa nimmt man die Blätter zur Wundbehandlung und ein Destillat als Augenlotion. In der Bachblütenmedizin wirkt die Hainbuche gegen Stress-Symptome.

Die Baumessenz befreit blockierte oder stagnierende Energieflüsse und verstärkt außerdem die Entschlusskraft.

Kultur, Mythos und Symbolik

Die Hainbuche eignet sich hervorragend für langsam wachsende, aber sehr dichte Hecken. Einst pflanzte man solche Hecken nördlich der Alpen um heilige Haine. Der alte germanische Name Hagebuche kommt von Hagal, dem allumfassenden Weltenbaum. Der lateinische Name Carpinus soll vom keltischen Carr (Wald) stammen, das uns wiederum zu Car, Q'er bzw. Karya, der Weisheitsgöttin des östlichen Mittelmeerraumes führt.

Die Hainbuche bewachte den heilige Hain, und darin gleicht sie Heimdall, dem Wächter der Regenbogenbrücke der nordischen Mythen. Heimdall wird in den Legenden zwar nicht oft erwähnt, doch ohne ihn wäre der Sitz der Götter schon längst von den Riesen vernichtet worden.

Symbolik: Schutz

Göttlicher Bezug: Heimdall (nordisch)

Astrologischer Bezug: Saturn

Historisches Die Hauptgewinde für Obst- und Ölpressen, aber auch für Leinen- und Druckerpressen wurden aus Hainbuchenholz gemacht, bis um 1550 ein Handwerker aus Nürnberg Metallgewinde einführte. Doch brauchte es noch 300 Jahre, bis sich die Metallgewinde durchsetzten.

RECHTS: *Ess-Kastanienbäume können unglaublich dick werden, wie dieses Beispiel zeigt. Was oft wie mehrere Bäume wirkt, stammt doch aus denselben Wurzeln.*

Ess-Kastanie *Castanea sativa*

Kastanien *(Castanea)* sind eine Gattung von etwa zwölf Arten von Laubbäumen und Sträuchern in der gemäßigten nördlichen Zone. Sie haben grob gezähnte Blätter und gelbliche, eingeschlechtliche Blüten an langen Blütenkätzchen.

Kastanien sind langlebige, trockenheitsresistente Bäume, die leichtere Böden bevorzugen. Die rasch wachsende Ess-Kastanie *(C. sativa)* ist in Südeuropa, Nordafrika und Kleinasien beheimatet. Ihre Erscheinung ist im Juli besonders prächtig, wenn sie mit gelbgrünen männlichen und weiblichen Kätzchen beladen ist. Sie wird wegen ihrer Früchte an vielen Orten kultiviert und wurde auch in den wärmeren Teilen Deutschlands, wie etwa im Rheingraben, vermutlich schon von den Römern heimisch gemacht.

Praktischer Nutzen

Die Tsalagi (Cherokee) und Irokesen verwendeten das Fruchtfleisch der Amerikanischen Kastanie *(C. dentata)* für zahlreiche Speisen wie Kuchen, Brote, Soßen, Suppen und Getränke. In den landwirtschaftlichen Gebieten Mitteleuropas wurden die Zweige als Rinder- und Schaffutter geschnitten. Der Baum

OBEN: *Im Herbst fallen die Kastanien zu Boden, und die Blätter werden herrlich goldbraun.*

ESS-KASTANIE

GEGENÜBER: *Einer der erhaltenen Teile des berühmtesten Ess-Kastanienbaums Siziliens, des* Castagno dei Cento Cavalli *(siehe Kasten rechts unten)*

reagiert gut auf dieses Beschneiden und trägt in den nächsten Jahren noch mehr Früchte. Das widerstandsfähige Holz ist hochwertig, doch setzt man Kastanien selten wegen des Holzes, denn wo Kastanien wachsen, gedeihen auch Eichen gut.

Die Blätter dienen seit langem zum Verpacken von Speisen und regulieren den Reifeprozess von Weichkäse.

Heilkräfte

Kastanien sind reich an Kohlehydraten und Stärke, enthalten aber deutlich weniger Fett als andere Nüsse und sind daher besser verdaulich. Geröstete Früchte können für verschiedene Speisen verarbeitet werden, man kann sie aber auch zu Mehl vermahlen, zum Brotbacken oder für ein dem Kaffee ähnliches Getränk verwenden. Sie sind reich an Vitamin B und C sowie an Mineralien wie Kalium, Kalzium, Magnesium, Phosphor und Eisen. Die Blätter kann man als Zutat zum Frühlingssalat oder zum Kartoffelsalat essen.

Tees aus den Blättern werden wegen ihrer hustenlindernden und krampflösenden Wirkung bei Keuchhusten und Bronchitis verwendet. Die adstringierenden und antibakteriellen Eigenschaften der Blätter eigenen sich auch zur Wundbehandlung.

Das Bachblütenmedikament wird empfohlen bei Schmerzen, Mutlosigkeit und Verzweiflung. Die Baumessenz hilft, uns zu konzentrieren und zu »verwurzeln«. Sie unterstützt auch die Fähigkeit, unsere Perspektive zu erweitern.

Kultur, Mythos und Symbolik

Die alten Griechen verehrten die Ess-Kastanie und weihten sie Zeus. Ihr Name *Castanea* kommt von Castanis, einer Stadt in Thessalien, wo dieser Baum besonders verbreitet war. Ihr

OBEN: *Gezackte Blätter und stachelige Schale sind typisch.*

alter Name aber war *Sardis glans* (Sardis-Eichel) nach der (heute in der östlichen Türkei liegenden) lydischen Hauptstadt, woher sie stammte. Später nannte man in Griechenland die Kastanien wie die Walnüsse auch »Eicheln des Zeus«.

In christlicher Symbolik bedeuten Kastanien Güte, Keuschheit und Triumph über die Versuchung. Ein populärer Brauch in Frankreich ist das Anbringen von Heiligenbildern an Ess-Kastanienbäumen. Im alten China waren diese Bäume das Heim der Erdgötter des Westens.

Symbolik: Inkarnation und Ernährung

Göttlicher Bezug: Erdgottheiten

Astrologischer Bezug: Erde

Historisches: Während eines Sturms fand 1308 Königin Johanna von Aragon und ihre Eskorte von 100 Reitern auf Sizilien Zuflucht unter einem riesigen Ess-Kastanienbaum. 1770 war der Baum noch größer geworden, er soll schon damals einen Umfang von 68 m gehabt haben. Teile des *Castagno dei Cento Cavalli* (Kastanie der hundert Reiter) stehen noch heute, der Baum ist nun über 2000 Jahre alt.

Zeder *Cedrus*

Zedern sind große, immergrüne Nadelbäume mit steifen, in Büscheln stehenden Nadeln. Die männlichen Zapfen sind eiförmig und aufrecht; die weiblichen sind klein und haben dicht überlappende Schuppen mit je zwei geflügelten Samen. Sie reifen in zwei bis drei Jahren. Es gibt nur vier Arten echter Zedern.

Die Blaue Atlas-Zeder *(C. atlantica)* wird über 30 m hoch und ist in Nordamerika beheimatet. Sie ist an ihren blaugrünen Nadeln erkennbar, die kaum 2,5 cm lang werden. Die Zapfen sind bis zu 7 cm lang. *C. brevifolia* kommt nur in Zypern vor und hat kürzere Zapfen. Die Himalaja-Zeder *(C. deodara)* wird bis zu 45 m hoch und hat eine breit kegelförmige Krone. Ihre Nadeln sind bis 5 cm lang, ihre Zapfen 12 cm. Die aus Kleinasien stammende Libanon-Zeder *(C. libani)* kann in Wäldern stattliche 30 m hoch werden, Einzelbäume bleiben kleiner, haben dafür aber ausladendere Äste und abgeflacht schirmförmige Kronen. Die Nadeln sind etwa 2,5 cm lang und dunkel- bis hellgrün. Die Zapfen werden 10 cm lang.

Atlas- und Himalaja-Zedern werden nachgewiesene 600 Jahre alt, könnten aber sogar älter sein. Die ältesten Libanon-Zedern dürften 1000 Jahre alt sein.

Praktischer Nutzen

Zedernholz war immer eines der gefragtesten Hölzer. In der Antike befanden sich die besten und größten Vorkommen an den Hängen des Libanongebirges hinter der phönizischen Küste; seit dem vierten Jahrtausend vor Christus wurden sie in alle benachbarten Reiche wie Mesopotamien und Ägypten exportiert.

RECHTS: *Seit 5000 Jahren werden die Libanon-Zedern gepriesen – die Libanesen nennen die schönsten davon »Zedern des Herrn«.*

OBEN: *Die Sumerer glaubten, dass die geheimnisvollen Zedernwälder die Heimstatt des Weisheits- und Schöpfungsgottes seien.*

Aus verschiedenen Gründen gilt Zedernholz als hochwertiger als das Holz anderer Nadelbäume. Es modert nicht und wird nicht von Insekten befallen, es duftet gut, glänzt schön und hat eine enge, gerade Maserung, so dass es leicht zu bearbeiten ist. Auch Zypressen und Wacholder haben stark duftendes, rotbraunes Holz, doch weder sie noch irgend ein anderer Baum des Nahen Ostens sind mit der Stattlichkeit der Zeder vergleichbar. Exemplare in Parks und Gärten sind meist kleiner und haben breitere Kronen (siehe dazu S. 52), weil sie nicht im dichten Wald stehen.

Während in der Alten Welt weniger hochwertige und kürzere Hölzer für den Alltagsgebrauch und den Hausbau verwendet wurden, war Zedernholz die erste Wahl für den

Als Wohnung Eas, des sumerischen Gottes der Weisheit, wurde die Zeder ein wichtiger Baum für Orakel und Prophezeiungen.

Schiffsbau und vor allem auch für den Bau von Tempeln und Palästen. Snefru, ein Pharao der vierten Dynastie (um 2600 v. Chr.), importierte sogar Zedern für die Tore seines königlichen Palastes. Auch im alten Orient und im antiken Griechenland und Rom war das Material erste Wahl für monumentale Tore.

Auch König Salomo verwendete es für den Bau des großen Tempels in Jerusalem: Die Dachbalken waren wie die Wandtäfelung des ganzen Tempels aus Zedernholz, ebenso der Altar im Schrein der Bundeslade.

Schon früh in der Geschichte begann man, die Zedern zu schützen – zum Beispiel in Smyrna (dem heutigen Izmir, Türkei), wo um 200 n. Chr. der griechische Schriftsteller Philostratos beschrieb, wie ein sehr reicher Mann einen bedeutenden Teil seines Vermögens einbüßte, weil er für das Fällen heiliger Zedern Strafe zahlen musste.

Heilkräfte

Das aus der Himalaja-Zeder gewonnene Öl wird im Ayurveda zum Behandeln von Fieber und Lungen- und Harnkrankheiten verwendet. In der modernen Aromatherapie wird es zum Lindern der Symptome von Dermatitis und nervöser Spannungen verwendet. Die Baumessenz der Libanon-Zeder mindert den Widerstand gegen notwendige Veränderungen, macht Botschaften des inneren Selbst klarer und stärkt den friedlichen Gedankenfluss.

Kultur, Mythos und Symbolik

Schon zu Beginn der Zivilisation (etwa im 5. Jahrtausend v. Chr.) treffen wir in den ersten Stadtstaaten von Sumer in Südmesopotamien auf die Zeder als Weltenbaum und als Heim von Ea, Gott der Weisheit und Hauptgottheit dieser Kultur. Ea, auch Enki genannt, war der Herr der Erde. Er war der Schöpfer der Menschen, der alle Formen der Zivilisation brachte: Gesetze, Moralvorschriften, Werkstoffe, Kunst und Heilkunst. Sein Name war im Innersten des heiligen Baums eingeschrieben, sein Zeichen wird übersetzt als »Haus der Weisheit, der Stärke und des Reichtums«.

Da die Zeder vom Gott der Weisheit bewohnt war, wurde sie ein wichtiger Baum für Orakel und Prophezeiungen. Babylonische Schrifttafeln berichten von Initiationsriten, bei denen »das Orakel von Himmel und Erde« unter dem »Zedernbaum, dem Liebling der großen Götter« gesprochen wird. Die Chaldäer des 9. bis 6. Jahrhunderts v. Chr. setzten die Verehrung fort. Sie verwendeten einige der grünen Äste in Zeremonien und vollführten magische Riten, »um Stärke und Leben des Körpers wiederherzustellen«.

Die Hohepriester, Könige und Pharaonen wählten die Zeder nicht bloß wegen der Qualität ihres Holzes (Größe, Dauerhaftigkeit, Duft, Maserung), sondern auch wegen ihrer spirituellen Kraft. Diese beiden Aspekte sind keine Widersprüche, sondern hängen eng zusammen. In den Augen der Alten waren die außergewöhnlichen physischen Qualitäten der Zeder das

LINKS: *Eine Zeder im ältesten Wald des Berges Makmel, nahe Bcharré, dem Geburtsort des Dichters Khalil Gibran*

Spiegelbild der Präsenz des Göttlichen in ihrem Inneren. Wenn der oberste Gott in der Zeder lebte, war es höchst angemessen, diese Bäume zu bitten, ihre Stämme für die Täfelung des Tempels zu geben, damit der innerste Schrein dem Inneren des heiligen Baumes ähnelt. Und es war höchst bedeutungsvoll, dass die Tore zum Thronsaal aus diesem Holz waren, denn der Baum war ein Tor zum Göttlichen, und der König oder Pharao auf dem Thron war der Repräsentant Gottes.

In alten Zeiten erachteten alle Völker des Orients das Land unter ihren Füßen als von Geist erfüllt und nannten es »Gottes Land«, »Baals Land« im Semitischen und Arabischen. Baal war der »Herr des Landes«. Wenn das Land weiblich war, nannte man den Geist Baalath. In Phönizien lebten angeblich die mächtigsten *Baalim* (Götter) in den Zedern mit den höchsten und dichtesten Kronen. Der Ruhm der Bäume verbreitete sich, und in Mesopotamien inspirierten sie so auch das *Gilgamesch-Epos*:

> »Sie standen still und blickten zum Wald,
> Sie schauten zu den Zedern auf,
> Sie schauten zum Eingang des Waldes...
> Sie sahen den Zedernberg, Heim des Gottes,
> Thron von Inanna.
> Vom Gipfel des Berges
> Erheben die Zedern hoch ihre Pracht.
> Gott ist ihr Schatten, voll von Entzücken.«

Die Geschichte von Gilgamesch war die beliebteste und meist verbreitete Erzählung des alten Orients. Sie berichtet, wie ein König namens Gilgamesch auf der Suche nach Holz in einen Zedernwald kommt und wie er als Opfer seiner eigenen Habgier und der Sucht nach Ruhm und ewigem Leben den

OBEN: *Der typische eiförmige Zapfen des langsam wachsenden Baums sitzt aufrecht auf den waagerechten Ästen. Die Zeder braucht ungefähr vierzig Jahre, um fruchtbare Samen zu produzieren.*

Wald und den ihn bewachenden Geist, den Riesen Humbaba zerstört. Die Folgen sind schrecklich, denn er wird auch schuldig am Tod seines lieben Gefährten Enkidu, und in seiner Verbitterung und Verzweiflung verliert er sein eigenes Leben, auch das im Jenseits. Die ökologische Moral dieser Legende ist offenkundig – und interessanterweise ist das der älteste geschriebene Text, den die Menschheit besitzt. Fragmente dieses Textes sind auf Sumerisch, Akkadisch, Hethitisch und Hurrianisch erhalten, ein Hinweis auf seine weite Verbreitung. Und tatsächlich dürfte seine ökologische Botschaft die Menschen bewogen haben, den Wald und die natürlichen Ressourcen zu respektieren. Wie sonst hätte das relativ kleine Libanongebirge über drei Jahrtausende den Zedernholzbedarf des gesamten nahen Ostens decken können?

Die Zeder wächst zwar nicht in Israel und Judäa, wurde dort aber trotzdem verehrt. Unter ihrem hebräischen Namen *Erez* taucht sie 70-mal in der Bibel auf. So wird etwa ihre Schönheit in Jesaja 60,13 gepriesen:

»Die Pracht des Libanons [die Zeder] kommt zu dir,
die Zypresse, die Platane und Esche zugleich,
um meinen heiligen Ort zu schmücken,
dann ehre ich den Platz, wo meine Füße ruhen.«

So spricht Jahwe, der Herr, zu einer Zeit, als lebende Bäume noch unerlässlicher Teil von Tempeln und Heiligtümern waren. Die stolze Höhe der Zeder war aber nichts gegen den Lebensbaum selbst, der im Garten Eden stand: »Keine Zeder im Garten Gottes war ihm vergleichbar«. (Ezechiel 31,8)

Zedernholz wurde auch im hebräischen *Para Adumma*, dem Ritual des roten Kalbs, verwendet. Diese Zeremonie wurde abgehalten, um die rituelle Reinheit nach Kontakt mit Toten wiederherzustellen. Unser Wort *Zeder* stammt vom hebräischen *qatar*, »qualmen«, was darauf hinweist, dass das Holz bei Reinigungsritualen und Rauchopfern verwendet wurde.

In den USA (und Japan) nennt man viele heilige Bäume, die man zum Ausräuchern und bei anderen Zeremonien verwendet, Zedern, doch gehören diese botanisch gesehen zu den Zypressen (siehe S. 72–77).

GEGENÜBER: *Die kleinen, oft isolierten Zedernwälder im Libanon sind ein winziges Überbleibsel der einst ausgedehnten Wälder.*

Symbolik: Weisheit und Stärke

Göttlicher Bezug: Ea, Enki (altes Mesopotamien)

Astrologischer Bezug: Sonne

Historisches: Als am 1. September 1920 der Libanon seine Unabhängigkeit von Frankreich erlangte, wählte die Nation die rot-weiß-rote Fahne mit einer grünen Zeder im weißen Streifen als Nationalflagge. Leider sind nur noch geringe Reste der alten Zedernwälder erhalten.

Orange *Citrus sinensis*

Zitruspflanzen, eine Gattung von etwa 15 Arten halbimmergrüner, bestachelter Sträucher oder kleiner bis mittelgroßer Bäume, stammen aus Südostasien. Die Arten verbreiteten sich über die subtropischen und wärmeren gemäßigten Zonen der Erde. Diese Bäume sind wegen ihrer Früchte von großer wirtschaftlicher Bedeutung. Dazu gehören Zitronen, Grapefruits, Mandarinen und Limonen. Ihre wechselständigen Blätter sind dick und enthalten Drüsen. Die einzeln stehenden Blüten sind weiß oder spielen ins Purpurne und duften meist. Sie sind meist zweigeschlechtig und haben gewöhnlich fünf Blütenblätter und 20 bis 60 in Bündeln stehende Staubbeutel. Die Früchte sind große, aromatische Beeren mit ledriger Schale und enthalten acht bis 15 innere Segmente mit saftigem Fruchtfleisch.

Praktischer Nutzen

Der Orangenbaum *(C. sinensis)* wird wegen seiner nahrhaften und erfrischenden Früchte kultiviert. Die aus Nordostindien stammende Orange verbreitete sich nach China, wo ihr Vorkommen seit etwa 500 v. Chr. nachgewiesen ist. Von China kam der beliebte Baum in den Nahen Osten. Die Araber waren die ersten, die ihn in Schriften erwähnten, sie übernahmen seinen Sanskrit-Namen *Nagarunga*. Die Mauren verwendeten die Orange als Medizin und für religiöse Zeremonien und brachten sie nach Spanien, von dort kam sie in die Neue Welt. Obwohl die Orange bereits 1002 in Sizilien bekannt war, führten sie eigentlich die Portugiesen im 16. Jahrhundert aus dem Fernen Osten in Europa ein. Die Ita-

RECHTS: *Orangenplantage bei Papantla, Veracruz, Mexiko. Süße Sorten der Frucht wurden vor 500 Jahren von den Spaniern eingeführt.*

OBEN: *Die Frucht des Orangenbaums strahlt wie eine kleine Sonne durch die dunkelgrünen Blätter.*

liener nannten sie dann zeitweilig *Portogallo*, diese Bezeichnung übernahmen auch die Griechen, Araber und Kurden.

Der Orangenanbau verbreitete sich von Portugal aus über Europa, nach Deutschland kamen die ersten Pflanzen aber aus Italien. Hier heißt die Frucht auch Apfelsine, »chinesischer Apfel«. Der berühmte Arzt Paracelsus nannte sie Pomeranze, eine Verbindung des lateinischen *pomum* (Apfel) mit dem späteren italienischen Namen *arancia* (Orange).

In kühleren Ländern war der Bedarf an Orangen größer, als das Klima zum Anbau erlaubte, man erfand daher die Orangerie, ein spezielles Gewächshaus für diesen Baum. Die schon von Frankreichs »Sonnenkönig« Ludwig XIV. als Abbild der Sonne verherrlichte Orange wurde zum Kultbaum der Barockzeit. Ihre Früchte fanden sich auf Gemälden, Schmuck, als Gartenskulpturen und in Objekten aus Wachs, Metall und Glas. Städte und Adelssitze wetteiferten um die besten Orangerien.

Deutschlands älteste Orangerie in Stuttgart stammt aus dem Jahr 1568. Die Orange galt dort wie in der Antike als Symbol von Wohlstand und Glück. Schon der römische Dichter Vergil (70–19 v. Chr.) nannte die Frucht *malum felix*, »glücklicher Apfel«.

Marmelade und andere Orangenkonserven werden ausschließlich aus Bitter-Orangen *(C. aurantium)* gemacht. Pektin, das Geliermittel für Konserven und Konfitüren, wird aus der Schale von Zitronen, Limetten, Orangen und Grapefruits, aber auch aus Äpfeln gewonnen.

Heilkräfte

Orangen sind reich an Vitamin C und Kalium, aber auch an anderen Vitamine und Mineralstoffen. Je nach Herkunft können sie bis zu 60 mg Vitamin C oder auch gar keines enthalten. In der Naturheilkunde gilt die Frucht als problematisch, denn sie kann eine starke Freisetzung von Giftstoffen aus den Zellen in die Blutbahn auslösen.

In der Traditionellen Chinesischen Medizin gelten Orangen als Auslöser innerer Hitze, die Hautprobleme wie Ekzeme

ORANGE

RECHTS: *Weniger bekannt als die Früchte sind die duftenden Blüten der Orange – ihr persischer Name,* Narang, *bedeutet Parfüm.*

verschlimmern. Schwangeren raten die Chinesen vom Genuss von Orangen ab, da er Hyperaktivität bei Babys verursachen kann. Auch im Westen wurden Orangen als Auslöser von Hyperaktivität bei Kindern identifiziert.

In der ayurvedischen Medizin verwendet man Orangen, um innere Hitze zu mildern, die sich zum Beispiel als Durchfall oder Nasenbluten manifestiert.

Kultur, Mythos und Symbolik

Eine Legende aus Andalusien berichtet, wie Maria und Josef mit Jesus an einem von einem Adler bewachten Orangenbaum vorbeikamen. Maria bat den Baum, ihr eine seiner Früchte zu geben, woraufhin der Adler einschlief. Sie bekam drei Orangen, eine für jedes Mitglied der Heiligen Familie.

Nicht ganz so glücklich ist das Mädchen im »Magischen Orangenbaum«, einer Erzählung aus Haiti. Es findet drei Orangen auf dem Tisch im Haus ihrer Familie, und da seine grausame Stiefmutter es selten ausreichend ernährt, verschlingt es sie mit Genuss. Als die Stiefmutter kommt, ist sie zornig und bedroht das Mädchen, das wegläuft und die ganze Nacht lang am Grab seiner richtigen Mutter weint.

Am Morgen wird das Mädchen von der Sonne geweckt, und beim Aufstehen sieht es, wie ein Orangensamen von seinem Rock fällt. Er beginnt zu sprießen und zu wachsen, sobald er den Boden berührt. Das Mädchen hat magische Gewalt über den Baum und kann ihn durch Singen zum Blühen und Früchtetragen bringen. Es bringt einen Arm voll Orangen mit nach Hause, um seine Stiefmutter zu beruhigen. Die gierige Frau ist damit nicht zufrieden und zwingt das Mädchen, sie zu dem Baum zu führen. Als die böse Stiefmutter zum Pflücken auf den Baum steigt, singt das Mädchen, und der Baum wächst hoch in den Himmel und bricht. So werden Stiefmutter und Baum getötet, doch das Mädchen findet einen neuen Samen. Der zweite Baum gibt ihm reichlich Früchte, die es am Markt verkauft und danach glücklich lebt.

Sowohl in der andalusischen Legende als auch in der haitianischen Geschichte leuchtet das Licht der Orange wie die Sonne für alle und die Planze gibt bedingungslos ihre Früchte.

Symbolik: Fairness und Gerechtigkeit

Astrologischer Bezug: Sonne

Historisches: Um 100 v. Chr. führte der chinesische Kaiser Wuti aus der Han-Dynastie das Amt eines »Orangen-Ministers« ein. Er war für die Versorgung des Palastes mit Orangen verantwortlich.

Myrrhe
Commiphora myrrha

Bäume der Gattung *Commiphora* findet man in den trockeneren Teilen des tropischen Afrikas, in Arabien, Madagaskar und Indien. Die Myrrhe der Alten Welt ist ein knorriger Strauch oder kleiner Baum *(C. myrrha* oder *C. abyssinica)*, der am engen Küstenstreifen im Süden der arabischen Halbinsel (heutiger Jemen und Oman) beheimatet ist. Bei Verletzungen sondert der Stamm eine weiße »Wundmilch« ab, die angreifende Insekten verklebt und die Wunde vor bakterieller Infektion schützt. An der Luft kristallisiert sie zu goldgelbem Harz.

Praktischer Nutzen
Schon seit dem Neolithikum verwendet man das Harz der Myrrhe für Rauchopfer. Wenn es im Juli geerntet wurde, erhielt jeder Baum zehn bis 30 Schnitte, um die milchige Flüssigkeit freizusetzen, die dann gesammelt wurde.

Steigende Nachfrage führte zu ausgedehnten Pflanzungen in Südarabien. Mit der Domestizierung des Kamels im 2. Jahrtausend v. Chr. konnten große Karawanen die weite arabische Wüste durchqueren und nach einer Reise von 3700 km ihre Waren in Babylon oder in den Mittelmeerhäfen Israels oder Phöniziens verkaufen. Von dort wurde die Myrrhe in die gesamte Welt der Antike verschifft.

Um die Zeit Christi stieg die Nachfrage noch stärker. Ein Kilo Myrrhe kostete damals den Monatslohn eines Arbeiters. Um 50 n. Chr. importierte Rom Gewürze und Weihrauch im Wert von 100 Millionen Sesterzen jährlich (ein Betrag, für den man damals 1,6 Millionen Liter – mehr als zwei Millionen Flaschen Wein – zum Großhandelspreis bekam). Mit der Ausbreitung von Christentum und Islam ging der Myrrhehandel zurück, nach dem II. Weltkrieg brach er völlig zusammen.

Heilkräfte
Diodorus Siculus (ein griechischer Historiker des 1. Jahrhunderts v. Chr.) nannte das Myrrhe-Harz eine lebenswichtige Medizin, die alle Ärzte brauchten. Zu allen Zeiten wurde es wegen seiner antibakteriellen, entzündungshemmenden, schmerzstillenden, abführenden und krebsvorbeugenden Qualitäten geschätzt. Jüngste Forschungen zeigen, dass Myrrhe auch Substanzen zur Reduktion von Blutfetten enthält.

Kultur, Mythos und Symbolik
Ob bei den alten Ägyptern, Phönikern, Griechen oder Römern: Wenn man Götter, Geister oder Ahnen verehrte, gab es kaum eine Religion, die ohne dieses duftende Harz auskam. Myrrhe wurde sogar in keltischen Gräbern in Deutschland gefunden (2. Jahrhundert v. Chr.). Im alten Ägypten wurde es zum Salben der Toten verwendet. Beim Mumifizieren wirkte es desinfizierend, reduzierte die Verwesung und duftete süß.

GEGENÜBER: *Der Stamm des Myrrhebaums enthält einen milchig-weißen Saft, der einst in großen Mengen im Mittelmeerraum gehandelt wurde.*

Die Ankunft einer Karawane von mehr als 400 Kamelen, jedes bepackt mit 200 kg orientalischer Schätze wie Myrrhe, Gewürzen, Achat und exotischen Düften wie Zimt und Sandelholz, muss ein betörendes Erlebnis gewesen sein. Doch niemand wusste genau, woher sie kamen, und die arabischen Händler hüteten ihr Geheimnis gut. Das trug noch mehr zum mystischen Charakter der Myrrhe bei.

In der griechischen Sage wurde Adonis, der Geliebte der Aphrodite, aus einem Myrrhebaum geboren. Ovid beschreibt, wie Smyrna, die Mutter des Adonis, in einen solchen Baum verwandelt wurde: »Obwohl sie mit ihrer Gestalt auch ihre Gefühle verlor, weint sie, und heiße Tränen fließen vom Baum. Auch die Tränen kommen zu Ehren – die Myrrhe, die vom Baum tropft, trägt den Namen dieser Dame und erinnert immer an sie.« Adonis ist der phönizische Name des syrischen Attis, des Sohns der Großen Göttin. Die Babylonier verbrannten Myrrhe für sie, ebenso die Hebräer. Auch ist die Myrrhe eine Manifestation Astartes, der Königin des Himmels und der Großen Mutter – ihre Heil bringende »Milch« passt perfekt zu dieser Symbolik.

In Exodus (30,22–29) lehrt Jahwe Moses, wie er aus Myrrhe, Zimt, Olivenöl und anderen Zutaten ein Salböl herstellen soll. Moses erhält den Befehl, damit die Bundeslade, den Altar und die Priester zu salben. Danach wurde es zur Tradition, alle Könige Judäas und Israels damit zu salben.

Nach Flavius Josephus (einem jüdischen Priester und Historiker um 37–100 n. Chr.) bargen Jericho und seine schönen Gärten jene Myrrhebäume, die die Königin von Saba (deren Reich den Myrrhehandel kontrollierte) König Salomo bei ihrem Besuch im 10. Jahrhundert v. Chr. geschenkt hatte.

Im Neuen Testament bringen die »Weisen aus dem Orient« Gold, Weihrauch und Myrrhe in den Stall von Bethlehem, wo Jesus geboren wurde. So schließt sich der Kreis der Myrrheopfer – von der göttlichen Mutter ausgehend wieder zu ihr zurück. Angesichts der alten Tradition, Myrrheöl zum Salben der Toten zu verwenden, symbolisiert diese Gabe die Menschwerdung Christi. Später klingt das wieder an, als Nikodemus »eine Mischung von Myrrhe und Aloe« bringt, um den Leichnam Jesu für die Beerdigung vorzubereiten (Johannes 19, 39). Gemeinsam mit Joseph von Arimathäa wickelt er nach jüdischem Brauch den Körper mit Gewürzen in Leinen.

Maria heißt im Hebräischen *Miriam* oder *Maryam*, was vom Sumerischen *Ma-ri-enna*, »hohe, fruchtbare Mutter des Himmels«, kommt. In Ägypten war sie als Isis, Mutter des Universums, bekannt, und von ihr entlehnte das Christentum den dunkelblauen, mit Sternen übersäten Mantel. Andere Namen der Muttergöttin des Nahen Ostens sind *Myrtea* (Myrtenbaum) und *Myrrha* (Myrrhebaum).

Symbolik: Hingabe und Meditation

Göttlicher Bezug: Große Mutter: Isis (Ägypten), Ishtar (Mesopotamien), Astarte (Phönizien), Maria (Christentum)

Astrologischer Bezug: Neptun

Historisches: 1470 v. Chr. sandte Königin Hatschepsut von Ägypten, neugierig auf das Geheimnis der Herkunft des Myrrheharzes, eine Expedition in das Land Punt. Die Schiffe kamen zurück, beladen mit den Schätzen des Orients, darunter Berge von Myrrheharz und 31 lebende Bäume. Dies ist die älteste geschichtlich belegte Verpflanzung von Bäumen.

GEGENÜBER: *Mit dem Haselnussbaum verbinden sich viele Mythen; seine großen, flaumigen Blätter sind beim Rotwild sehr beliebt.*

Hasel *Corylus*

Corylus ist eine Gattung von ungefähr zehn Arten einhäusiger, kleiner Laubsträucher und -bäume, beheimatet in der gemäßigten nördlichen Zone. Die wechselständigen Blätter sind meist breit eiförmig und doppelt gesägt. Die eingeschlechtlichen Blüten erscheinen vor den Blättern, die männlichen Blüten bilden hängende Kätzchen. Früchte sind mit Blättern umhüllte Nüsse, die in Büscheln am Ende der Äste stehen. Die Amerikanische Hasel *(C. americana)* und die Gewöhnliche Hasel *(C. avellana)* werden wegen der essbaren Nüsse und als Zierpflanzen gezüchtet.

Praktischer Nutzen

Bei den nordamerikanischen Ureinwohnern wird die Haselnuss traditionell als Medizin und Speise verwendet. Sie dient auch zum Korbflechten, und die Stämme der Chippewa und Ojibwa verwenden Haselzweige als Trommelschlägel. In Europa war die Hasel einst ein bedeutender Nutzstrauch, der Blattfutter, biegsame Äste und Gerten für Korbwaren, Umzäunungen und Flechtwerkmauern aus Lehm lieferte. Wünschelrutengeher verwenden Astgabeln für ihre Ruten. Und natürlich werden Haselnüsse gerne gegessen.

Heilkräfte

Die Blätter haben eine adstringierende Wirkung, vor allem wegen ihres Tanningehalts, daher setzt man sie traditionell gegen Durchfall ein. Haselnüsse sind eine gute Quelle für Vitamin E, Kalzium, Magnesium und Kalium. Sie enthalten mindestens 50 Prozent Öl, das reich und nahrhaft ist, und sich als Salat- oder als Massageöl für trockene Haut eignet.

Kultur, Mythos und Symbolik

Der alte lateinische Name der Haselnuss, *Sylvestris*, erinnert an den römischen Waldgott, den trickreichen Silvanus. Die *Dinnshenchas*, eine frühe irische topografische Abhandlung, spricht von der »musischen Hasel des Dichters« und von den »neuen Haselbäumen Crimalls des Weisen«, die »durch die Macht von Zaubersprüchen stehen«. Die Haselbäume der Dichtkunst sind ein häufiges Thema der irisch-keltischen Tradition, und wie die Poesie produzieren sie Blüten und Früchte (also Schönheit und Weisheit) zugleich.

Im walisischen Mythos suchen König Arthur und seine Gefährten nach dem göttlichen Kind *Mabon ap Modron*, dem »Sohn der Großen Mutter«. Nach einer langen Reise führt sie ein Zauberlachs zu einer mythischen Quelle, wo sie den Knaben unter einem Haselbaum finden. Die Kelten betrachteten ihn als einen »Baum der Erkenntnis«, dessen Weisheit nicht die des hohen Alters und der Erfahrung, sondern die der Schlichtheit und Unschuld ist.

Symbolik: Ausgelassenheit und Zauber

Göttlicher Bezug: Silvanus (römisch), Mabon (walisisch)

Astrologischer Bezug: Merkur

Aberglaube: Im Deutschland des 19. Jahrhunderts glaubte man, dass sich unter der Rinde der Haselnuss Hexen aufhalten – daher waren in Kirchen nur geschälte Äste erlaubt.

Historisches: 1463 pries Papst Pius II. die Haselbäume an der Via Appia (bei Rom) und in den Albanerbergen. Er sagte, sie böten als Heim der Musen und Nymphen, ja Dianas selbst, Dichtern ideale Spazierwege. Pius hieß mit bürgerlichem Vornamen Silvio, was sehr an das lateinische *Sylvestris* (Haselnuss) erinnert!

Weißdorn
Crataegus

Man kennt mehr als 1000 *Crataegus*-Arten, doch die meisten davon sind Kreuzungen. Die Weißdorne gehören zu den zähesten und anpassungsfähigsten Bäumen, sie ertragen starke Winde und Trockenheit ebenso wie übermäßige Feuchtigkeit. Die meisten sind kleine, dornige Laubbäume oder Sträucher mit weißen Blüten, die sich im Mai und Juni öffnen; im Herbst bilden sich rote Früchte. Sie stammen aus der gemäßigten nördlichen Zone. Der eingrifflige Weißdorn *(C. monogyna)* ist in Europa weit verbreitet und wächst besonders in Hecken. Seine weißen Blüten duften. Manche Unterarten tragen sehr früh Blätter und und bilden gelegentlich schon im Winter kleine Blüten.

Praktischer Nutzen

Weißdorn wird traditionell als Grenzmarkierung und für Hecken verwendet. In angelsächsischen Urkunden ist es der bei weitem am häufigsten genannte Baum. In Britannien wurden als Folge der *Enclosure Acts* zwischen 1750 und 1850 an die 320 000 km Hecken gepflanzt, meist aus diesem Baum. Das Holz ist feinmaserig, glatt, hart und fest, man verwendet es für feine Arbeiten wie etwa Furniere in der Möbeltischlerei. Aus den Beeren und Blüten werden sehr gerne Gelees, Wein und Likör bereitet.

Heilkräfte

Weißdorn ist eine bedeutende Heilpflanze für Herzerkrankungen. Blüte und Beere normalisieren den Blutdruck. Sie

RECHTS: *Die roten Weißdornbeeren sind ein Fest für Amseln, Drosseln, Seidenschwänze und andere Vögel.*

OBEN: *Der Weißdorn von Glastonbury auf dem Grund der Abtei ist ein Ableger eines älteren, im 17. Jahrhundert von den Puritanern zerstörten Baumes.*

können den Herzschlag stärken und zugleich den Puls verlangsamen, indem sie den Blutkreislauf unterstützen und den Energiehaushalt des Körpers optimieren. Untersuchungen zeigten, dass Weißdorn bei der Behandlung von Bluthochdruck und leichter bis mäßiger Herzinsuffizienz hilft, aber auch bei der Linderung der damit verbundenen Angstzustände.

Jüngste Forschungen deuten darauf hin, dass die positiven Effekte auf Herz und Kreislauf in weniger als einer Minute eintreten. Das ist mit ein Grund für seine traditionelle Anwendung als rasch wirksames Mittel gegen Ohnmachtsanfälle aufgrund niedrigen Blutdruckes.

Tee aus den Blüten oder eine Tinktur aus den Beeren ergibt ein ausgezeichnetes Mittel für ältere Menschen mit Herzschwäche oder Kreislaufproblemen. Weißdorn wirkt auch auf gefühlsmäßiger oder spiritueller Ebene auf das Herz und hilft, Akzeptanz und Liebe zu erzeugen.

Die Baumessenz reinigt das Herz von negativen Gefühlen und stimuliert Liebe und Vergebung.

Kultur, Mythos und Symbolik

Das Präfix der alten deutschen Bezeichnung *Hagedorn* erinnert daran, dass Weißdorn zusammen mit der Hainbuche (oder Hagebuche) die Einfriedung heiliger Haine bildete. Viele Zaubersprüche und Talisman-Bräuche aus dem Mittelalter oder aus früheren Zeiten zeigen, wie sehr seine schützende

WEISSDORN

Als die walisische Göttin des Weißdorns durch das leere Universum schritt, entstand aus den abgefallenen Blüten die Milchstraße.

Kraft geschätzt wurde. Dieser Schutz basiert auf spiritueller Reinigung, wie hethitische Texte von 1500 v. Chr. überliefern, in denen der Baum gebeten wird, »alles Böse, Unreine oder den Zorn der Götter von dem Eingeweihten zu nehmen, der durch das Tor [der Hecke] geht«. Anspielungen auf ein »Tor« weisen auch auf die Existenz von Weißdornhecken um Heiligtümer im alten Anatolien (heutige Türkei) hin.

Die körperliche, moralische und geistige Reinheit, nach der die Menschen streben, findet ihren Ausdruck in der überbordenden Fülle der Blüten. Sie spielen seit Jahrtausenden bei Frühlingsfesten, Fruchtbarkeitsriten und Hochzeiten eine Rolle. Der Weißdorn gilt auch als Bote des Sommers und als Baum der Weißen Göttin, wie in der Legende der walisischen Göttin Olwen: »Die vom Weißen Weg« ging einst durch das leere Universum, und aus der weißen Spur ihrer Weißdornblüten entstand die Milchstraße.

Dieser Baum war auch Cardea geweiht, der römischen Göttin der Geburt, und Hera, der Gemahlin des Zeus, die Ares und dessen Zwillingsschwester Eris empfing, als sie seine Blüten berührte. Dass Hera ein Zwillingspärchen zur Welt bringt, weist auf das mit dem Weißdorn verknüpfte Thema der Balance des Männlichen und des Weiblichen – denn die Blüten sind zweigeschlechtlich. Die von Cardea beschützten Säuglinge galten als himmlische Gabe der heiligen Verbindung männlicher und weiblicher schöpferischer Energien. Ähnlich der walisischen Sage von Culhwych und Olwen berichtet eine alte keltische Überlieferung von der heiligen Vermählung eines sterblichen Königs mit einer unsterblichen Königin, der Herrin des Landes. Dies ist eine zutiefst mystische Verbindung, die Fruchtbarkeit und gute Ernten für das Jahr sichert, aber auch den respektvollen, liebenden Umgang des Menschen mit der Natur verdeutlicht.

Der Weißdorn von Glastonbury wurde berühmt durch die Legende, er sei aus dem Stab Josefs von Arimathäa gewachsen, der bald nach der Kreuzigung Jesu von Jerusalem nach Britannien gereist sein soll. Es gibt aber keinen (schriftlichen) Hinweis auf einen Zusammenhang von Josef und dem Dorn vor dem 16. Jahrhundert. Der Kult um den Weißdorn von Glastonbury ist eine Fortsetzung des alten Reinheitsthemas unter christlichen Vorzeichen.

Symbolik: Reinigung, heilige Vermählung und Einheit des Männlichen und des Weiblichen

Göttlicher Bezug: Olwen (walisisch), Cardea (römisch), Hera (griechisch)

Astrologischer Bezug: Mars und Venus

Aberglaube: Im christlichen Wales und in Teilen Südwestenglands glaubten die Leute, dass ihre Mutter sterben müsse, wenn man einen blühenden Weißdornzweig ins Haus brachte.

Historisches: Der Maidorn blühte um den 1. Mai (zum keltischen Beltane-Fest), bis durch die Kalenderreform von 1725 die Blütezeit der Mitte dieses Monats entsprach.

GEGENÜBER: *Die Zypresse ist ein berühmtes Element der toskanischen Landschaft. Im Italienischen unterscheidet man zwischen dem aufrechten männlichen* Cipresso *und der runden weiblichen* Cipressa.

Zypresse *Cupressaceae*

Die Familie der Zypressen *(Cupressaceae)* umfasst 21 Gattungen (und 140 Arten) Harz bildender, meist immergrüner Bäume und Sträucher. Zu diesen Gattungen gehören *Cupressus, Chamaecyparis* und *Thuja*. Die verschiedenen Arten der echten Zypressen *(Cupressus)* stammen aus Nordamerika, Europa und Asien. Das sind einhäusige Bäume mit kleinen, schuppenartigen Blättern. Die weiblichen Zapfen sind kegelförmig mit holzigen Schuppen, die alle viele Samen tragen. Die Mittelmeer-Zypresse *(Cupressus sempervirens)* wird bis 24 m hoch und ist in ganz Südeuropa und Westasien verbreitet. Ihre Unterart 'Stricta' bildet die für die Mittelmeerlandschaft charakteristischen schlanken Säulen.

Die aus Oregon und Kalifornien stammende, als Lawsons Scheinzypresse *(Chamaecyparis lawsoniana)* bekannte Art, ist botanisch weder eine echte Zypresse (gehört also nicht zur Gattung *Cupressus*) noch eine Zeder, gehört aber wie diese zu den Zypressengewächsen *(Cupressaceae)*. Viele Arten dieser Familie werden dennoch gemeinhin als »Zedern« bezeichnet.

Symbolik: Ruf des Himmels

Göttlicher Bezug: der Große Geist

Astrologischer Bezug: Sonne

Historisches: Am 17. Juni 378 n. Chr. erneuerte Kaiser Theodosius das Baumschutzgesetz für den heiligen Hain von Daphne (Phönizien). Der Codex Theodosianus (X 1, 12) weist den Präfekten von Antiochia an, neue Zypressen im Hain zu pflanzen. Zu jener Zeit war die Strafe für das Stehlen eines Baums aus einem heiligen Hain fünf Pfund Gold.

Praktischer Nutzen

Zusammen mit der Zeder kann die Zypresse als eine der Säulen der Hochkulturen des östlichen Mittelmeerraums und Kleinasiens angesehen werden. Als Bauholz wird sie nur von der Zeder übertroffen, war aber in diesem Gebiet stärker verbreitet. Auch die hochwüchsigen Wacholderarten (eines anderen Mitglieds dieser Familie, siehe S. 116–119) sind von gleicher Qualität. Diese drei großwüchsigen Bäume lieferten Hölzer von ausreichender Länge für Dachbalken, etwa für Paläste und Tempel. Die Beständigkeit und der Duft des Zypressen-Holzes trugen zu seinem edlen Ruf bei.

Heilkräfte

Das Öl der Zypresse wird aus den Zapfen gewonnen. Es kann als adstringierender Bestandteil von Ölmischungen zur Stärkung der Gefäße verwendet werden. Verdünnt hilft es gegen Hämorrhoiden und Krampfadern, und es soll – äußerlich angewandt – bei heftigen Periodenschmerzen helfen. Navajo-Frauen nehmen einen Tee aus Zypressenzweigen zu sich, um nach einer Geburt wieder zu Kräften zu kommen.

Die Essenz der Lawsons Scheinzypresse hilft, unsere wahren Bedürfnisse zu erkennen und Veränderungen einzuleiten.

Kultur, Mythos und Symbolik

Bei den amerikanischen Ureinwohnern sind verschiedene Arten der Zypressengewächse für Zeremonien und Rituale von Bedeutung. Das gilt besonders für die Lawsons Scheinzypresse. Zum Beispiel verwendet man – nach dem Reinigen des Zeremonienplatzes, der sakralen Instrumente und der Teilnehmer mit Salbei – ihren Rauch (oder jenen der »Zeder«) zum Rufen der Geister.

ZYPRESSE

LINKS: *Junge Zypressen erheben sich aus der niedrigen Macchia-Vegetation – eine typische und beliebte Mittelmeerszenerie.*

Nach der zeremoniellen Reinigung mit Salbei ruft der Rauch der heiligen Zypresse (»Zeder«) die Geister herbei.

Bei den Eingeborenen Ostkanadas ist der heilige Baum, aus dem ihre Totempfähle gemacht werden, der Riesen-Lebensbaum *(Thuja plicata)*, ein weiteres Mitglied der Zypressenfamilie. »Die Legende der Flöte« der Brule und Lakota Sioux-Stämme assoziiert die »Zeder« mit der Gabe der Musik. Im Traum zeigte ein Rotspecht einem jungen Jäger einen hohlen Zweig. Der Wind pfiff durch die von dem Vogel gemachten Löcher, und so kam die Flöte zu den Menschen. Eine Tradition der Navajos ist das Anfertigen von Halsketten aus getrockneten Früchten der Zypresse.

In der Alten Welt galt die Zypresse als »Lichtbaum«. Ihr häufiger Gebrauch bei Begräbnisritualen und als Friedhofsbaum kommt von der Verbindung mit dem göttlichen Licht, und nicht, weil sie als »Unterweltbaum« galt. Heute noch findet man sie auf vielen Friedhöfen (ihr immergrünes Laub ist Symbol für die Auferstehung) im christlichen Mittelmeerraum und in islamischen Ländern.

Ein Zypressenhain in Titane auf der Halbinsel Peloponnes war Äskulap, dem griechischen Gott der Heilkunde geweiht. Seine heiligen Schlangen konnten sich dort frei unter den Bäumen bewegen. Der Zypressenhain von Phlius soll

OBEN: *Ländliche Idylle in der Toskana. In den 1970ern fielen zahlreiche Zypressen Pilzerkrankungen zum Opfer.*

wie unzählige andere heilige Haine in Griechenland ein Ort gewesen sein, an dem die Menschen politisches und gerichtliches Asyl suchten. Die in diese Heiligtümer Geflüchteten standen unter Schutz, und oft sicherte ihnen ein Zweig von einem der Bäume dort freies Geleit zur Grenze oder zum nächsten Hafen. Später setzte die christliche Kirche diese Tradition des Gewährens von Asyl an heiligen Orten fort.

Die alten persischen, ägyptischen und assyrischen Könige führten viele Bäume in ihre Länder ein und ließen große Palast- und Baumgärten anlegen. Sie pflanzten Zypressen, Zedern, Palmen und viele andere Bäume und erfreuten sich an

ZYPRESSE

UNTEN: *Die Zypressengewächse sind die bekanntesten Vertreter von Bäumen mit schuppenartigen Blättern.*

der Vielfalt, die auch die geografische Ausdehnung ihrer Reiche repräsentierte. Das persische Wort für Tempelgarten, *pairi daeza*, wurde zum griechischen *paradeisos*, »Paradies«.

Das persische *Königsbuch*, das um 1000 n. Chr. entstandene Nationalepos, erzählt, wie Zarathustra selbst eine Zypresse bei seinem Feuerheiligtum in Keshmar (dem heutigen Chorasan im Iran) pflanzte. Der Samen, den er aus dem Paradies gebracht hatte, wuchs zu Zwillingsbäumen. Diese Zypressen gelten als der »Sonnenbaum« und »Mondbaum«, die Alexander der Große vorfand. Nach einer mittelalterlichen Quelle soll Alexander, als er mit seinem Heer durch Persien zog, von einem geheimnisvollen alten Mann zu einem heiligen Berg geführt worden sein.

Nach einem langen Aufstieg kam er schließlich zu einem Baumheiligtum: eine männliche Zypresse, genannt Mithra »[Baum der] Sonne« und eine weibliche Zypresse, genannt Mao, » Mond [-Baum]«. Er küsste beide, brachte ein Opfer dar und fragte die Bäume nach seiner Zukunft. Das Baumorakel sagte ihm, er werde Indien erobern, aber kurz nach seiner Rückkehr nach Babylon sterben. Und natürlich geschah es genau so. Kalif Mutawakkil von Samarra (heutiger Irak) ließ 846 n. Chr. einen dieser 1450 Jahre alten Bäume fällen, eine Tat, für die er später hingerichtet wurde.

Nach taoistischer chinesischer Tradition kann man etwas von der ungeheuren Lebenskraft der Zypresse in sich aufnehmen, wenn man das Harz kaut. Die Erdgeister des Ostens wohnen in Zypressen, das Holz verwendet man für Särge.

In Japan ist *Sugi*, die Sicheltanne *(Cryptomeria japonica)*, ein hoch verehrter Baum. Der japanische Nationalbaum steht oft um buddhistische Tempel und Shinto-Schreine. Die alte Sage »Orosu« berichtet vom heiligen Baum *Sugi*, der im Wind flüstert, und wenn die Luft ruhig ist, die Vögel bittet, seine Botschaften weiter zu geben. Er ist der König des Waldes, und wenn er verletzt wird, versammeln sich nachts alle anderen Bäume, um seine Wunden zu heilen.

Ein alte Tradition in Japan (und Korea) ist *Shinrinyoku*, das »Baden im Wald«. Man badet dabei nicht in Wasser, sondern in der frischen, heilsamen Waldluft. Als besonders gesund und erfrischend dafür werden der *Sugi* und die Hinoki-Scheinzypresse *(Chamaecyparis obtusa)*, eine Verwandte der Lawsons Scheinzypresse, gepriesen. *Shinrinyoku* wurde noch populärer, als man entdeckte, dass viele Pflanzen, besonders Koniferen, »Phytonzide«, das sind natürliche antibakterielle Substanzen, produzieren.

Im Japan des 17. Jahrhunderts war die Shogun-Grabstätte von Nikko (Präfektur Tochigi) mit der königlichen Residenz Edo (heute Tokio) durch eine Allee von Sugi-Bäumen verbunden. Noch immer schützen etwa 13 000 Bäume die Besucher entlang der 35 km langen Straße, der längsten Baumallee der Welt. Die eindrucksvollsten *Sugis* findet man aber im Nationalpark von Yakushima, auf der Insel Yaku.

Quitte *Cydonia*

*C*ydonia ist eine Gattung der Rosengewächse *(Rosaceae)*. Die Echte Quitte *(C. oblonga* oder *C. vulgaris)* stammt ursprünglich aus dem nördlichen Iran und Turkestan. Ihre natürliche Wuchsform ist strauchig, Baumformen sind auf Stämme veredelt. Die duftenden Blüten haben fünf rosafarbene Kronblätter, die Früchte sind goldgelb. Die Blätter zeigen oft ein sattes Gelb, bevor sie abfallen. Der botanische Name hängt mit der Stadt Cydonia (heute heißt sie Khania) auf Kreta zusammen, die einst für ihre Quittenexporte berühmt war.

Praktischer Nutzen

Schon in alter Zeit kultivierte man die Quitte wegen ihrer Früchte. Da sie in rohem Zustand hart und sauer sind, isst man sie gedünstet oder verarbeitet sie zu Konfitüre oder Gelee.

Heilkräfte

Der englische Pflanzenkundler John Gerard (1545–1612) schreibt in *Herball* (1597): »Die gekochten Samen der Frucht ergeben eine weiche, schleimige Substanz, die auf heiße, entzündete Flächen beruhigend wirkt.« Quitten sind ein entzündungshemmendes Mittel für den Verdauungstrakt, den Mund, den Hals und die Brustwarzen. Ein Absud aus der Frucht kommt traditionell bei der Behandlung vaginaler Infektionen und rektaler Entzündungen zum Einsatz. Ein Absud der Kerne wird zur Beruhigung des Verdauungstraktes, als Augenlotion und für Hautlotionen oder auch Cremes verwendet.

RECHTS: *Blühender Quittengarten. Die Früchte isst man nicht roh, sondern verwendet sie als Zutaten zu anderen Speisen. Das Wort Marmelade bedeutete ursprünglich Quittenkonfitüre, es kommt von* marmelo, *dem portugiesischen Wort für »Quitte«.*

UNTEN: *Abgefallene Quitten – die großen, harten Früchte sind Äpfeln oder Birnen ähnlich. Die alten Griechen nannten sie »Goldäpfel«, wahrscheinlich waren das auch die paradiesischen Früchte, die Herakles stahl.*

In der Traditionellen Chinesischen Medizin gelten die Früchte als warme Speise mit saurem Geschmack. Diese stimuliert die Sekretion der Gallenblase und der Bauchspeicheldrüse und entsäuert die inneren Organe.

Kultur, Mythos und Symbolik

Die pelasgische (vor-griechische) Meeresgöttin Marian, die die Griechen Aphrodite nannten, hielt eine Quitte als Liebesgabe in der Hand. Die Quitte war ihr heilig und galt als Symbol von Liebe und Fruchtbarkeit. Nach altem Brauch teilten griechische und römische Paare bei ihrem Hochzeitsmahl eine Quitte als Sinnbild ihrer liebenden Verbindung.

Die alten Griechen nannten den Baum *Chrysomelon*, »goldener Apfel«, und die mythischen Goldäpfel der Hesperiden waren aller Wahrscheinlichkeit nach Quitten, nicht Äpfel. Im Mythos von der 11. Arbeit des Herakles gibt Mutter Erde der Hera einen besonderen »Goldapfelbaum« zu ihrer Hochzeit mit Zeus. Hera pflanzt ihn in ihrem heiligen Garten an den Hängen des Atlasgebirges, wo die Pferde des Sonnenwagens ihre Tagesreise beenden. Atlas, der mächtige Hirte, baut eine Mauer um den Obstgarten, und der Baum wird von seinen drei Töchtern, den Hesperiden, und vom wachsamen Drachen Ladon bewacht. Herakles' Aufgabe ist es, einige dieser Früchte zu stehlen. Das gelingt ihm schließlich, doch am Ende erhält Hera ihren rechtmäßigen Besitz zurück.

Das Motiv des heiligen Gartens mit dem von einem Drachen bewachten Baum in der Mitte erinnert an den Weltenbaum. Das wird in der griechischen Kunst noch betont, die den Baum der Hesperiden mit Sternen als Früchten darstellt.

Zur Zeit des Tempels von Jerusalem trugen die Gläubigen beim Laubhüttenfest einen *Ethrog* in ihrer Rechten und einen *Lulab* in der Linken. Bis vor kurzem glaubte man, der *Ethrog* sei eine Zitrusfrucht gewesen, heute weiß man aber, dass die aus Indien stammenden Zitrusbäume damals noch nicht eingeführt waren – die goldgelbe Frucht muss eine Quitte gewesen sein. Der *Lulab* dagegen ist ein Bündel miteinander verflochtener Zweige von Palme, Weide und Myrte. Da diese drei Bäume ausdrücklich mit dem weiblichen Aspekt Gottes verbunden waren, nahm der englische Forscher Robert Graves (1895–1985) an, dass die Hebräer das Ritual von *Ethrog* und *Lulab* beim Laubhüttenfest ursprünglich von den Kanaanitern gemeinsam mit anderen der Mondgöttin gewidmeten Ritualen übernommen hatten. Wegen der erotischen Aspekte in ihrer Symbolik wurde die Quitte während des Babylonischen Exils oder als Teil der großen, dem König Josiah zugeschriebenen Kulturreform des Jahres 621 v. Chr., durch eine Zitrusfrucht ersetzt.

Der Zusammenhang zwischen der mediterranen Liebesgöttin Marian und der Quitte überlebte in einem christlichen Brauch auf Mallorca. Mitte des 20. Jahrhunderts wurde Robert Graves Zeuge des Mariä-Namen-Festes, das am ersten Sonntag nach dem 12. September stattfindet (also um die Tag-und-Nachtgleiche am 23. September). Die Dorfbewohner von Bonanova bei Palma zogen auf einen Hügel und trugen dabei Äste von Quitten und Speierling *(Sorbus domestica)*.

Symbolik: Fruchtbarkeit und Liebe

Göttlicher Bezug: Hera, Aphrodite (griechisch), Marian (pelasgisch), Venus (römisch)

Astrologischer Bezug: Venus

GEGENÜBER: *Der schnell wachsende Eukalyptus bringt einige der größten Bäume der Erde hervor. Dieses mächtige Exemplar steht in Mortolo, Norditalien.*

Eukalyptus *Eucalyptus*

Die Gattung *Eucalyptus* umfasst mehr als 400 Arten schnell wachsender, immergrüner Bäume (oder Sträucher). Sie stammen vorwiegend aus Australien, wo sie den tropischen Norden ebenso eroberten wie den gemäßigten Süden, den feuchten Osten und den trockenen Westen. In Neuseeland kommen Eukalyptusbäume nicht wild vor. Eukalyptusarten sind auch als »Gummibäume« bekannt und vertragen alle möglichen Böden und Bedingungen. Sie haben saftige Blätter, ungewöhnliche Blüten mit mehreren Staubbeuteln und eine attraktive Schälrinde. Die Samen stecken in holzigen (oft harten) Kapseln, die sie vor Gefahren wie Waldbränden und Insekten schützen.

Praktischer Nutzen

Mehr als 90 Prozent der australischen Wälder bestehen aus Eukalyptus. Das harte Holz wird für viele Zwecke verwendet. Einige Arten liefern ätherische Öle und Gerbstoffe. Die meisten Arten sind sehr attraktiv, daher wurden etwa 200 von ihnen – hauptsächlich der Blaugummi- oder Fieberbaum (*E. globulus*) – in anderen Regionen eingeführt.

Häufig besteht allerdings die Gefahr, dass der Eukalyptus lokale Arten verdrängt. Er wächst sehr schnell (bis zu 30 m in zehn Jahren) und braucht kaum Pflege. Auch ist er bei der Papierindustrie sehr beliebt. Genetiker konnten die Resistenz gegen Krankheiten erhöhen, was bei einigen Eukalyptuspflanzungen außerhalb ihres natürlichen Verbreitungsraumes zu Umweltproblemen führte. Die abgefallenen Blätter können nicht von Mikroorganismen abgebaut werden, außerdem wirkt das darin enthaltene Phenol wie Gift auf andere Pflanzen, und es kann sich am Boden kein Humus bilden. In solchen Eukalyptuspflanzungen gibt es deshalb kein Unterholz, keine Bienen und auch keine Vögel – nur eine befremdliche Stille.

Die durstigen Eukalyptusbäume können den Grundwasserspiegel senken, was sich auf angrenzende Felder und Wälder verheerend auswirkt. Bauern in Spanien und Portugal kämpfen gegen solche Plantagen, für die Großgrundbesitzer zahllose Eichen- und Olivenbäume fällen.

Heilkräfte

Zwei Eukalyptusarten, der oben erwähnte Blaugummibaum und auch *Eucalyptus smithii*, werden am häufigsten für Heilzwecke verwendet.

Eukalyptus ist der Hauptinhaltsstoff von Inhalationspräparaten, die sehr wirksam gegen verstopfte Nebenhöhlen und Atemwege sind. Sowohl der Blaugummibaum als auch *Eucalyptus smithii* besitzen diese Eigenschaften, doch ist das Öl des letzteren sanfter und für Kinder besser geeignet. Moderne Forschungen bestätigten die antibakterielle Wirkung. Vermischt mit anderen Ölen ergibt Eukalyptus auch ein gutes

Eukalyptusöl ist als wichtigster Inhaltsstoff von Inhalationspräparaten bekannt, die sehr wirksam gegen verstopfte Nebenhöhlen sind sowie Atemwege und Lunge befreien.

EUKALYPTUS

GEGENÜBER: *Die Eukalyptusbäume der Regenwälder Nordaustraliens kommen oft in den »Traumzeitgeschichten« der Aborigines vor.*

LINKS: *Viele Eukalyptus-Arten können ihre Blätter von der direkten Sonneneinstrahlung wegdrehen, um dadurch die Wasserverdunstung zu verringern.*

Massageöl, das gegen Arthritis und Muskelverspannungen eingesetzt wird.

Kultur, Mythos und Symbolik

Es gibt eine Fülle von Bräuchen und Legenden der australischen Ureinwohner um die Eukalyptusbäume. Sie gehören zu den heiligsten Bäumen der Aborigines, und ohne deren Erlaubnis darf nicht darüber geschrieben werden. Wie viele andere Stammesnationen halten die Aborigines an ihrer alten, mündlichen Überlieferung fest und erlauben nicht die Wiedergabe des heiligen – und großteils noch geheimen – Wissens in den Medien. Vertiefte Kenntnisse über einen speziellen Baum ist »Initiationswissen«, das von den eingeweihten Älteren nur an Ausgewählte weitergegeben wird, die aus der richtigen Familie und dem richtigen Clan kommen. Dieser Brauch sollte respektiert werden.

Eine sakrale Anwendung des Holzes, die vielen Europäern jedoch bereits vertraut ist, ist das Didgeridoo. Ursprünglich fertigte man dieses alte Zeremonieninstrument aus einem von Termiten ausgehöhlten Zweig. Das Didgeridoo erzeugt einen intensiven, charakteristisch dröhnenden Ton – das Ergebnis der einzigartigen Technik der »Zirkularatmung« des Spielers. Es ist aber mehr als bloßes Brummen, denn die Didgeridoo-Spieler der Waldvölker Nordaustraliens beherrschen eine Vielzahl von Variationen, Obertönen und Klangeffekten, wobei sie oft Vogel- und Tierstimmen nachahmen.

Das weltweite Interesse von Musikern und New-Age-»Schamanen« an Didgeridoos bedroht einige der australischen Eukalyptusbestände (wobei die Arbeit der Termiten heute durch Handarbeit ersetzt wird). Natürlich kann der Verkauf eines »Didge« kurzfristig zum Lebensunterhalt einer eingeborenen Familie beitragen, doch den größten Gewinn machen dabei meist die Händler. Wenn Sie ein Didgeridoo erwerben wollen wäre es ethischer, eines zu kaufen, das aus heimischem Holz gemacht ist – außer Sie haben persönliche Beziehungen zum australischen »Outback«.

Symbolik: Wiederherstellung der Balance und größere Vitalität

Astrologischer Bezug: Merkur

Geschichtliches: Der größte, je bekannt gewordene Baum war nicht (wie man erwartet hätte) ein Mammutbaum, sondern ein Eukalyptus *(E. regnans)*. 1872 maß man ihn bei Watts River, Victoria (Australien) mit 133 m, er soll aber früher mit über 150 m sogar noch größer gewesen sein.

GEGENÜBER: *Eine beeindruckende alte Buche, deren rotbraune Knospen gerade aufgehen und die jungen, grünen Blätter freigeben.*

Buche *Fagus*

Fagus ist eine kleine Gattung von etwa zehn Arten einhäusiger, sommergrüner Bäume in der gemäßigten nördlichen Zone, leicht erkennbar an ihrer glatten, silbergrauen Rinde. Die wechselständigen Blätter sind gezähnt, die männlichen Blüten erscheinen in hängenden Köpfchen. Die Früchte, die Bucheckern, sind 3-kantige Nüsse in einer stacheligen Hülle.

Die Rot-Buche *(F. sylvatica)* erreicht ihre maximale Größe von etwa 24 m auf den tiefen, gut entwässerten Böden der Britischen Inseln. Buchen werden 250 bis 300 Jahre alt, einzelne Exemplare aber sogar 500 Jahre oder älter. Oft fallen sie in ihrem zweiten Jahrhundert der Stammfäule zum Opfer, da ihnen die Gerbsäure der Eichen oder das Harz der Koniferen fehlt. Dennoch ist die Rot-Buche eine sehr widerstandsfähige Art, die sich nach der letzten Eiszeit weit über Europa verbreitete.

Sie hat bis zu 10 cm lange eiförmige, gezähnte Blätter mit fünf bis neun Blattaderpaaren. Diese sind an der Oberseite glänzend grün, im Frühling auffallend grellgrün, und färben sich im Herbst rotbraun. Eine beliebte Kulturvariante ist die Blut-Buche *(Fagus sylvatica* 'Purpurea'*)*, deren Blätter von unten betrachtet purpurrot scheinen.

Die Amerikanische Buche *(F. americana* oder *F. grandifolia)* hat bis zu 12 cm lange Blätter mit neun bis 15 Blattaderpaaren. Die Orientalische Buche *(F. orientalis* oder *F. macrophylla)* wird über 30 m hoch und hat samtig behaarte Zweige.

Praktischer Nutzen

Bis in die Eisenzeit trug die Buche wesentlich zur Ernährung der Menschen bei. Es ist kein Zufall, dass der altgriechische Name für diesen Baum, *Phegos*, von *phagein*, »essen«, kommt. Die Blattknospen und Frühlingsblätter sind gesund als Zutat zu Gemüse, Salat oder Suppen.

Ausgelöste Nüsse können geröstet und zu Brot oder Gebäck verarbeitet werden, man kann sogar ein kaffeeartiges Getränk daraus bereiten. In den Alpen und nördlich davon, in Gebieten, wo es keine Olivenbäume gibt, waren Bucheckern einst eine wertvolle Quelle für Speiseöl. Sie enthalten bis zu 50 Prozent Öl, das ausgepresst werden kann. Dieses enthält bis zu 23 Prozent Proteine, was es dementsprechend hochwertig macht.

Auch bei den amerikanischen Ureinwohnern waren Bucheckern als Nahrung weit verbreitet. Die Tsalagi plünderten sogar die Vorräte von Streifenhörnchen, wodurch sie sich die Arbeit des Sammelns und Knackens der Nüsse ersparten – und die schlechten Nüsse waren schon aussortiert...

Später wurde die Buche hauptsächlich als Tierfutter verwendet. Rinder, Ziegen und Schafe wachsen prächtig, wenn sie mit Blattfutter ernährt werden, denn die Blätter sind reich an Mineralien, Stärke und Proteinen. Diese alte bäuerliche Praxis änderte sich erst im 20. Jahrhundert mit der Einführung künstlicher Futterzusätze. Noch heute kann man manchmal Kühe oder Pferde beobachten, die an Holzzäunen kauen, da diese die Kohlenhydrate enthalten, die in ihrem Futter fehlen.

Was die Buche schon früher sehr wertvoll machte, sind die sehr nahrhaften Nüsse, das traditionelle »Mastfutter« für die Schweine. Schweinehaltung in herbstlichen Eichen- oder Buchenwäldern war bis ins Mittelalter eine weit verbreitete Praxis in vielen Teilen Europas (siehe »Eiche«, S. 172–177). Übrigens gehören jene drei Bäume, die die nahrhaftesten Früchte tragen – Eiche, Buche und auch Ess-Kastanie – alle zur Familie der Buchengewächse *(Fagaceae)*.

GEGENÜBER: *Ein Fluss im Buchenwald von Bodmin Moor, ein ausgedehntes historisches Gebiet in Cornwall, Südwestengland*

Da Buchenholz schwer und hart ist (aber nicht sehr widerstandsfähig), wird es in vielen Kulturen für Möbel, Werkzeuggriffe und Schüsseln verwendet.

Heilkräfte

Sowohl bei den Ureinwohnern Nordamerikas als auch in der europäischen Tradition nützt man die adstringierenden, antiseptischen und desinfizierenden Eigenschaften in der Medizin. Buche wirkt allgemein kühlend, und bestimmte Zubereitungen waren ein altes Fiebermittel, das aber heute in der Pflanzenheilkunde nicht mehr verwendet wird. In der Bachblüten-Medizin verstärkt sie Sympathie und Toleranz. Die Baumessenz bewirkt Selbstvertrauen.

Kultur, Mythos und Symbolik

In den französischen Pyrenäen findet man viele alte keltische Altäre, die dem Gott Fagus, dem »Buchenbaum«, geweiht sind. In Rom wurde Jupiter – der wie Zeus meist als Gott des Eichenbaums galt – auch in einem Buchenheiligtum auf dem Esquilin (einem der sieben Hügel Roms) unter dem Namen Jupiter Fagutalis verehrt. Ein anderer heiliger Buchenhain in Tusculum war Diana, der Göttin der Wälder, geweiht.

In der Eisenzeit praktizierten germanische Stämme Wahrsagungen durch Beschriften von Holzstäben oder Holztäfelchen mit Runen. Obwohl die meisten erhaltenen Runentalismane aus Eibenholz sind, verwendete man je nach den örtlichen Verhältnissen, den Vorlieben des Runenlesers und der Art der Fragen verschiedene Hölzer. Buchenholz war eines davon. Gleichzeitig mit dem Übergang von einem magischen Alphabet (wie es die Runen zunächst wohl waren) zu einem Gebrauchsalphabet im 8. Jahrhundert oder davor, nannte man die vormals heiligen Symbole *Lettern* (vom lateinischen *littera*). Unser heutiges Wort dafür ist ja *Buchstaben*, eigentlich also »Buchenstäbe«. Als Alternative zu Schriftrollen begann man, dünne Buchentafeln zusammenzubinden und erfand so eine neue Möglichkeit, Wissen aufzuzeichnen: das Buch. Viele Wörter für »Buch« sind von Buche abgeleitet – im alten Angelsächsischen *bok* (Buche) und *bec* (Buch), im Englischen *beech* (Buche) und *book* (Buch), im Schwedischen *bok* (Buche) und *bok* (Buch).

Wir sehen also, dass die Buche den Menschen nicht nur Lebensmittel, sondern – durch ihre Verbindung mit der Entwicklung der Schrift in Europa – auch geistige Nahrung lieferte. Durch die Schrift bekamen die Menschen besseren Zugang zum Wissen. Man kann also sagen, dass die Buche die Traditionen des Lebensbaums und des Baums der Erkenntnis in sich vereint.

Symbolik: Verständnis, Nahrung, Bewahrung

Göttlicher Bezug: Jupiter Fagutalis (keltisch und römisch)

Astrologischer Bezug: Saturn

Aberglaube: In Westfalen glaubte man im 18. Jahrhundert, dass die Babys aus einem hohlen Buchenbaum kommen – und nicht, dass sie vom Storch gebracht werden.

Historisches: Johannes Gutenberg erfand um 1450 die Druckerpresse. Er soll auf die Idee gekommen sein, als eine Letter, die er aus Buchenholz geschnitzt hatte, einen Abdruck auf dem Papier hinterließ, in das sie eingewickelt war.

Echte Feige *Ficus carica*

Ficus ist eine große Gattung von über 800 Arten von Bäumen, Sträuchern und holzigen Kletterpflanzen mit milchigem Pflanzensaft, die man in tropischen und subtropischen Regionen findet. Feigen gedeihen in warmem Klima, halten aber auch Frost aus. Die Blätter sind stumpf gelappt, kräftig und beidseitig rau. Die vielen Samen sind in einer kugeligen, länglichen oder birnenförmigen, fleischigen Frucht enthalten, die an der Spitze eine kleine Öffnung hat. Nicht alle Feigen sind essbar.

Die Echte Feige *(F. carica)* ist ein breiter unregelmäßiger, Laub abwerfender Baum, der bis zu 9 m hoch wird. Die dicken, stumpf gelappten Blätter sind oberseits rau und unten flaumig. Im streng botanischen Sinn sind die Feigen keine Früchte, sondern hohle, fleischige Fruchtstände, die die vielen eigentlichen Früchte enthalten, die wir »Samen« nennen.

Die Feige hat eine sehr ungewöhnliche Befruchtung. Die Bocksfeige *(F. c.* var. *caprificus)* ist zweigeschlechtlich mit männlichen und weiblichen Blüten (die Kulturvariante ist allerdings rein weiblich). Zu Beginn der Reifezeit hat die Blüte der Bocksfeige eine Öffnung an der Spitze, durch die die Gallwespe *Blastophaga psenes* eindringen kann, um ihre Eier in den Fruchtknoten im Inneren der Blüte abzulegen, die dadurch zur Galle wird. Die Blüte kann keine Früchte bekommen, doch die jungen Wespen sind mit Pollen bedeckt, wenn sie die Bocksfeige verlassen. Damit befruchten sie dann die weiblichen Feigen des Kulturbaums, deren Befruchtung völlig von diesen Insekten abhängt.

Praktischer Nutzen

Feigen sind seit jeher ein wichtiger Bestandteil der Ernährung der Menschen. Archäologen fanden 7000 Jahre alte, getrocknete Feigen in der jungsteinzeitlichen Siedlung von Gezer in Israel. Die Echte Feige wird seit frühester Zeit wegen ihrer köstlichen und nahrhaften Früchte kultiviert. In heißen Zonen spenden die Bäume auch willkommenen Schatten.

Heilkräfte

Feigen sind reich an Kalzium, Kalium, Phosphor und Eisen. Der Sirup ist ein bekanntes, sicheres und sanftes Abführmittel und hat eine beruhigende, schleimlösende Wirkung bei trockenem Reizhusten. Der milchige Latex ist recht wirkungsvoll, wenn er direkt auf Warzen aufgetragen wird (vermeiden Sie aber eine Berührung mit der umgebenden Haut, denn Feigenlatex reizt und kann Entzündungen auslösen). Tee aus den Blättern wird traditionell zur Behandlung von Diabetes eingesetzt – eine Anwendung, die von neueren Forschungen unterstützt wird. Diese zeigen, dass der Tee wirklich den Blutzucker senkt.

In der Traditionellen Chinesischen Medizin gelten die Früchte des Feigenbaums als süß und von neutraler Temperatur. Sie agieren als Tonikum der inneren Energie des Körpers und des Bluts. Das ist wichtig, weil in dieser Medizin das Blut auch Träger des Geistes ist und die physische Wurzel unseres Bewusstseins darstellt – es begründet Gedanken und Emotionen im Körper. Feigen helfen, das Herz zu regulieren und Giftstoffe aus dem Körper zu entfernen. Ihr Genuss vor dem Schlafengehen wirkt unterstützend, um Verstopfungen zu lösen.

In der ayurvedischen Medizin gelten Feigen als adstringierend und kühlend, stärken *Kapha*, lindern *Vata* und *Pitta*.

Die Baumessenz gilt als Seelennahrung, die das Gefühl der Leere bekämpft und zugleich die Energie verstärkt, die die Leistungsfähigkeit erhöht.

ECHTE FEIGE

UNTEN: *Ein junger Feigenbaum braucht einen freien Standplatz, damit seine Früchte in der Sonne gut reifen können.*

LINKS: *Feigen gedeihen am besten im mediterranen und tropischen Klima, halten aber auch etwas Frost aus.*

RECHTS: *Die Früchte sind schön und köstlich, ihre Farbe wechselt von Grün über Rosa und Scharlachrot zu tiefem, fast schwarzem Purpurrot, wenn sie reif sind.*

Kultur, Mythos und Symbolik

37-mal kommt Feige im Alten Testament vor, und sie ist die erste Pflanze, die überhaupt in der Bibel erwähnt wird. Nachdem Adam und Eva von der verbotenen Frucht gegessen hatten, »gingen beiden die Augen auf, und sie erkannten, dass sie nackt waren. Sie hefteten Feigenblätter zusammen und machten sich einen Schurz« (Genesis 3,7). Aufgrund dieser Textstelle fragen sich die Gelehrten immer wieder, ob nicht sogar der Feigenbaum der Baum der Erkenntnis gewesen sein könnte. Interessanterweise ist in der griechisch-orthodoxen Ikonographie die Feige die Frucht der Versuchung. Der hebräische Originaltext spricht aber bloß von einer »Frucht« (weder Apfel noch Feige). Sicher ist nur, dass der Feigenbaum Adam und Eva zu ihrer ersten Bekleidung für das Leben außerhalb von Eden verhalf.

Die Frucht wird vielfach mit Fruchtbarkeit assoziiert. Im antiken Mittelmeerraum waren Feigen ein Symbol der Sexualität und wurden als Aphrodisiakum verwendet. Bemerkenswert ist die Ähnlichkeit mit menschlichen Hoden – im Altgriechischen war der Plural von Feige auch die Bezeichnung für dieses Organ. Die Feige war Dionysos, dem Gott der Ekstase geweiht. Auf Attika (der fruchtbaren Halbinsel, auf der Athen liegt) wurde Dionysos auch *Philosykos*, »Freund der Feige« genannt; man machte seine Statuen aus ihrem Holz. Beim alljährlichen Dionysosfest wurde ein Riesenphallus aus Feigenholz in einer Prozession herumgetragen.

Die Spartaner veranstalteten ein Dionysosfest zum Dank dafür, dass er den Menschen diesen Baum gegeben hatte. Die Feige war das Symbol für den Übergang von der nomadischen Jäger- und Sammlergesellschaft zu einer sesshaften Bauernbevölkerung und wurde der Prozession, der griechischen *Plynteria*, vorangetragen. Man nannte sie deshalb auch

Hegetria, »Führerin«. In Athen gab es einen heiligen Ort namens *Hiera Syke*, die »heilige Feige«, an dem der erste Feigenbaum gestanden haben soll. Dieser war Demeter geweiht, der Korngöttin, die einen heiligen Feigenhain nahe dem Hauptheiligtum von Eleusis hatte.

In Rom stand am Westhang des Palatins der *»Ficus ruminalis«*. Zur Zeit des Augustus (63 v. Chr. bis 14 n. Chr.) galt dies als die Stelle, an der Romulus und Remus, die sagenhaften Gründer Roms, vom Tiber ans Ufer gepült worden waren. Sie fanden Schutz unter dem Baum, wo sie von einer Wölfin gesäugt wurden. »Ruminalis« ist von *ruma*, der »Mutterbrust«, abgeleitet und ging in die Namen von Romulus und Rom selbst über, wo die Feige als Glücksbringerin galt.

Symbolik: Fruchtbarkeit und Glück

Göttlicher Bezug: Dionysos und Demeter (griechisch)

Astrologischer Bezug: Venus

Historisches: Die Athener waren so stolz auf ihre Feigen, dass der Export gesetzlich verboten war. Als der Perserkönig Xerxes 480 v. Chr. Griechenland eroberte und am 21. September Athen plünderte, wurden Feigen als eigener Gang seines Siegesmahls kredenzt.

Maulbeer-Feige *Ficus sycomorus*

Die Maulbeer-Feige oder Sykomore *(F. sycomorus)* ist ein stattlicher Baum, der bis zu 18 m hoch wird. Sie stammt aus Nordafrika und Kleinasien und wird viel größer als die Echte Feige. Ihre Blätter sind ei- bis herzförmig und werden 15 cm lang. Die eiförmigen bis kugeligen Früchte haben einen Durchmesser von 2,5 cm, sie stehen in Rispen an blattlosen Zweigen des Stamms oder älterer Äste.

Wie die Echte Feige (siehe S. 90) »arbeitet« die Maulbeer-Feige mit einem speziellen Insekt zusammen, nämlich *Sycophaga sycomori*, einer winzigen Wespe, die durch eine kleine Öffnung in die weibliche Blüte eindringt und den Befruchtungsvorgang ausführt. Anders als die Echte Feige haben alle Maulbeer-Feigenbäume männliche und weibliche Blüten.

Vor dem Aufkommen der modernen Landwirtschaft mit ihren Bewässerungssystemen und »ausgeräumten Landschaften« müssen die mächtigen, schattigen Bäume ein betörender Anblick gewesen sein. Sie waren die größten und manchmal einzigen Bäume in der Wüste – und gediehen wie durch Wunder selbst in Lagen ohne erkennbare Wasservorkommen. Überleben konnten sie dort dank unterirdischer Wasserläufe.

Praktischer Nutzen

Die Maulbeer-Feige war im alten Ägypten von herausragender Bedeutung, sie galt dort als heiliger Baum. Doch trotz oder vielleicht gerade wegen dieses Status durften die Menschen ihre Früchte essen. Einige Bäume wurden in Zeremonien als Holz für Särge ausgewählt.

In Palästina war *Ficus sycomorus* (hebräisch *shikmim* oder *shikmoth*) in den Ebenen verbreitet. Die Früchte, die in Geschmack und Zuckergehalt nicht an die der Echten Feige herankamen, wurden dort von den Armen gegessen. Der Baum wurde vor allem wegen seines leichten Holzes geschätzt. Die Maulbeer-Feige wird heute immer noch in Südafrika, Ägypten und im Libanon kultiviert.

Kultur, Mythos und Symbolik

Im alten Ägypten wurden einige Fürstentümer nach heiligen Bäumen benannt – zum Beispiel das »Fürstentum der Terebinthe«. Die Gegend um Memphis war als »Land der Maulbeer-Feige« bekannt. Die berühmteste Vertreterin war die »Maulbeer-Feige des Südens«. Sie galt als lebender Körper Hathors, der bedeutenden Himmelsgöttin. Hathor wurde auch »Herrin des Heiligen Baumes« genannt.

Ein anderer berühmter Maulbeer-Feigenbaum, der »Baum der Jungfrau«, stand in Metairieh. Andere waren Nuit (einer anderen Himmelsgöttin), Selket (der Schwester Isis', die die Toten beschützte) und der alten Schöpfergöttin Neith geweiht. All diese Bäume wurden begeistert verehrt und erhielten regelmäßig Opfergaben in Form von Gurken, Feigen und Weintrauben. Neben den heiligen Bäumen standen Wasserkrüge, damit die Vorbeikommenden ein Gebet sprechen und etwas von dem kostbaren Nass über die Wurzeln gießen konnten.

Noch bedeutender war die Gnade, die die Göttin der Maulbeer-Feige für den Übergangsritus ins Jenseits gewährte.

Symbolik: Nahrung und höchster Segen

Göttlicher Bezug: Hathor, Nuit, Selket, Neith (alle ägyptisch)

Astrologischer Bezug: Pluto

OBEN: *Eine Gruppe von Maulbeer-feigenbäumen im Kruger National Park in Südafrika*

Wenn die Seele des Toten ihre Reise durch das gefährliche Reich der Unterwelt antrat, kam sie zu der Ewigen Maulbeer-Feige. Aus deren Krone erschienen Hathor oder Nuit und gaben dem Toten Feigen aus dieser anderen Welt und Wasser des Lebens. Diese Begegnung verlieh der Seele höchsten Lohn: ewiges Leben. Der folgende Spruch im ägyptischen Totenbuch bittet die Göttin des Baums um den Atem der Unsterblichkeit:

> Oh Maulbeer-Feige der Göttin Nuit
> Lasse mir gegeben sein
> Die Luft, die in dir ist.

Die Maulbeer-Feigen, die im Reich der Toten von höchster Bedeutung waren, wurden auch im Land der Lebenden bevorzugt behandelt. Die heiligen Bäume der Ägypter – Maulbeer-Feige, Persea, Akazie, Tamariske und Weide – sind hervorragende Beispiele für den positiven Einfluss von Religion auf den Umweltschutz. Leider ist die Persea heute in Ägypten ausgestorben (einige Exemplare gibt es noch in Äthiopien). Die anderen Bäume wachsen dort aber noch. Die Maulbeer-Feige sank allerdings in ihrem Status: Wo sie einst verehrt und mit Opfern bedacht wurde, wurde sie zu einer gewöhnlichen Pflanze, die der kommerziellen Obstproduktion dient.

Banyan
Ficus benghalensis

Der Banyanbaum *(F. benghalensis)*, ein Mitglied der großen Gattung *Ficus*, ist eines der Wunder der Pflanzenwelt. Seine Fähigkeit »Luftwurzeln« zu bilden, die als zusätzliche Stämme zum Boden reichen und die Krone stützen, ermöglicht einem einzigen Baum, sich auf Hektargröße auszubreiten. Ein einzelner Banyanbaum im Botanischen Garten von Kalkutta in Indien brauchte nur etwa 200 Jahre, um zu einem der größten »Baldachinbäume« der Welt zu werden. Seine Krone misst etwa 130 m im Durchmesser und wird von mehr als 1770 Stützwurzeln getragen. Unter ihr finden mehr als 20 000 Menschen Platz. Es gibt aber noch einige beträchtlich ältere und größere Exemplare.

Die Blätter sind ledrig, eiförmig bis elliptisch und 20 cm lang. Die kugeligen orangeroten, samtigen Früchte stehen in achselständigen Paaren und haben einen Durchmesser von 1,5 cm.

Ficus benghalensis 'Krishnae' ist eine einzigartige Sorte mit Blättern in Form einer Butterschale, daher sein anderer Name »Krishnas Butterblume«. Eine verwandte Art ist die Färberfeige *(F. infectoria)* – der englische Botaniker Ernest H. Wilson beschrieb 1913 ein riesiges Exemplar mit einer Höhe von 21 m und einem Umfang von 14 m.

Praktischer Nutzen

Der Banyanbaum ist vielen Völkern in Indien, Pakistan, China und Südostasien heilig. Obwohl es in der Natur heiliger Bäume liegt, keine »praktischen« Produkte zu liefern (etwa Holz oder Blattfutter), sind sie auf andere Art sehr wertvoll.

RECHTS: *In Süd- und Ostasien gelten Banyanbäume als Heim der Baumgeister.*

GEGENÜBER: *Alte Banyanbäume verbreiten sich mithilfe von Luftwurzeln, aus denen ganze Wälder entstehen können.*

Ein heiliger Baum ist Teil der Biosphäre, der vor menschlichen Eingriffen geschützt ist, und so auch Lebensraum für seltene Pflanzen und Tiere wie Vögel und Insekten ist. Er bietet auch Menschen Schutz und ist ein Ort des Friedens für innere Einkehr und Gebet.

Heilkräfte

Rinde und Blattknospen werden in der ayurvedischen Tradition zur Blutstillung verwendet. Die Rinde wird außerdem wegen ihrer adstringierenden Wirkung auf den Darm als Tee eingenommen und hilft bei Ruhr und Durchfall.

Kultur, Mythos und Symbolik

Der Banyan ist einer der heiligsten Bäume Ostasiens. Nach dem indischen Anthropologen Dr. Alka Pande berichten alte Überlieferungen, dass sich »zur Zeit der großen Flut die ewige Macht in den Banyanbaum verwandelt hatte«. Im Hinduismus behielt der Baum seine alte Rolle als Ort göttlicher Präsenz. Die ältesten indischen Schriften, die *Veden* und die *Upanischaden,* verbinden Bäume – und insbesondere den Banyan – mit Brahma selbst, dem unsterblichen Geist des Universums. Im *Katha Upanishad* heißt es: »Dieses Universum ist ein ewig bestehender Baum, seine Wurzeln sind hoch oben, seine Blätter unten. Die reine Wurzel des Baums ist Brahma, der Unsterbliche ...«

Der Banyan kommt auch im *Bhagavad Gita* vor, das festhält: »Es gibt einen Banyanbaum, dessen Wurzeln nach oben und dessen Äste nach unten reichen, seine Blätter sind vedische Hymnen. Wer diesen Baum kennt, kennt die Veden.« Die heiligen Schriften selbst gelten als Blätter des Weltenbaums. Er ist zugleich Baum der Erkenntnis und des Lebens.

Das Motiv des »auf den Kopf gestellten« Baums taucht auch in der jüdischen Mystik, der Kabbala auf. Dies bedeutet, dass die sichtbare Welt in der (oberen) geistigen Welt wurzelt, deren Kräfte ausstrahlen und Dimensionen immer niedrigerer Schwingungen erzeugen, bis hinunter zur physischen Welt.

In den auf die Erleuchtung Gautama Siddharthas (des Buddha) unter der Pappel-Feige (siehe S. 100–101) folgenden Jahrhunderten gab es auch andere Menschen, die den Zustand des Buddha erreichten. Sieben werden in der berühmten Stupa von Barhut gefeiert, die aus den Jahren 184–172 v. Chr. stammt. Eines ihrer Reliefs stellt den Banyan als Bodhibaum von Kasyapa, einem *Bodhisattva* (Erleuchteter) dar.

Einer der heiligsten Berge Chinas ist der Omei oder *Omei Shan*. 1913 beschrieb der Botaniker E. H. Wilson den Weg zum Gipfel als mit über 70 buddhistischen Tempeln und Klöstern gesäumt. Zudem schützte eine Anzahl »wahrhaft prächtiger« und riesiger Banyanbäume die alten Tempel. Wilson maß den größten davon mit 24 m Höhe und 15 m Durchmesser.

Symbolik: Weltenbaum

Göttlicher Bezug: Brahma (Hinduismus)

Astrologischer Bezug: Universum

Historisches: Nach der Legende soll Alexander der Große und seine gesamte Armee 326 v. Chr. nach dem Indienfeldzug unter einem einzelnen Banyanbaum Schutz gefunden haben. Das soll jener Baum an den Ufern des Nebudda-Flusses östlich von Mumbai sein, der nach Messungen im Jahr 1999 eine Krone von 194 m Durchmesser hat, die von 320 Hauptstämmen und mehr als 3000 kleineren getragen wird – ein wahrer Riese.

GEGENÜBER: *Der Bodhi-Baum in Bodh Gaya – ein Heiligtum, das Pilger aus der ganzen Welt anzieht – ist ein Nachkomme des Baums, unter dem Buddha Erleuchtung fand.*

Pipalbaum *Ficus religiosa*

Die Pappel-Feige, der Pipal- oder Bodhibaum *(F. religiosa)* ist ein weiteres Mitglied der Gattung *Ficus*. Er ist ein großer, schnell wachsender Laubbaum, der sein Leben als Epiphyt (eine Pflanze, die auf einer anderen wächst, sich aber nicht von ihr ernährt) beginnt. Die rundlichen Blätter haben einen schmalen Fortsatz. Die stiellosen, dunkelroten Früchte haben einen Durchmesser von 1,5 cm. Der aus Indien und Südostasien stammende Baum kommt heute überall in den Tropen vor.

Praktischer Nutzen

Der Hindus und Buddhisten heilige Pipalbaum wird von der Urbevölkerung Indiens hoch verehrt. Die Gefäße für den heiligen *Soma*-Trank (der Unsterblichkeit verleihen soll) und die Reibhölzer (zum Entfachen des heiligen Feuers) im Tempel wurden aus seinem Holz gefertigt.

Heilkräfte

In Indien hat der Pipalbaum eine reiche medizinische Tradition. Der Saft der Blätter – gewonnen, indem man sie nahe ans Feuer hält – wurde als Schmerzmittel ins Ohr getropft. Gemahlene Rinde verwendete man für Wunden, entweder als Puder oder Salbe. Im Ayurveda werden adstringierende und antiseptische Zubereitungen aus gemahlener Rinde äußerlich für Wunden und Geschwüre und auch zur Behandlung von Infektionen der Gebärmutter und Vagina verwendet.

Symbolik: Erleuchtung

Göttlicher Bezug: Buddha

Astrologischer Bezug: Universum

Kultur, Mythos und Symbolik

Der Pipalbaum ist einer der heiligsten Bäume, nicht nur in Indien, sondern auch in Sri Lanka und Nepal. Vor mehr als 2600 Jahren kam Prinz Siddhartha Gautama, überdrüssig des weltlichen Hoflebens, auf der Suche nach tieferer Wahrheit zum Baumheiligtum von Bodh Gaya in der Provinz Bihar mit seinem riesigen Pipalbaum. Damals war der Pipal der heilige Baum Vishnus, des ewigen göttlichen Wesens, und nach dem Wort Brahmas der Herrscher über alle Bäume.

Siddhartha wählte diesen Baum, um unter ihm die Erkenntnis zu suchen, die alle Wesen von Leid befreien sollte. Er fand dort den idealen Ort – dieser Platz unter dem Weltenbaum war wie ein Sinnbild für die Ausgeglichenheit des Geistes. Von diesem Punkt der Ruhe und der Gelöstheit aus konnte er die Drehung des Weltenrades beobachten. Der heilige Baum wurde sein alles tragender Mittelpunkt, und die Gegensatzpaare ringsum kamen im Zentrum zusammen, wie die von der Nabe ausgehenden Speichen eines Rades.

Nachdem er die »letzte und unbedingte Wahrheit« (*Bodhi*) gefunden hatte, wurde Siddhartha zu *Buddha*, »dem Erleuchteten«, und der Baum, der ihm Schutz und Stärke gegeben hatte, wurde *Bo* oder *Bodhi* genannt – »Baum des Erwachens«. Viele Bilder und Statuen wurden seither geschaffen, die zeigen, wie Buddha unter dem Pipalbaum seinen inneren Kampf gegen dämonische Angriffe und Versuchungen führt. Während der ersten Jahrhunderte des Buddhismus wurde der Erleuchtete jedoch nicht als unter dem Pipalbaum sitzender Mensch dargestellt, sondern als ein solcher Baum mit einem leeren Sitz oder Thron am Fuße des Stamms. Das symbolisierte, dass es bei Erleuchtung nicht um einen Menschen als Person geht, sondern um das Überschreiten des Menschseins

und das Einswerden mit dem durch den Weltenbaum repräsentierten Universum in einem tiefen, mystische Sinn. So gesehen war der große Erwecker nicht Buddha, sondern der Pipalbaum.

Buddhas heiliger Pipal in Bodh Gaya gedieh noch im 7. Jahrhundert n. Chr., als der chinesische Reisende Hiuen Tsiang (603–664) das Heiligtum beschrieb. Der Pipal war damals 12–15 m hoch, seine Wurzeln wurden bei einem jährlichen Fest mit duftendem Wasser und parfümierter Milch gewaschen. Musik, Duft von Blumen und Weihrauch erfüllten die Luft, während zehntausende Pilger sich den Zeremonien anschlossen. Buddha selbst hatte zur Verehrung des Pipalbaums aufgerufen. Er bat seinen Schüler Ananda, einen Ast desjenigen Baumes zu nehmen, unter dem er Erleuchtung gefunden hatte, und ihn am Hof von Vihara in Sravasti einzupflanzen. Nach dem indischen Anthropologen Ranshawa sagte Buddha: »Wer ihn [den Pipal] verehrt, wird den gleichen Lohn erhalten wie der, der mich in Person verehrt.«

Im 3. Jahrhundert v. Chr. nahm König Ashoka (268–232) einen Ableger von Buddhas Pipal und sandte ihn als Geschenk an König Tissa von Sri Lanka. Er wurde vom König selbst in Anuradhapura gepflanzt, der prophezeite, dass er für immer gedeihen würde. Und wirklich: Er steht noch heute, und viele heilige Pipalbäume in Tempelgärten in ganz Sri Lanka gelten als Ableger dieses einen Baumes.

Esche *Fraxinus*

Fraxinus ist eine von etwa 29 Gattungen der Ölbaumgewächse *(Oleaceae)*. Sie umfasst an die 65 Arten hauptsächlich winterfester, schnell wachsender Bäume, die meist aus der nördlichen gemäßigten Zone stammen, doch kommen einige auch in den Tropen vor. Sie gedeihen auf fast jedem Boden und vertragen Wind und sogar Luftverschmutzung.

Die Blätter sind gegenständig, bei den meisten Arten gefiedert und fallen im Herbst ab. Die kleinen Blüten erscheinen im Frühling in Rispen, bei einigen Arten vor den Blättern. Die kleine Blüte ist vierlippig oder unregelmäßig, die zwei bis sechs Kronblätter stehen einzeln oder paarweise. Die Früchte sind einseitig beflügelte Nüsse und enthalten je einen Samen.

Die Gemeine Esche *(F. excelsior)* stammt aus Europa und dem Kaukasus und erreicht eine Höhe von über 40 m. Sie hat charakteristische schwarze Winterknospen. Die Blätter sind 7- bis 11-zählig gefiedert und je 12 cm lang. Im östlichen Nordamerika ist die Weiß-Esche *(F. americana)* ein edler Schattenspender und eines der schnellwüchsigsten Harthölzer, während die mittelgroße Schwarz-Esche *(F. nigra)* besser wild als in Kulturen gedeiht.

UNTEN: *Ein alter, noch immer nachwachsender Eschenauwald bei Aberfeldy, Schottland. Eschen liefern über Jahrhunderte Holz.*

ESCHE

UNTEN: *Silhouette im späten Frühjahr. Die Gemeine Esche ist einer der letzten Laubbäume, der Blätter bekommt.*

Praktischer Nutzen

In Europa verwendeten viele Krieger der Bronze- und Eisenzeit (darunter Kelten und Germanen, aber auch die Griechen und ihre Nachbarn) das gerade, starke und feste Eschenholz für Speere und Schildgriffe. In der Sage tötet Achilles Hektor mit einem Eschenspeer. Auch in friedlichen Zeiten wird das Holz vielfach verwendet. Man macht daraus zum Beispiel Werkzeuggriffe, Ruder, Tore und Sportgeräte. Die Esche ist einer der wichtigsten Bäume der Forstwirtschaft und versorgt seit der Jungsteinzeit die Menschen mit Stöcken und Pfählen.

Die größte Bedeutung hat sie aber als lebender Baum, der für Bauernhöfe und im Wald eine wichtige Rolle spielt. Nördlich der Alpen stehen ihre Blätter gleich nach der Ulme an zweiter Stelle als Blattfutter, da sie reich an Nährstoffen und für Rinder, Schafe, Ziegen und Rotwild einfach zu kauen sind. Eschen als Schneitelbäume waren vor der Einführung der künstlichen Futterzusätze durch die Agrarindustrie eine lebensnotwendige Einrichtung für die Viehzucht am Bauernhof. Heute stellen mehr und mehr Bauern in den Alpen diese (oft gesetzlich vorgeschriebenen) künstlichen Futterstoffe wieder infrage und kehren zur traditionellen Viehzucht zurück.

Heilkräfte

In Europa wird die Esche seit dem 4. Jahrhundert v. Chr. in der Kräutermedizin eingesetzt, als der griechische Arzt Hippokrates (um 460–377 v. Chr.) sie für Tees gegen Gicht und Rheumatismus verwendete. Tee aus im Frühling oder Frühsommer gesammelten und getrockneten Blättern hat abführende und harntreibende Wirkung. Er verstärkt den Harnfluss und die Ausscheidung von Harnsäure und regt die

GEGENÜBER: *Trockene Eschenfrüchte können bis in den Winter und länger am Baum bleiben. Reife Früchte verwendete man früher in der Kräutermedizin.*

Verdauung an. Er hilft daher bei der Entgiftung des Körpers. Eschennüsse sind eine köstliche Ergänzung zu Frühlingssalaten. Auch in der klassischen Homöopathie wird Esche als Medikament gegen Gicht und Rheumatismus eingesetzt. Die Baumessenz verstärkt den Sinn für Stärke und Flexibilität.

Kultur, Mythos und Symbolik

Im alten Griechenland galten die Eschennymphen, die *Meliae* als Töchter der Wolken- und Seegeister. In der Antike war der Baum dem Meeresgott Poseidon geweiht, und man nahm Stücke davon als Glücksbringer auf Seereisen mit. Tausende Jahre später taten das auch am anderen Ende Europas viele irische Auswanderer, als sie den Atlantik nach Amerika überquerten. Der alte irische Name der Esche, *Nion*, verbindet sie eng mit dem irischen Gott *Nuadu* und seinen britischen Entsprechungen *Nodens* oder *Nodons*, der bis ins 5. Jahrhundert n. Chr. einen großen Heiltempel am Ufer des Flusses Severn hatte. Der Name dieser Götter wird als »Wolkenmacher« übersetzt, eine Parallele zu der griechischen Tradition, wo Eschenzweige bei Regenzeremonien verwendet wurden.

Es gibt auch eine enge Verbindung zwischen der Esche und Gwydion aus der walisischen Mythologie. Gwydion ist der oberste Druide, der von Math, dem weisesten Mann im Land, unterrichtet wurde. Er entwickelte größere magische Fähigkeiten als jeder andere Druide in der walisischen Sage. Die Verbindung von Esche und Druiden wurde durch den Fund eines aus dem ersten Jahrhundert stammenden, mit einer Sonnenspirale verzierten Druidenstabs aus Eschenholz auf der Insel Anglesey bestätigt.

Die Esche trägt die Kraft der Sonne in sich, sie herrscht daher über das Wasser (Meereszauber, Regenmacherrituale). Die intensive Sonnenverehrung der Menschen fällt etwa mit der Bronzezeit zusammen. Damals tauschten die Krieger die steinzeitlichen Jagdwaffen aus Eibenholz gegen die Kampfwaffe des Eschenspeeres. Das spiegelt sich in der griechischen Überlieferung, wenn Hesiod berichtet, dass die »dritte und unverfrorene Menschenrasse« die »Frucht der Esche« war. Ähnliches berichten auch die isländischen *Eddas*: Der erste Mann sei aus Eschenholz gemacht worden und die erste Frau aus dem der Ulme. Das bezieht sich nicht auf den »ersten« Menschen (wie in der Genesis), sondern auf die erste Welle indoeuropäischer Eroberer im jungsteinzeitlichen Europa im 2. Jahrtausend v. Chr. Mit dem Eschenspeer brach also ein Zeitalter des Machtkampfs an.

Dennoch hatte die Esche nichts zu tun mit dem nordischen Weltenbaum Yggdrasil, wie man gemeinhin glaubt. Die Eddas beschreiben diesen poetisch als »immergrüne Nadelesche«, eine Metapher für einen Nadelbaum, nämlich die Eibe (siehe S. 198-205). Denn die Esche ist weder immergrün noch hat sie Nadeln. Die Idee der »Weltenesche« bleibt ein seit dem 19. Jahrhundert andauerndes Missverständnis.

Symbolik: Herrschaft und Macht

Göttlicher Bezug: Gwydion (walisisch), Nuadu (irisch), Nodens/Nodons (keltisch-britisch)

Astrologischer Bezug: Sonne

Aberglaube: In England und Frankreich wurden im 19. Jahrhundert die abgeschnittenen Fingernägel einer Person, die Fieber oder Zahnschmerzen hatte, unter einer Esche begraben. Man glaubte, dass das ihre Beschwerden lindern würde.

Ginkgo *Ginkgo biloba*

Der Ginkgo oder auch Mädchenhaarbaum *(Ginkgo biloba)* ist die einzige Art der einzigen Gattung innerhalb der Ginkgo-Familie *(Ginkgoaceae)*. Er entwickelte sich unabhängig von den Koniferen, wird ihnen aber dennoch zugeordnet. Dieser uralte Baum ist der einzige Überlebende einer Familie, die vor etwa 160 Millionen Jahren in vielen Teilen der Welt, auch in Europa, vorkam. Er galt lange als ausgestorben, doch überlebte er in den ostchinesischen Provinzen Zheijang und Guizhou.

Der Ginkgo ist ein Laub abwerfender, harziger, zweihäusiger Baum, der meist bis zu 35 m, in kälteren Klimazonen aber nur halb so hoch wird. Seine wechselständig oder in Büscheln stehenden Blätter sind fächerförmig, langgestielt und in der Mitte geteilt. Die männlichen Blüten sind kätzchenförmig. Die weiblichen Blüten bestehen meist aus nur zwei Samenanlagen auf einem langen Stiel. Eine davon reift gewöhnlich zu einer mirabellenförmigen Frucht, deren fleischige Schale eine weiße, essbare Nuss umhüllt.

Praktischer Nutzen

Die Kerne oder »Ginkgonüsse« werden in Asien häufig gegessen, doch sollte man vorsichtig damit umgehen, da sie ein Öl enthalten, das bei manchen Menschen Dermatitis auslöst.

Heilkräfte

Die medizinische Verwendung der Ginkgosamen wird im *Pen Tsao Kang Mu*, dem »Großen Herbarium« des Li Shih-Chen (1578) erwähnt, das in der Traditionellen Chinesischen Medizin noch heute verwendet wird. Sie helfen gegen Asthma, Husten und Harnblasenprobleme. Roh setzt man die Samen zur Krebsbehandlung ein, gekocht fördern sie die Verdauung. Im Westen ist Ginkgo wegen der starken Wirkung seiner Blätter auf den Kreislauf beliebt. Er hilft bei gleichzeitigem Auftreten von Kreislauf-, Gedächtnis- und Konzentrationsschwäche, bei einigen Formen der Migräne und bei Alzheimer.

Kultur, Mythos und Symbolik

Der Ginkgo ist ein heiliger Baum in Ostasien, wo er oft bei taoistischen und buddhistischen Tempeln gepflanzt wird. Er diente mindestens seit dem 2. Jahrhundert v. Chr. als Nahrungsquelle, und seine gerösteten Nüsse galten als kostbare Delikatesse. Der chinesische Kaiserpalast erhielt sie als Tribut der südöstlichen Provinzen, bis Prinz Li Wen-ho (in der ersten Hälfte des 11. Jahrhunderts) einige Bäume in der Nähe seiner Residenz pflanzen ließ. Den größten Teil seines

GEGENÜBER: *Der Ginkgo am Yon Mun Tempel bei Seoul, Südkorea, ist 60 m hoch und soll 1100 Jahre alt sein.*

OBEN: *Wegen der eigenartigen Form der Blätter war der alte chinesische Name für Ginkgo* Ya Chio *(»Entenfuß«)*.

GEGENÜBER: *Der Stamm eines alten Ginkgobaums, genannt »Schlangenbaum«, bei Seoul, Südkorea*

Da der Ginkgo drei Generationen braucht um zu reifen, wurde er auch als »Großvater-Enkel-Baum« bekannt.

Lebens musste er allerdings auf die ersten reifen Früchte warten – die ihm im Alter schließlich in einer goldenen Schale gereicht wurden.

Im 11. Jahrhundert nannte man den Ginkgo *Yin Hsing (Xing)*, »Silberaprikose«. Da der Baum drei Generationen zur Reife braucht, wurde er auch als »Großvater-Enkel-Baum« bekannt. Nach der Yuan-Dynastie (um 1279–1368) war der Ginkgobaum über ganz China verbreitet, vor allem in Tempelanlagen, wo ehrwürdige Exemplare erhalten blieben.

Buddhistische Mönche brachten den Ginkgo auch nach Korea und Japan. Wir wissen nicht genau wann, doch schätzt man das Alter vieler der prächtigen Bäume in Japan auf über 1000 Jahre. Nüsse als Dessert bei Teezeremonien sind seit 1492 dokumentiert. Seit dem 18. Jahrhundert serviert man sie auch zu Sake (Reiswein).

1712 »entdeckte« der deutsche Arzt Engelbert Kämpfer den Ginkgobaum in Japan (im Westen hielt man ihn für ausgestorben), und sandte einige Samen nach Europa. Um 1815 pflückte Johann Wolfgang Goethe in seinem Garten ein Blatt des *Ginkgo biloba* und schrieb folgendes Gedicht:

Dieses Baumes Blatt, der von Osten
Meinem Garten anvertraut,
Gibt geheimen Sinn zu kosten,
Wie's den Wissenden erbaut.

Ist es ein lebendig Wesen,
Das sich in sich selbst getrennt?
Sind es zwei, die sich erlesen,
Dass man sie als eines kennt?

Solche Fragen zu erwidern
Fand ich wohl den rechten Sinn.
Fühlst du nicht an meinen Liedern,
Dass ich eins und doppelt bin?

Nach dem Abwurf der Atombombe auf Hiroshima in Japan (1945) wurde alles Leben um das Epizentrum der Detonation zerstört. Eine Ausnahme bildeten vier bemerkenswerte Ginkgobäume, die überlebten und im folgenden Frühling sogar zu blühen begannen. Mit 1120 m stand der Ginkgo von Hosen-Ji am nächsten zum Epizentrum. Alle vier Bäume gedeihen noch heute. Seither gilt der Ginkgo in Japan als »Hoffnungsträger«. Heute sind bei diesen Bäumen Tafeln mit Gebeten für den Weltfrieden aufgestellt.

Symbolik: Urkraft des Lebens

Göttlicher Bezug: Einswerdung

Astrologischer Bezug: Mond, Pluto

Historisches: 1796 stellte ein heute nur als Smith bekannter englischer Botaniker den wissenschaftlichen Namen des Ginkgo als »ungehobelt und barbarisch« infrage. Er schlug die Bezeichnung *Salisburia adiantifolia* vor, ein Name, der vom Rest der Wissenschaftsgemeinde höflich ignoriert wurde.

GEGENÜBER: *Die Stechpalme ist ein attraktives Immergrün in Kirchhöfen. Die stacheligen Blätter und die roten Früchte stehen mit der Dornenkrone Christi in Verbindung.*

Stechpalme *Ilex*

Ilex ist eine große Gattung von etwa 400 Arten immergrüner und Laub abwerfender Bäume und Sträucher in allen gemäßigten und tropischen Zonen. Stechpalmen sind zweihäusig oder polygam-zweihäusig. Die wechselständigen kurzstieligen Blätter sind oft dick und ledrig, mit gezähnten oder stacheligen Rändern. Die weißen oder grünlichen Blüten stehen einzeln oder büschelig in den Blattachsen.

Die Gewöhnliche Stechpalme (*I. aquifolium*) ist meist ein kleiner Baum oder Busch, der aber auch 15 m hoch werden kann. Sie stammt aus West- und Südeuropa, Nordafrika und Westasien. In Mittel- und Osteuropa wird sie wegen des fehlenden maritimen Klimas und der winterlichen Kälte meist weniger stattlich. Die Blätter sind 5 cm lang, die kleinen weißen Blüten duften, die kugeligen Früchte sind hellrot.

Praktischer Nutzen

Die Stechpalme wurde lange als Hecke kultiviert, im Winter fressen Vögel ihre Früchte. In Europa und Westasien verwendet man das Holz zum Schnitzen, für Furniere und Intarsien. In Nordamerika macht der Stamm der Seminolen daraus Pfeile.

> **Symbolik**: Schwert der Wahrheit
>
> **Göttlicher Bezug**: Grüner Mann (heidnisch), Jesus (christlich)
>
> **Astrologischer Bezug**: Mars
>
> **Aberglaube**: In einer Schweizer Sage aus dem 19. Jahrhundert wurden die Palmen, mit deren Blätter man Christus in Jerusalem begrüßt hatte, zu Stechpalmen, als die Menge »Kreuzige ihn!« rief. In einer aus Frankreich stammenden Überlieferung ist die Stechpalme daher ein Geschöpf des Teufels.

Heilkräfte

Aus den getrockneten Blättern von *Ilex paraguariensis* macht man Maté, ein in Südamerika beliebtes, teeähnliches Getränk. In Nordamerika verwenden die Irokesen einen Absud aus der Rinde der Amerikanischen Winterbeere, *I. verticillata*, als Heil- und Brechmittel und zur Behandlung psychischer Probleme. Die Tsalagi wenden einen Tee der Blätter als Brechmittel und als Halluzinogen an, um ekstatische Zustände herbeizuführen. Die Beeren sind giftig, lösen Brechreiz aus und wirken abführend. Ilex sollte man nie ohne fachmännische Anleitung verwenden.

Das Bachblütenmedikament der Stechpalme lindert Wut, Eifersucht und Neid. Auch die Baumessenz lindert diese Symptome und bringt geistige Ruhe, beeinträchtigt dabei aber nicht das Durchsetzungsvermögen.

Kultur, Mythos und Symbolik

Im walisischen Mythos stellt die schöne, blonde Göttin Creiddylad die Sonne dar, die Ritter des wachsenden und des schwindenden Jahres kämpfen für sie. Von Mittwinter bis Mittsommer, wenn die Tage länger werden, regiert der Himmelsgott. Sein Symbol ist die Eiche. Wenn ab Mittsommer die Tage kürzer werden, erhebt der Gott der Erde und der Unterwelt Anspruch auf die Sonne. Sein Baum ist die Stechpalme, die mit dem Geist der Vegetation, dem Grünen Mann verbunden ist.

Im christlichen Mittelalter assoziierte man Johannes den Täufer mit der Eiche, Jesus mit der Stechpalme. Ihr englischer Name »Holly« kommt vom angelsächsischen *holegn* und dem althochdeutschen *hulis*, »heilig«. Die Stechpalme wurde so auch Teil kirchlicher Zeremonien, als Ersatz für die Palmen am Palmsonntag. In England, wo sie eine der wenigen immergrünen Pflanzen ist, ist sie eine beliebte Weihnachtsdekoration.

GEGENÜBER: *Ältere Bäume in einem traditionell bewirtschafteten Walnusswald in Dorset, England. Das Holz für Möbel, Furniere und sogar Gewehrschäfte wird hier noch mehr geschätzt als die Nüsse.*

Walnuss *Juglans*

Juglans ist eine Gattung von etwa 20 Arten aus Nord- und Südamerika, Südosteuropa und Südostasien stammender, Laub abwerfender, meist schnellwüchsiger Bäume. Walnussblätter sind aromatisch, gefiedert und bei manchen Arten ziemlich groß. Die männlichen Blüten hängen als Kätzchen von den Vorjahreszweigen, die weiblichen Blüten entstehen an den neuen Zweigen.

Die Echte Walnuss *(J. regia)*, die aus dem Iran oder China stammt, aber schon lange im Mittelmeerraum kultiviert wird, ist ein langsam wachsender Baum, der 30 m hoch und tausend Jahre alt werden kann. Er besitzt eine silbergraue Rinde und eine charakteristisch abgerundete Krone. Er hat meist sieben bis neun längliche, etwa 12 cm lange Blätter. Die gefurchte Nuss ist in eine harte Schale eingeschlossen, die in einer dicken, fleischigen, aber ungenießbaren Fruchthülle steckt.

Praktischer Nutzen

Die Römer aßen Walnüsse, machten daraus einen als *carynium* bekannten Wein und färbten damit ihr Haar. Auch Textilfarbe wurde aus den unreifen Schalen gewonnen.

Durch die Verbindung der Walnuss zur Naturgöttin Artemis wurde sie mit Fruchtbarkeit und Liebe assoziiert, und fand so Eingang in Hochzeitsbräuche.

Das Holz vieler Walnussarten ist hoch geschätzt und sehr wertvoll – man verwendet es daher in der Möbelerzeugung. Auch viele Stämme nordamerikanischer Ureinwohner fertigen aus dem Holz der Walnussgewächse *(Juglandaceae)* und aus jenen der verwandten Hickory-Bäume *(Carya)* Möbel. Die Apachen nehmen Walnuss zum Bau ihrer kuppelförmigen Hütten, die Tsalagi machen dekorative Schnitzereien daraus. Die Nuss-Schalen liefern einen von vielen Stämmen benutzten Farbstoff. Die Kiowa kochten auch die Wurzeln und gewannen so ein schwarzblaues Färbemittel für Büffelhäute.

Heilkräfte

Walnüsse sind reich an Kalium und Folsäure. Sie enthalten etwa 15 Prozent Protein und 50 Prozent oder mehr Gewichtsanteil Öl, darunter Alpha-Linolsäure (Omega 3), die das Immunsystem stärkt und positive Effekte auf Herz und Kreislauf hat. Äußerlich angewandt ist Walnussöl ein pflegender Bestandteil von Hautcremes.

Nach der Traditionellen Chinesischen Medizin wirken Walnüsse auf die Energie des Nieren-Meridians, der mit dem Blutzuckerspiegel und unserer Lebensenergie zusammenhängt. Sie gelten als warm und süß und gleichen Yin und Yang im Körper aus. Da sie gegen kalte Energie wirken und Schleim lösen, sind sie gut gegen Husten, Verstopfung, Nieren- und Blasensteine und Impotenz. Täglich 90 g Walnüsse langsam zu kauen wirkt gegen Halsschmerzen, Heiserkeit, Verstopfung und Magengeschwüre.

Im Ayurveda sind Walnüsse süß und adstringierend. Ihre Hitze erhöht *Pitta* und *Kapha* und vermindert *Vata*. In der Kräutermedizin stimulieren die Blätter die Leber und können bei Hautproblemen wie Akne, aber auch bei geschwollenen Drüsen und Lymphstau verwendet werden.

OBEN: *Blätter und Früchte des Walnussbaums. Die führenden Produzenten von Walnüssen sind die USA, Türkei, China und der Iran.*

Das Bachblütenmedikament der Walnuss hilft, sich bei Veränderungen an neue Gegebenheiten anzupassen. Die Baumessenz bringt Freiheit und Reinigung.

Kultur, Mythos und Symbolik

Der ursprüngliche griechische Name der Früchte dieses Baums, *caryon*, hängt mit *cara*, »Kopf« oder »Baumwipfel«, zusammen, und stammt von der pelasgischen Göttin Kar oder Cer, die auch der Landschaft Karien in Kleinasien den Namen gab. Der Baum selbst (und seine Nypmphe) wurde Karya genannt. In der griechischen Sage ist Karya eine der drei Töchter Dions, des Königs von Lakonien. Apollo erfüllt den Wunsch des Königs, seinen Töchtern die Gabe der Weissagung zu verleihen. Als Karya stirbt, verwandelt der Gott Dionysos sie in einen Walnussbaum, der daher in Griechenland als Orakelbaum galt.

Die traurige Nachricht vom Tod Karyas wurde von der Göttin Artemis verkündet, für die man daraufhin den Tempel »Artemis Karyatis« errichtete. Dessen Säulen aus Walnussholz hatten die Form weiblicher Statuen, Karyatiden genannt, nach den Nymphen dieses Baums. Durch die Verbindung der Walnuss mit der Naturgöttin Artemis wurde sie auch mit Fruchtbarkeit und Liebe assoziiert und fand Eingang in Hochzeitsbräuche.

Nachdem sich eine Gruppe pelasgischer Einwanderer in Latium auf der Apenninenhalbinsel niedergelassen hatte,

RECHTS: *Walnüsse sind äußerst nahrhaft. Sie enthalten Kalium, Folsäure sowie Protein und haben einen Gewichtsanteil von ungefähr 50 Prozent Öl.*

wurde die mit der Walnuss assoziierte Göttin bei den Römern als *Carmenta* bekannt, abgeleitet vom lateinischen *carmen,* »Orakelgesang«, und *mante,* »Offenbarer«. Das ist ein deutlicher Hinweis, dass der Baum auch dort für Orakel und Weissagungen eine Rolle spielte. In der römischen Sage hatte Carmenta einen Sohn von Hermes, genannt Evander (»Wohltäter der Menschen«), durch den sie den Römern das Alphabet und damit die Kunst des Schreibens überbrachte. Pallatium, der Name der pelasgischen Kolonie, lebt im Namen »Palatin«, einem der sieben Hügel Roms fort. Als aber die männlichen Götter an Bedeutung gewannen, wurde die Walnuss von den Römern nach ihrem Hauptgott *Iuglans* (von *Iovis glans,* »Eichel Jupiters«) genannt.

Bei Ausgrabungen des assyrischen Palastes von Nimrud (heute Calah im Irak) fand man Schreibtafeln aus Walnussholz. Unter all den kostbaren Hölzern, die die Assyrer für Palastbauten verwendeten – vor allem Zeder und Zypresse, aber auch Wacholder, Buchsbaum, Maulbeere, Pistazie und Tamariske – brachten sie nur die Walnuss mit der Kunst des Schreibens in Verbindung. Später pflanzten die Römer den Baum auch in Gebieten nördlich der Alpen (zum Beispiel in den Niederlanden), zu spät allerdings, als dass eine eigene *nördliche* Mythologie hätte entstehen können, denn bald schon breitete sich das Christentum aus und wurde zur vorherrschenden Religion. Die Walnuss fand jedoch wegen ihrer nahrhaften Nüsse sowie der von den mittelalterlichen Mönchen in der Medizin verwendeten Blätter weite Verbreitung. Ihr heutiger Name kommt vom Deutschen *welsche* (»ausländische«) *Nuss.*

Symbolik: Vertrauen und Weisheit

Göttlicher Bezug: Kar (pelasgisch), Karya (griechisch), Carmenta (römisch)

Astrologischer Bezug: Jupiter

Aberglaube: Die Bürger der italienischen Stadt Benevento lebten im 7. Jahrhundert in Angst vor ihrem Walnussbaum, da sie glaubten, dass Hexen und der Teufel einmal im Jahr ihren Tanz unter dem Baum abhielten. Schließlich ließ der Heilige Barbatus († 682 n. Chr.) den Baum fällen. Doch noch lange danach fürchteten die Stadtbewohner, der Teufel würde eine Nachbildung des Baums erschaffen, falls an dieser Stelle wieder Hexen tanzten.

Wacholder *Juniperus*

Wacholder, das meist verbreitete Mitglied der Zypressengewächse *(Cupressaceae)*, umfasst an die 70 Arten immergrüner, ein- oder zweihäusiger Nadelbäume oder Sträucher, die man auf der Nordhalbkugel von den Subtropen bis in die Arktis findet. Die nadel- oder schuppenförmigen Blätter stehen an jungen Ästen ab, liegen aber an älteren an. Die männlichen Zapfen sind gelb und kätzchenartig. Die weiblichen sind eher beerenförmig, weißlich bereift und haben drei bis acht fleischige Schuppen. Jede enthält einen bis zwölf Samen.

Ein bedeutender Baum Nordamerikas ist der Virginische Wacholder, *J. virginiana*, der schuppenartige Blätter und purpur- bis blau-schwarz bereifte Zapfen hat. Er ist wegen seines duftenden roten Holzes auch als »rote Zeder« bekannt.

Der Gewöhnliche Wacholder *(J. communis)* ist die häufigste Wacholderart in den kühleren Regionen Europas. Er kann die Form einer liegenden oder kriechenden Hochgebirgspflanze, eines buschigen Strauchs oder eines aufrechten, kleinen Baums annehmen, der bis zu 9 m hoch wird. Die zu dritt in Wirteln stehenden, geraden Nadeln haben oberseits ein grauweißes Band und sind unten leicht gekielt. Die Früchte sind schwarzblau bereifte Beerenzapfen mit 0,7–1,2 cm Durchmesser. Sie reifen im dritten Jahr und haben drei Samen.

Der Phönizische Wacholder *(J. phoenicea)* im Mittelmeerraum hält extrem trockene Bedingungen aus. Er hat schuppenartige Nadeln und gelbe bis rotbraune Früchte. Der Stech-Wacholder *(J. oxycedrus* ssp. *oxycedrus)* wird selten höher als 6 m, er hat gerade, 1,2–2,5 cm lange Blätter.

RECHTS: *Wacholder in der Lüneburger Heide – die Szene erinnert an das Ende der Eiszeit vor 10 000 Jahren.*

Auf den Bergen der Mittelmeerregion findet man oberhalb von 2000 m keine Zedern und nur wenige Kiefern. Wacholder aber wächst noch in 2700 m auf dem Antilibanon. Und in den 1970er-Jahren fand man in den Bergen von Tadschikistan einen über 800 Jahre alten Wacholder (*J. turkestanica*) an der äußersten Baumgrenze in 3500 m Höhe. Wie die Eibe wächst auch der Wacholder extrem langsam, wenn es die Lebensbedingungen erfordern. Ein Phönizischer Wacholder aus den Gorges du Verdon in Frankreich hat einen Radius von nicht einmal 8 cm, für den er mehr als 1100 Jahre benötigte. Ein jährliches Radialwachstum von nur 0,06 mm macht ihn zu einer der am langsamsten wachsenden Pflanzen der Erde.

Praktischer Nutzen

Die Wacholder Griechenlands und Kleinasiens spielten eine wichtige Rolle in Wirtschaft und Bauwesen der Antike. Der Syrische Wacholder (*J. drupacea*) wächst als schlanke Säule bis zu 18 m hoch, mit bis zu 24 m übertreffen ihn der Kleinasiatische (*J. excelsa*) und der Stinkende Baum-Wacholder (*J. fœtidissima*).

Griechen und Römer verwendeten dasselbe Wort für Zedern und Wacholder (griechisch *kedros*, lateinisch *cedrus*). Während man selten gesundes Holz in über 300 Jahre alten Kiefern findet, produzieren Zedern und Wacholder auch nach mehr als 600 Jahren noch prächtiges Holz. Sie haben den aromatischen Duft, eine gute Resistenz gegen Insekten und Moder, die feine, gerade Maserung und den rötlich-braunen Farbton gemein. Abgesehen vom Duft teilen sie diese Eigenschaften auch mit der Eibe. Alle drei Gattungen wurden in der Antike als »Zedernholz« gehandelt. Es war das teuerste Holz, das deshalb auch nur für besondere Zwecke wie Tempel- und Palastdächer, Kleidertruhen, Sarkophage und Grabbeigaben verwendet wurde. Die Phönizier aber, die im Libanon kein »minderwertiges« Holz hatten, verwendeten Zeder und Zypressen auch im Schiffsbau.

Die Blätter des Gewöhnlichen Wacholders werden in der Medizin verwendet. Die aromatischen »Beeren« sind bekannterweise essbar, man trocknet sie und verwendet sie als Gewürz, als Medizin oder als typische Zutat für Gin.

GEGENÜBER: *Eine alpine, kriechende Wuchsform des Gewöhnlichen Wacholders, aufgenommen in Südfrankreich – eine der vielen Formen, die der Wacholder annehmen kann*

RECHTS: *Wacholder kann man gut an seinen spitzen Nadeln und den kleinen, runden Zapfen erkennen, die wie Beeren aussehen.*

Heilkräfte

Die Beeren stärken das Nervensystem und regen den Appetit und die Verdauung an. Tee aus ihnen ergibt ein ausgezeichnetes Harn-Antiseptikum; das ist ein wichtiges Medikament gegen Blasenentzündung, hat aber auch eine beruhigende und wärmende Wirkung auf den Magen. Da sein Öl sehr stark ist, sollte Wacholder nicht während der Schwangerschaft oder bei Nierenerkrankungen verwendet werden. Äußerlich wird das verdünnte ätherische Öl als wärmendes Mittel gegen Arthritis und Gicht verwendet. Es ist auch sehr wirksam gegen Atembeschwerden, wenn man die Brust damit einreibt oder den Dampf inhaliert. Die Baumessenz hilft, die Vergangenheit und angelagerten Stress loszulassen.

Kultur, Mythos und Symbolik

In ganz Europa war der Wacholder hoch geschätzt. Die Esten verehrten den Schutzpatron des Viehs traditionell unter diesem Baum. Weit verbreitete Redensarten im deutschen Sprachgebiet mahnen uns, den Hut abzunehmen, wenn wir an einem Wacholder (oder Holunder) vorbeigehen. Viele Sagen und Volksmärchen stellen ihn als Tor zu anderen Dimensionen dar – als Wohnort von Feen, Riesen und Zwergen. Das von den Brüdern Grimm überlieferte Märchen »Der Wacholderbaum« erzählt, wie die Seele eines toten Kindes sich als Vogel aus dem Wacholder erhebt.

Den Naturgeistern Opfer unter einem Wacholder zu hinterlegen, war eine verbreitete, noch heute bekannte Praxis. Der deutsche Name des Baumes (vom althochdeutschen *wachal,* »wachen«, und *tar,* »Baum«) beschreibt ihn als Wächter, der als Vermittler zwischen den Menschen und der unsichtbare Welt der Geister auftritt.

Eine andere traditionelle Art der Verbindung mit der Geisterwelt sind Rauchopfer. Rauch trägt die Gebete und Bitten »hinauf« in höhere Dimensionen. Wacholderrauch war Teil keltischer, germanischer, slawischer, baltischer, finnougrischer und asiatischer Rituale, also in ganz Eurasien verbreitet. Er steht auch in Zusammenhang mit den »Zedern-«, Thujen- und Wacholderrauchopfern der amerikanischen Ureinwohner. Die Tibeter bringen Wacholderrauchopfer in ihren Tempeln zum Heil aller Menschen dar.

Symbolik: Reinigung, Schutz und Demut

Göttlicher Bezug: Geisterwelt

Astrologischer Bezug: Neptun

Aberglaube: Wenn man im 19. Jahrhundert in Österreich den Teufel beschwören wollte, erhielt man den Rat, Wacholderäste an Hände und Füße zu binden.

Historisches: Das Mittelalter war eine Zeit vieler Rodungen in ganz Europa. Einer der Gründe, warum Wacholder heute so selten ist war auch, dass man seinen sauren Saft als wirksames Empfängnisverhütungsmittel entdeckte. Die Kirche förderte das Fällen des Wacholders, um die Geburtenrate zu bewahren.

GEGENÜBER: *Einzeln stehende ältere Lärche mit ungewöhnlich gebogenen Ästen bei Peebles in Südschottland*

Lärche *Larix*

Die Gattung *Larix* gehört zu den Kieferngewächsen (*Pinaceae*) und umfasst etwa zehn Arten großer, sommergrüner Nadelbäume mit ausgebreiteten Ästen, die in den kälteren Regionen der nördlichen Hemisphäre vorkommen.

Die Europäische Lärche, *(L. decidua, L. europaea)* hat kurze, 4 cm lange Nadeln, die in schönen Rosetten angeordnet sind. Die weiblichen Zapfen sind ebensolang. Die in Amerika wachsende Lärche *L. americana (L. laricina)* besitzt nur halb so große Zapfen mit glänzenden, unbehaarten Schuppen. Die Sibirische Lärche *(L. sibirica)* hat hellgrüne Nadeln und samtige Schuppen. Lärchen brauchen kaltes Klima, doch ihre jungen Triebe sind empfindlich gegen Frost.

Praktischer Nutzen

Das Holz ist relativ beständig gegen Feuer und Wasser. Es wurde daher eines der wichtigsten Materialien für die Flotten des Römischen Weltreichs (neben Pinie, Kiefer und Zypresse).

Es enthält viel Harz, das im Gegensatz zu dem von anderen Koniferen flüssig bleibt, wenn es erhitzt wird. Daher eignet es sich für die Herstellung von Terpentin und von Pech zum Abdichten von Dächern, Booten und Schiffen.

Heilkräfte

Ein Absud aus der Rinde ergibt ein linderndes Mittel gegen Ekzeme und Schuppenflechte. Europäer und nordamerikanische Ureinwohner wie Algonquin, Quebec und Irokesen verwenden Tees aus Nadeln oder Rinde zur Behandlung von Harnwegsinfekten und von Bronchitis, Erkältung und Husten.

Das Bachblütenmedikament verstärkt das Selbstvertrauen und hilft, Hindernisse zu überwinden. Die Baumessenz bringt Herz und Geist, Wille und Wunsch ins Gleichgewicht.

Kultur, Mythos und Symbolik

Im Alpenraum ist die Lärche das Heim der *Saligen*, der »Gesegneten«, anmutiger Wesen der Anderswelt, die freundlich zu den Menschen sind und Tiere schützen. In verschiedenen Teilen der Alpen werden die *saligen* Fräulein als weiß oder silberfarben gekleidete Geisterwesen beschrieben, die unter alten Lärchen tanzen und die süßesten Lieder singen.

Nach der sibirischen Sage schuf Gott zwei Bäume: die weibliche Kiefer und die männliche Lärche. Die Lärche ist einer der wenigen Bäume, die in der Tundra gedeihen, wo schon eine Gruppe ab sieben Bäumen als heiliger Hain gilt. Im Volk der Chanten brachte man jedes Mal ein Opfer dar, wenn man an einem solchen Hain vorbei kam. Die Tungus glauben, dass die Seele der Schamanen im (andersweltlichen) Turu-Baum aufwächst und der Korpus ihrer Trommeln wird aus einer lebenden Lärche geschnitten, die zu Ehren des Turus stehen bleibt. Bei jeder schamanischen Trancereise wird im Zeremonienzelt ein langer Lärchenpfahl als ritueller »Weltenbaum« aufgestellt, auf dem der Schamane zum Himmel klettert.

Symbolik: Überschreiten von Grenzen

Göttlicher Bezug: Die *Saligen* (Alpenraum)

Astrologischer Bezug: Neptun

Historisches: Julius Cäsar (100–44 v. Chr.) »entdeckte« die Lärche, als er die aus ihrem Holz gebaute Festung Larignum in den Alpen belagerte. Er war beeindruckt davon, dass brennendes Reisig den Holzwänden nichts anhaben konnte. Schon eine Generation später wurde Lärchenholz beim Bau des Palastes des Kaisers Augustus in Rom verwendet.

Lorbeer *Laurus*

Laurus ist eine Gattung zweier aromatischer, immergrüner Arten. Der Echte Lorbeer der Antike ist der aus dem Mittelmeerraum stammende *L. nobilis*. Er kann auf reichem, genügend feuchtem Torfboden bis zu 12 m hoch werden und ist von veränderbarer Gestalt. Oft produziert er Wurzelschösslinge an seinem Stamm. Die wechselständigen, dunklen, glänzenden Blätter sind lanzettlich bis elliptisch und werden bis zu 10 cm lang. Die kleinen, gelben, zwei- oder eingeschlechtlichen Blüten gehen im April auf. Die männliche Blüte hat mehr als zwölf Staubblätter, ihre Frucht ist eine schwarzblaue Beere.

Praktischer Nutzen

Der griechische Schriftsteller Hesiod (7. Jahrhundert v. Chr.) beschreibt Feldwerkzeuge aus Eichen-, Ulmen- und Lorbeerholz. Lorbeer wird seit alters her wegen seiner aromatischen Blätter kultiviert, die in der Küche zum Würzen von Fleisch, Geflügel, Suppen und Eintöpfen gerne verwendet werden.

OBEN: *Früchte und Blätter des Echten Lorbeers*

RECHTS: *Lorbeerbäume gedeihen am besten in sonnigen Lagen, wie auf diesem Felsenhügel nahe der Riviera in Südfrankreich.*

LORBEER

OBEN: *Lorbeerblätter gehören zu den vielseitigsten Küchengewürzen und finden sich zum Beispiel im französischen* bouquet garni.

Heilkräfte

Tee aus den Blättern ergibt ein wärmendes, krampflösendes Tonikum, das den Appetit anregt und verdauungsfördernd wirkt. Das ist einer der Gründe, warum die Blätter in der Küche so beliebt sind. Sie können auch gekaut werden und beruhigen äußerlich bei Hautverletzungen.

Das ätherische Öl aus den Lorbeerblättern wärmt bei Arthritis und Muskelverspannungen, sollte jedoch mit Vorsicht und stark verdünnt angewandt werden. Lorbeeröl ist ein traditionelles Medikament gegen Verstauchungen, Prellungen und Ohrenschmerzen. Es kann auch zur Linderung von Husten und Erkältung inhaliert werden.

Kultur, Mythos und Symbolik

Im griechischen Mythos wurde die Nymphe Daphne von Apollo verfolgt und zu ihrer Rettung von der Erdgöttin Gaia in einen Lorbeerbaum verwandelt. Danach trug Apollo im Andenken an sie eine Krone aus Lorbeerblättern. Daraus entstand der griechische und römische Brauch, Dichterkönige und siegreiche Athleten und Krieger mit einem Lorbeerkranz zu krönen.

Die zeremonielle Verwendung des Lorbeers geht weit in die Antike zurück. Als die Dorer um 1100 v. Chr. nach Südgriechenland eindrangen und die Urbevölkerung unterwarfen, übernahmen sie deren alte religiöse Stätten und fanden den Lorbeer als heilige Pflanze an einem Kultort an den Hängen des Parnass. Dort stand er neben einer Quelle direkt an einer tiefen Erdspalte.

Der Legende nach errichtete später Apollo sein Orakel an dieser Stelle. Das Orakel von Delphi wurde das berühmteste, weithin befragte Orakel des Altertums. Die Hohepriesterin, das Orakelmedium, wurde Pythia genannt, nach dem spirituellen Beschützer dieses Gebiets, dem weiblichen Drachen Python. Diese Priesterin, die das Orakel deutete, kaute Lorbeerblätter und inhalierte den Rauch der Lorbeeropfer (weshalb ihre Zeitgenossen glaubten, dass Lorbeer prophetische Trancezustände auslösen konnte).

Symbolik: Ruf der Erde

Göttlicher Bezug: Gaia, Apollo, Daphne (alle griechisch)

Astrologischer Bezug: Neptun

Historisches: 393 n. Chr., als Griechenland römische Provinz war, zerstörte der christliche Kaiser Theodosius das heidnische Orakel von Delphi und seine Lorbeerbäume. Er schaffte auch die Olympischen Spiele ab.

Apfel *Malus*

Malus, eine Gattung der großen Familie der Rosengewächse *(Rosaceae)*, umfasst etwa 25 Arten kleiner, Laub abwerfender Bäume in der nördlichen gemäßigten Zone. Apfelblätter sind weicher und samtiger als die der Birne *(Pyrus)*. Die Blüten haben fünf Griffel, im Gegensatz zu den eingriffligen Pflaumenblüten *(Prunus)*.

Der wilde Apfelbaum Nordwesteuropas ist der Holz-Apfel *(M. sylvestris)*. Seine Blätter sind eiförmig bis breit-elliptisch, gesägt und unterseits kahl. Den weißen oder rosafarbenen Blüten folgen grün-gelbe, manchmal rötliche Früchte, die weniger als 5 cm Durchmesser haben und von dem getrockneten Blütenkelch gekrönt werden. Der Holz-Apfel ist der Stammvater der vielen Formen des Kultur-Apfels *(M. domestica)*.

Praktischer Nutzen

Es gibt hunderte Sorten und Kulturvarianten des Kultur-Apfels. Schon im 1. Jahrhundert zählten die Römer nach Plinius dem Älteren 30 verschiedene Sorten. Kultur-Äpfel haben keine Dornen und deutliche größere und süßere Früchte als die Wildformen. Interessanterweise bekommen die Nachkommen kultivierter Bäume, die sich außerhalb von Obstgärten verbreiten, wieder Dornen.

In Asien gibt es tiefrote Äpfel von *M. yunnanensis* und von *M. kansuensis* aus Westchina, hellrote Früchte von *M. zumi* und rote sowie gelbe Äpfel von *M. floribunda* (Vielblütiger Apfel), beide aus Japan stammend. Auch die nordamerikanischen Ureinwohner verwenden Äpfel (und ihre Blätter), etwa vom Alaska-Apfel *(M. fusca)* und vom Kronen-Apfel *(M. coronaria)*, und zwar nicht nur als Nahrungs-, sondern auch als Heilmittel.

Heilkräfte

Äpfel sind eine Quelle vieler Mineralstoffe, wie Kalium und Eisen, und von Vitaminen wie E und A, die oft reichlicher unter oder in der Schale als im Fruchtfleisch vorkommen.

Sie fördern die Entgiftung des Körpers und sind gut für Darm, Leber und Hirn. Außerdem werden sie zur Behandlung von Kopfschmerz, Gicht, Rheumatismus und Bluthochdruck eingesetzt, und sind besonders wertvoll für Herzpatienten (Apfel mit Honig ist seit alters ein Heilmittel bei Herzproblemen). Der gesundheitliche Nutzen rechtfertigt das englische Sprichwort »*An apple a day keeps the doctor away*« (Ein Apfel am Tag hält den Arzt fern).

In der Traditionellen Chinesischen Medizin gelten Äpfel als kühl, süß und sauer und stärken das Yin. Sie erzeugen Flüssigkeit, reinigen die Lungen, stärken Verdauung und Entgiftung und erhöhen den Blutzuckerspiegel.

Im Ayurveda gelten sie als süß und adstringierend. Sie verstärken *Vata*, verringern *Pitta* und sind in kleinen Mengen günstig für *Kapha*. Menschen mit *Pitta*-Konstitution sollten nur süße (nicht saure) Äpfel essen, solche mit *Vata*-Konstitution sollten wiederum nur gekochte Äpfel essen.

Das Bachblütenmedikament des Holz-Apfels hat eine emotional reinigende Wirkung, ebenso die Baumessenz des Kultur-Apfels.

Kultur, Mythos und Symbolik

Mit all seinen Vorzügen machte der Apfel starken Eindruck auf die menschliche Fantasie, und viele Geschichten und Sagen handeln von seinen heilenden und nährenden Eigenschaften. Schon im alten Griechenland war er Symbol der Fruchtbarkeit, geweiht Demeter, der Göttin des Korns und der

UNTEN: *Üppiger Fruchtstand auf einem Apfelbaum in Dorset, einer für Cider berühmten Grafschaft Englands*

GEGENÜBER: *Die sinnlichen Früchte des Apfelbaums fanden seit Urzeiten in Bräuche um Liebe, Brautwerbung und Fruchtbarkeit Eingang, daher ihre Assoziation mit erotischer Versuchung.*

Ernährung, und auch (zusammen mit Quitte und Granatapfel) Aphrodite, der Göttin der Liebe.

Die Assoziation des Apfels mit Fruchtbarkeit und Hochzeitsbräuchen hielt über die Jahrhunderte an und wurde besonders im europäischen Mittelalter und den darauffolgenden Jahrhunderten betont. In vielen europäischen Märchen verspricht das Essen eines Apfels Nachkommen. In der Renaissance schenkte in Frankreich ein junger Mann einem Mädchen, das er umwerben wollte, einen Apfel. In Transsylvanien (Rumänien) gibt es den Brauch, der Braut bei der Hochzeit mit einem roten Apfel zuzuwinken. Ein mittelalterlicher Liebeszauber aus Deutschland empfiehlt, bestimmte Buchstaben auf einen »Liebesapfel« zu schreiben und ihn dann dem Objekt der Begierde zu essen zu geben. Ein italienisches Märchen erzählt von einem von einem Schwein gefressenen Liebesapfel, das daraufhin nicht von der Seite des Werbers wich.

In der Artussage ist Avalon die Insel der Seligen, das keltische Paradies, in das der tödlich verwundete König Artus auf einem Boot, begleitet von drei Mädchen oder Priesterinnen, gelangt. »Avalon« kommt vom Wort Apfel (walisisch *afallen*, gälisch *abhal*). In der realen Welt wird dieser Ort mit Glastonbury in Sommerset, England, und seinem berühmten *Tor* (ein Hügel) gleichgesetzt, wo es immer noch viele Apfelgärten (lateinisch *avallonia*) gibt.

Äpfel waren einst eine so bedeutende Nahrungsquelle für das Volk, dass viele alte Schriftsteller jede Art goldener oder roter Früchte als Apfel bezeichneten, sodass der Begriff zum Synonym für Obst wurde. Die »Äpfel« einiger alter keltischer Sagen waren wohl eher die roten Früchte der Eibe, und die »goldenen Äpfel« der Hesperiden gelten heute als Quitten (siehe Quitte S. 78–81). Auch der biblische »Apfel« (lateinisch *malum*) im Buch Genesis, den Eva mit Adam unter dem Baum der Erkenntnis teilte, ist eine Erfindung des gallischen Theologen Cyprianus Gallus um 425 n. Chr. Als Folge davon, und auch wegen der sexuellen Anspielungen in den Legenden, wurde der Apfelbaum im Christentum zum »Baum der Versuchung«. Einige Wissenschaftler des 19. und 20. Jahrhunderts meinten, dass der in der Genesis erwähnte Apfel eigentlich ein Granatapfel war, der im Gegensatz zum Apfel in Palästina wächst. Das hebräische Original spricht jedenfalls einfach nur von einer »Frucht« *(peri)*.

Nach einem sächsischen Mythos, der erstmals im Mittelalter aufgezeichnet wurde, versorgt Iduna, die Frühlingsgöttin, die Götter mit Früchten, die ewiges Leben geben. Das ist das alte Thema des Lebensbaums, doch wissen wir nicht, ob wir dem in der Aufzeichnung verwendeten Wort »Apfel« trauen können. Wir können die Geschichte aber als eine mittelalterliche Hommage an den Apfel sehen, bei der seine Heil bringenden und die Lebenskraft stärkenden Eigenschaften betont werden.

Symbolik: Gesundheit und Fruchtbarkeit

Göttlicher Bezug: Demeter, Hera (beide griechisch), Pomona (römisch), Frigga, Freya (beide germanisch)

Astrologischer Bezug: Sonne und Venus

Aberglaube: In Niedersachsen goss man noch im 19. Jahrhundert das erste Badewasser eines Neugeborenen über die Wurzeln eines Apfelbaums, damit das Kind rote Wangen bekäme und, wenn es ein Mädchen war, auch große Brüste!

Maulbeere *Morus*

Morus ist eine Gattung von etwa sieben Arten aus Asien, Afrika und Amerika stammender, Laub abwerfender, mittelgroßer Bäume und Sträucher. Einzelne Bäume sind ein- oder zweigeschlechtlich, die Blüten immer nur eingeschlechtlich.

Die aus Westasien stammende Weiße Maulbeere *(M. alba)* hat herzförmige bis eiförmig-lanzettliche, bis zu 15 cm breite Blätter. Ihre süßen, essbaren Früchte sind weiß bis rosarot, bei manchen Sorten fast schwarz. Die aus den mittleren und östlichen USA stammende Rote Maulbeere *(M. rubra)* kommt selten als Kulturform vor. Ihre runden, samtigen Blätter werden im Herbst hellgelb, ihre Früchte sind rot. Der kleine, aber langlebige Schwarze Maulbeerbaum *(M. nigra)* kommt aus Westasien. Er besitzt eine weit verzweigte Krone und hat im Alter einen knorrigen Stamm. Seine herzförmigen Blätter sind oben rau und unten samtig behaart, seine Früchte tiefrot.

Praktischer Nutzen

Seit mindestens 5000 Jahren ist die Weiße Maulbeere Futterbaum für die Seidenraupen in China. Die Schwarze Maulbeere wurde in Italien in der Seidenraupenzucht ab dem 15. Jahrhundert durch die Weiße Maulbeere ersetzt.

Heilkräfte

Die Früchte der Schwarzen Maulbeere werden gegen Halsschmerzen, Husten und Verstopfung verwendet. Der Saft aus den adstringierenden, unreifen Beeren ist für Mundspülungen geeignet.

Die Traditionelle Chinesische Medizin gebraucht die Früchte, Blätter, Zweige und Wurzelrinde der Weißen Maulbeere. Die Blätter zerstreuen »Windhitze« und dienen zum Reinigen der Leber und für strahlende Augen. Die Früchte nähren das Yin, die Zweige verteilen »Wind« und fördern den Qi-Fluss durch die Meridiane. Die Rinde kühlt und reinigt »Lungenhitze«.

Kultur, Mythos und Symbolik

In der alten chinesischen Kosmologie ist das Zentrum des Universums der Baum *Kien-mou*. Seit Beginn der Zeiten vereinte er die *Neun Quellen* (das Reich der Toten) mit den *Neun Himmeln*. In einigen chinesischen Überlieferungen wird dieser Weltenbaum mit *K'ong-sang*, der heiligen Maulbeere, gleichgesetzt. Er ist Hermaphrodit, denn er stammt aus der Zeit vor der Trennung von Yin und Yang, des Männlichen und Weiblichen, und stellt das Tao dar, die allumfassende kosmische Ordnung. Man pflanzte daher heilige Maulbeerhaine, *Sangling*, vor dem Osttor der frühen Kaiserresidenzen Chinas. Auch bei islamischen Heiligtümern entlang der Pilgerrouten in Arabien ist die Maulbeere ein vertrauter Anblick.

Symbolik: Verbindung und gegenseitige Abhängigkeit

Göttlicher Bezug: Das Tao

Astrologischer Bezug: Merkur

Historisches: 1608 scheiterte der englische Versuch, eine Seidenindustrie aufzubauen, weil man den Seidenraupen *(Bombix mori)* Blätter der Schwarzen statt der Weißen Maulbeere fütterte.

MAULBEERE

GEGENÜBER: *Die köstlichen, essbaren Beeren der Schwarzen Maulbeere, die seit alters her wegen ihrer Früchte kultiviert wird*

UNTEN: *Schwarze Maulbeeren können bis zu 9 m hoch werden – doch selbst diese prächtigen Exemplare in Lewes, Sussex, England, wirken vor dem stattlichen Tulpenbaum wie Zwerge.*

Myrte *Myrtus*

Die Gattung *Myrtus* umfasst meist weiß blühende, aromatische, immergrüne Pflanzen, die in mildem Klima wachsen. Sie bevorzugen sonnige Stellen auf gut entwässerten Böden, gerne auch auf Kalk. Die gegenständigen Blätter sind ganzrandig mit fiedrigen Adern.

Die Myrte, auch als Braut-Myrte *(M. communis* oder *M. italica)* bekannt, besitzt einen dichten Baldachin aromatischer Blätter und entfaltet im Sommer eine weiße Blütenpracht. Die eiformigen bis lanzettlichen Blätter werden 5 cm lang und erzeugen einen starken Geruch, wenn sie zerdrückt werden. Die Blüten haben einen Durchmesser von etwa 2 cm. Der Fruchtknoten ist in zwei bis drei Kammern unterteilt, von denen jede viele Samenanlagen enthält. Auf den schwarzroten Beeren sitzen noch die Kelchblätter.

Praktischer Nutzen

Die Myrte wird seit alters her wegen der Beeren gepflanzt. Auf Sardinien bereitet man daraus das Nationalgetränk *mirto*.

Heilkräfte

Myrte wird in der Kräutermedizin selten verwendet, die Blätter wirken aber adstringierend und antiseptisch. Kings *American Dispensatory* (1898) beschreibt die verdünnte Tinktur als eine nützliche Spülung bei Weißfluss und Gebärmuttervorfall und gegen Hämorrhoiden.

Kultur, Mythos und Symbolik

Die früheste Erwähnung einer heiligen Myrte findet sich im alten sumerischen Gilgamesch-Epos, wo die Myrte als besonderer Baum im Hain der Götter genannt wird.

In Griechenland war die Myrte der Aphrodite geweiht, denn sie konnte mit ebensolcher Macht wie die Göttin Liebe erzeugen und andauern lassen. Im Altertum fand sie daher bei Hochzeitszeremonien Verwendung, wo man festliche Myrtenkränze trug. Sie spielte in vielen religiösen Riten eine Rolle – so wurden zum Beispiel die Eingeweihten der eleusinischen Mysterien mit der Myrte Aphrodites gekrönt. Die Myrte soll aus dem Paradies stammen.

In der Gründungslegende der Stadt Sida (an der Südspitze der Halbinsel Peloponnes) sah man Artemis, die Göttin der wilden Naturkräfte, als Hasen in einem Myrtenbaum verschwinden. Diesen Platz wählte man für die Stadt, und der besagte Baum wurde noch zur Zeit des griechischen Reisenden Pausanias (2. Jahrhundert n. Chr.) verehrt.

Virgil erzählt, dass Äneas, als er an die Stelle kam, wo Polydor, ein junger trojanischer Prinz, ermordet worden war, einen Hain aus Kornelkirsche und Myrte vorfand. Nachdem

LINKS: *Im alten Griechenland war die strahlende Schönheit der Myrtenblüte ein Symbol für die Liebesgöttin Aphrodite.*

er Venus (Aphrodite) ein Opfer gebracht hatte, hörte er den Geist Polydors aus dem Baum sprechen. Äneas und seine Gefährten hielten für den Prinzen eine angemessene Begräbniszeremonie, dann konnte seine Seele scheiden.

Im alten Rom wuchsen zwei der Venus geweihte Myrtenbäume vor dem Quirinustempel, der Patrizierbaum und der Plebejerbaum. Ihr jeweiliges Wachstum galt als die Spiegelung der Machtverschiebungen zwischen dem (patrizischen) Senat und dem Volk (den Plebejern).

Symbolik: Einheit

Göttlicher Bezug: Aphrodite, Artemis (beide griechisch)

Astrologischer Bezug: Venus

UNTEN: *Blühender Myrtenbaum in voller Pracht. Nach dem griechischen Geografen und Historiker Strabo (64/63 v. Chr.–23 n. Chr.), verwendeten schon die alten Perser die Myrte in ihren Ritualen.*

Olive *Olea*

Olea ist eine Gattung von etwa 20 Arten immergrüner Bäume aus dem östlichen Mittelmeerraum. Ihre gegenständigen, ledrigen Blätter sind an der Unterseite manchmal silbrig. Die kleinen, weißlichen Blüten stehen in Rispen und sind ein- oder zweigeschlechtlich. Die Frucht ist eine Steinfrucht mit einem Samen. Olivenbäume können auf tiefen, fruchtbaren und gut entwässerten Böden sehr alt werden.

Der Oliven- oder Ölbaum *(O. europaea)*, der aus Kleinasien stammt, wird über 8 m hoch. Seine elliptischen bis lanzettlichen Blätter sind 8 cm lang und an der Unterseite silbrig geschuppt. Die Blüten duften. Die länglichen Früchte werden bis zu 4 cm lang und glänzen schwarz, wenn sie reif sind.

Praktischer Nutzen

Seit alters her (im Gebiet nördlich des Toten Meers seit 3700 v. Chr.) wird der Olivenbaum weithin wegen seiner ölreichen Frucht kultiviert. Schon die unreifen, grünen Früchte werden geerntet und eingelegt. Der Baum blüht im Frühling; die Ernte der Speiseoliven erfolgt im Herbst, jene der wegen ihres Öls verwendeten Oliven im Winter.

Olivenöl ist das beste Speiseöl, und es ist eines der wenigen, das hohe Temperaturen verträgt. Es gibt viele Qualitätsstufen des Öls, die höchste ist kalt gepresstes, *extra vergine*. Das Öl wird auch für medizinische und kosmetische Zwecke und sogar für Leuchten verwendet. Die Römer bauten in dem von ihnen zwischen 106 v. Chr. und 439 n. Chr. besetzten Libyen ein Aquädukt von Jebal nach Leptis Magna (eine Entfernung von ca. 160 km), um auf geniale Weise Olivenöl zu transportieren: Es wurde an einem Ende auf das Wasser gegossen, von diesem weiterbefördert und am anderen Ende abgeschöpft und dann exportiert. 1769 pflanzten Franziskanermönche in San Diego, Kalifornien die ersten Olivenbäume in Nordamerika.

Heilkräfte

Die Liste der gesundheitsfördernden Wirkungen ist lang und beeindruckend. Olivenöl ist reich an einfach ungesättigten Fettsäuren und hat wenig Cholesterin, es wird daher bei Herzbeschwerden empfohlen. Außerdem reduziert es die Magensäure und regt die Gallensekretion an.

In der Traditionellen Chinesischen Medizin ist die Olive neutral und süß, sie wirkt auf den Milz- und den Lebermeridian. Sie wird auch zur Behandlung von Halsschmerzen, Durchfall und Alkoholismus eingesetzt.

Kultur, Mythos und Symbolik

In der Antike war der Olivenbaum von herausragender Bedeutung. Der Stadtstaat Athen verdankte diesem Ölbaum (griechisch *elea*) den Großteil seines Reichtums und verehrte ihn dementsprechend. Der alte Mutterbaum aller in Attika gepflanzten Olivenbäume stand im Zentrum der Akropolis nahe dem Athene-Tempel. Im Gegensatz zu den sexuellen Bezügen von Feige oder Apfel ist die Symbolik sexuell neutral. In Einklang mit ihrer Göttin, der jungfräulichen Pallas Athene, bringt die Olive »jungfräuliches« Öl hervor. Dies ist die Qualität, die es für Tempel und Paläste geeignet erscheinen ließ. Athene war die Göttin, die im Olivenbaum wohnte, sie war auch die Herrin und Beschützerin Athens.

Der Olivenbaum ist Teil der Gründungslegende dieser Stadt. Athene und Poseidon wollten der neu gegründeten Siedlung ihre Namen geben. Als Geschenk brachte Poseidon ein Pferd, Athene einen Olivenbaum. Der Rat der Götter ent-

OLIVE 133

UNTEN: *Von der Antike bis in die Gegenwart war der Olivenbaum die wirtschaftliche Grundlage des Mittelmeerraums.*

OLIVE

LINKS: *Olivenbäume können bis zu 2000 Jahre alt werden. Ältere Bäume, wie dieser hier auf Zypern, haben schöne, knorrige Stämme.*

schied für Athene, denn das Pferd war ein Symbol des Kriegs, der Olivenbaum dagegen eines des Friedens. Die Griechen ernteten die Oliven vom Mutterbaum und verwendeten sein Öl für eine goldene Lampe, die das ganze Jahr über Tag und Nacht auf dem heiligen Hügel der Akropolis brannte. Dieser Baum und die anderen Olivenbäume Athens (auf dem Areopag und in der Akademie) wurden *moris* genannt, »Erbe der Götter«.

Im alten Griechenland war der Baum geschützt, sein Holz wurde nur für Kultstatuen verwendet. Das bloße Verletzen eines Olivenbaums führte zu einem Gerichtsverfahren und schweren Strafen. Als die Epidaurer vom Orakel von Delphi den »Auftrag« erhielten, zwei Statuen aus einem bestimmten Olivenbaum aus Athen zu schnitzen, mussten sie diplomatisch um Erlaubnis fragen.

Die Paläste und Häuser des minoischen Kreta (ab etwa 2000 v. Chr.) wurden von einer Fülle kunstvoller Öllampen erleuchtet. Die Griechen zur Zeit Homers verwendeten Olivenöl (griechisch *elaion*) als Grundlage für Salben und Parfüms zum Einreiben ihrer Körper – und sogar der Götterstatuen.

In der marokkanisch-islamischen Tradition ist die Olive der Weltenbaum, Zentrum und Säule der Welt, und gilt damit als Symbol des kosmischen Menschen und des Propheten. Einer der Namen Gottes oder ein anderes heiliges Wort soll auf jedem seiner Blätter geschrieben stehen. Der Koran beschreibt Allah als »Licht des Himmels und der Erde«, wie eine heilige Lampe, die mit einem Öl brennt, »das von einem gesegneten Baum stammt, einem Ölbaum, der weder im Osten noch im Westen steht und dessen Öl beinahe schon leuchtet, ohne dass Feuer es berührt hätte.«. (Sure 24,35)

Im großen Tempel von Jerusalem, der mit dem Holz der Libanon-Zedern gedeckt und verkleidet war, verwendete Salomo Olivenholz für den Rahmen des äußeren Tores, für die Flügeltüren zum inneren Schrein und für die zwei Cherubime, die hinter dem Altar im Allerheiligsten thronten. Diese Tore und auch die Cherubime waren vergoldet (1. Buch der Könige 6, 23–35). Die Verwendung von Olivenholz gilt als ein Hinweis auf den ewigen Frieden – den tiefen Frieden des zeitlosen Grundes der menschlichen Seele. Da es sich dabei um eine innere Qualität handelt, sollte das Holz der Tore von Salomos Tempel nicht sichtbar sein, die Oberfläche war vollständig mit dem reinsten der Metalle – mit Gold – verkleidet. Gold (das Metall der Sonne, die das Höhere Ich des Menschen repräsentiert) barg so den Olivenbaum in seinem Innersten – der damit zum Symbol des Friedens der unsterblichen Seele wird, zum *Adam Kadmon*, dem kosmischen Menschen in der hebräischen Tradition.

Die Olive (hebräisch *zayit*) lieferte auch das Öl für die Salbung der Könige und Priester und für die »letzte Ölung« der Toten. Der Messias ist »der Gesalbte«, der die Seelen vom Getrenntsein in den wahren Frieden des Einsseins mit Gott führen wird.

Symbolik: Vollkommener Friede

Göttlicher Bezug: Athene (griechisch), Messias (Judentum), Jesus Christus

Astrologischer Bezug: Sonne und Mond

Historisches: In den Perserkriegen brannte 480 v. Chr. die Burg von Athen ab, und das Feuer erfasste den Oliven-Mutterbaum. Überliefert ist, dass er aber schon am nächsten Tag wieder austrieb, was die erfreuten Athener als Zeichen der Hoffnung ansahen. Der Baum gedieh 600 Jahre später, beim Besuch des Pausanias, immer noch und auch die heilige Lampe brannte noch.

OBEN: *Duftende Blütenrispe der Olive*

Christos ist das griechische Wort für »der Gesalbte«. In der katholische Kirche werden noch immer die Täuflinge mit geweihtem Katechumenenöl gesalbt. Olivenöl ist ein Hauptbestandteil dieses heiligen Öls, das vom Bischof der jeweiligen Diözese geweiht wird. Die Weihezeremonie findet am Gründonnerstag statt. Sie erfordert die Anwesenheit von zwölf Priestern und sieben Diakonen, die sich vor dem Öl verneigen.

Olivenöl wird traditionell auch für den siebenarmigen jüdischen Leuchter, die *Menora*, verwendet, die den Baum des Lichts darstellt. Die Apokryphen erwähnen das Geschenk eines Olivenzweigs, der vom Tempel von Jerusalem stammte (2 Makkabäer 14,4). Das lässt vermuten, dass es einen Baum gab, der im Tempel wuchs, ähnlich wie jener auf der Akropolis. Und welches Öl wäre wohl geeigneter für die Salbung von Priestern oder als Lampenöl für die *Menora*, als eines von einem heiligen Baum?

In den dunkelsten Stunden der Zweifel Jesus', in der Nacht vor seinem Leiden und seiner Kreuzigung, wandte er sich um Trost bittend an den Olivenbaum. Nach dem Letzten Abendmahl »ging er, wie er es gewohnt war, zum Ölberg« (Lukas 22,39) und seine Anhänger kannten den Platz

gut, weil »Jesus dort oft mit seinen Jüngern zusammengekommen war.« (Johannes 18,2). In diesem friedlichen Garten von Gethsemane am heiligen Ölberg erschien ihm ein Engel und gab ihm Kraft.

Die Olive ist auch eng verbunden mit der Taube, die durch die biblische Erzählung von Noah und seiner Arche zum Symbol des Friedens wurde. Als die Taube mit einem Ölzweig in ihrem Schnabel zurückkehrte (Genesis 8,11), wusste Noah, dass das Land wieder auftauchen würde, und dass Gott wieder Frieden mit den Menschen gemacht hatte.

OBEN: *An der vielerorts üblichen Ernte der Oliven von Hand hat sich seit Jahrtausenden nichts verändert. Netze unter dem Baum verhindern, dass die Früchte am Boden aufplatzen.*

GEGENÜBER: *Eine mächtige Palme, die sich himmelwärts streckt. Die Früchte erhalten so die größtmögliche Sonneneinstrahlung. Am Stamm sind die Stielenden der abgeschnittenen Blätter zu sehen.*

Dattelpalme *Phoenix dactylifera*

Phoenix ist eine Gattung von etwa 17 Arten zweihäusiger Palmen aus der tropischen und subtropischen Zone Afrikas und Asiens. Die Echte Dattelpalme *(P. dactylifera)* kann bis zu 30 m hoch werden. Ihr schlanker Stamm ist mit den Enden alter Blattstiele überzogen und produziert Schösslinge, wenn er nicht »ausgeputzt« wird. Der obere Teil der Krone trägt aufrecht stehende, der untere herabhängende Blätter. Die Blätter sind mit einer weißlichen Schicht überzogen, die einzelnen Fiedern sind eng und steif, bis zu 45 cm lang. Die Dattel-Früchte sind etwa 5 cm lang und enthalten einen dünnen, manchmal spitzen Samen, der in das süße, essbare Fruchtfleisch eingebettet ist.

Praktischer Nutzen

Die in Nordafrika und Westasien seit 6000 Jahren verbreitete Dattelpalme ist wahrscheinlich die älteste Kulturpflanze der Welt. Datteln sind als »Brot der Sahara« bekannt. Heute werden diese Palmen kommerziell im Irak, in Nordafrika, Kalifornien und Arizona gepflanzt. Verschiedene Sorten und Hybriden werden als Zierpflanzen gesetzt.

Das Holz ist weich und faserig. Arme Leute im alten Ägypten deckten ihre Häuser mit Palmblättern und bauten daraus Zäune oder Flöße. Die Blätter können zu Matten, Körben und anderen Haushaltsgegenständen geflochten werden.

Heilkräfte

Das Fruchtfleisch wird vom menschlichen Körper rasch in Zucker umgewandelt, hebt also den Blutzuckerspiegel und die Insulinproduktion. Die Bewohner der Sahara rösten und mahlen Früchte und Samen, um daraus »Dattelkaffee« zu machen, der mit Milch getrunken wird. Milch bremst dabei die Aufnahme, der Blutzuckerspiegel steigt daher langsamer.

Datteln dienen zur Behandlung von Verdauungsproblemen, sind nützlich bei Verstopfung und Herzschwäche und unterstützen den Alkoholabbau im Körper.

In der Traditionellen Chinesischen Medizin gelten sie als warm und süß, sie wirken auf den Leber-, Lungen- und Milzmeridian. Sie stärken die Yin-Energie und das Blut und helfen bei Magenschwäche, Herzklopfen und Nervosität. Im Ayurveda verringern sie *Pitta* und verstärken *Kapha*. *Vata*-Typen können frische Datteln essen, sollten aber getrocknete meiden.

Kultur, Mythos und Symbolik

Im alten Ägypten war die Dattelpalme das Heim der Göttin Nephtys, die den Verstorbenen ein Körbchen Datteln und das Wasser des Lebens gibt. Die Sykomore war dagegen der Lebensbaum. Ab etwa 1000 v. Chr. nimmt der Lebensbaum in der assyrischen Kunst aber zunehmend die Form der Dattelpalme an. Eine geflügelte Scheibe über dem Baum symbolisiert die Präsenz der höchsten Gottheit. Palastreliefs zeigen den Hohepriester bei der Anbetung des Baums, wobei er den männlichen Zapfen der Palme hält, was vermutlich eine Fruchtbarkeitszeremonie darstellt.

Die Bestäubung der weiblichen Palme ist ein Vorgang, bei dem die Menschen schon immer nachhalfen. Ein einziger männlicher Baum produziert genug Pollen für 25–30 weibliche, und manchmal kann man sehen, wie weibliche Bäume sich deutlich zu ihren männlichen Nachbarn neigen. Doch schon früh begannen die Datteln züchtenden Völker, etwa die Mesopotamier, weibliche Bäume mit männlichen Blütenbündeln zu bürsten, um dadurch eine reiche Bestäubung zu sichern.

Die Dattelpalme hat ihren lateinischen Namen vom mystischen Vogel Phönix, der sein Nest, aber auch seinen Scheiterhaufen

UNTEN: *Ausgewachsene Palme mit Büscheln reifer Datteln*

DATTELPALME

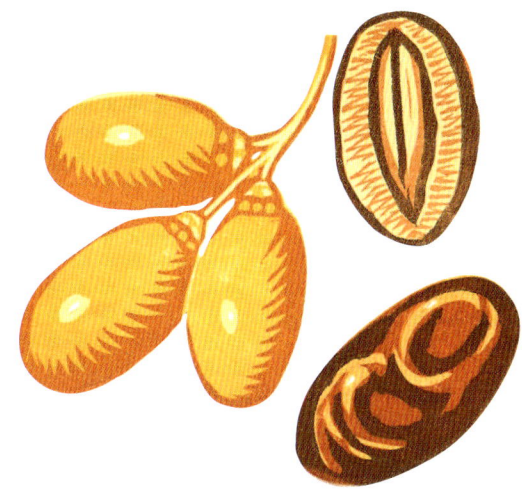

RECHTS: *Datteln sind nicht nur köstlich, sondern auch sehr nahrhaft – sie enthalten viele B-Vitamine, Thiamin, Riboflavin, Biotin und Folsäure, aber auch Eisen, Kalium, Magnesium und andere Mineralstoffe.*

aus Myrrhe und Weihrauch errichtet. Nach seinem Feuertod steigt der Phönix wieder für weitere 1461 Jahre aus der Asche. Dieser Zyklus entspricht dem himmlischen Rhythmus von Sirius, dem der Isis geweihten Hundsstern. Seine astronomische Position kündigte in präziser Weise die jährliche Nilüberschwemmung an.

Auf der Insel Delos gab es eine heilige Dattelpalme, unter der der Sage nach Artemis (die Mondgöttin) und Apoll (der Sonnengott) geboren wurden. Auf dem griechischen Festland wuchsen aber keine Palmen, ihre Früchte mussten aus Phönizien eingeführt werden, dem »Land der Dattelpalme«. Die Bedeutung dieses Baums kommt im griechischen Wort *palma* zum Ausdruck, das auch die Handfläche bezeichnet. Datteln wurden »Finger« genannt, *dactyli* auf Griechisch, *digiti* auf Lateinisch.

In der jüdischen Geschichte war Deborah eine weise und mächtige Prophetin und Richterin. »Sie hatte ihren Sitz unter der Deborah-Palme zwischen Rama und Bet-El im Gebirge Efraim« (Richter 4,5). Die Palme wurde das Symbol von Recht und Gerechtigkeit. Palmwedel verwendet man beim Laubhüttenfest zum Errichten der Zeremoniehütten, aber auch für Freudenfeste (zum Beispiel beim Einzug Jesus' in Jerusalem). Palmen wuchsen an vielen Orten: Jericho wurde »Palmenstadt« genannt (Deuteronomium 34,3). Das hebräische Wort für Palme, *tamar*, war lange Zeit ein beliebter Frauenname.

Nach der arabischen Legende hatte Allah nach der Erschaffung des Menschen etwas Lehm übrig und formte daraus die Dattelpalme, die neben dem Kamel wertvollste Gabe an die Menschheit. Der Koran erzählt, wie Maria Jesus unter diesem Baum zur Welt brachte, der ihr seine Früchte schenkte (Sure 19, 23). Die Stämme dienten als Säulen der ersten Moschee in Medina, und die ersten Kämpfer des islamischen heiligen Kriegs wurden unter Palmen begraben. Der Kalif Abu Bekr (um 573–634 n. Chr.), der engste Gefährte des Propheten Mohammed, fügte in seine zehn Gebote ein: »Du sollst Palmen nicht zerstören«. Noch im 19. Jahrhundert gab es heilige Palmen im Oman, in Nakhlah (Saudi Arabien) und Nejran (Jemen). Letztere war eine altehrwürdige Orakelstätte.

In der vorislamischen Überlieferung war Baal der Leben spendende Geist des Landes, und die ebenso Leben spendenden Bäume der Wüste (die Palmen der Oasen) wurden Baal-Bäume genannt. In der Tradition des Propheten nennt man heilige Bäume im Arabischen *dhat anwat*, »Bäume, an die man Dinge hängt«.

Symbolik: Grundversorgung und Vertrauen

Göttlicher Bezug: Baal, der Geist des Landes (phönikisch und altarabisch)

Astrologischer Bezug: Jupiter

Historisches: Die Römer liebten das Deuten von Vorzeichen. 48 v. Chr. brach ein Dattelpalmentrieb durch den Steinboden des Tempels der Siegesgöttin Nike-Viktoria in Tralleis, Kleinasien. Rasch wuchs er zu einem kleinen Baum neben der Büste Julius Cäsars, der dies als gutes Zeichen für seine bevorstehende Schlacht gegen Pompejus ansah. Und er gewann auch, wie man weiß.

Fichte und Tanne *Picea* und *Abies*

Fichte *(Picea)* und Tanne *(Abies)* sind enge Verwandte innerhalb der Familie der Kieferngewächse *(Pinaceae)*. Viele praktische und spirituelle Traditionen machen zwischen ihnen keinen Unterschied, weshalb sie hier gemeinsam behandelt werden.

Fichten *(Picea)* sind eine Gattung von etwa 35 Arten großer, immergrüner und eingeschlechtlicher, in der nördlichen gemäßigten Zone, besonders in Ostasien, verbreiteter Nadelbäume. Die Äste stehen in Quirlen. Männliche und weibliche Zapfen hängen und wachsen auf demselben Baum – die weiblichen fallen ab, wenn sie reif sind. Die Äste fühlen sich wegen ihrer zahlreichen stiftartigen Blattnarben rau an. Die Gewöhnliche Fichte *(P. abies)* ist der für die heutige Forstwirtschaft in Mitteleuropa wichtigste Baum und der »Weihnachtsbaum« schlechthin. Der botanische Name der Gattung, *Picea*, kommt vom lateinischen *pix*, »Pech«.

Tannen *(Abies)* unterscheiden sich von den Fichten durch ihre scheibenförmigen, eher weichen Blattnarben und aufrecht stehenden Zapfen, die noch am Ast aufbrechen. Die meisten Tannen haben eine konische Wuchsform und gerade, stumpfe Nadeln. Bei vielen Arten sind die aufrechten, jungen, weiblichen Zapfen bezaubernd violett oder purpurfarben gefärbt. Die europäische Weiß- bzw. Edel-Tanne *(A. alba)* stammt aus den Alpen und hat als junger Baum eine graue Rinde. Die meisten Tannen sind empfindlich gegen Umweltverschmutzung und daher heute ernsthaft gefährdet. Die letzte nicht aufgeforstete Weiß-Tanne in Bayern starb zu Beginn dieses Jahrtausends aufgrund der hohen Luftverschmutzung.

Praktischer Nutzen

Viele amerikanische Ureinwohner wie die Paiute verwenden Fichten- oder Tannenäste als Bodenbelag ihrer Schwitzhütten, die Malecite und Micmac verwenden sie als Unterlage in ihren Zelten. Die Algonquin zerschneiden und hämmern Wurzeln, um Schnüre und Seile daraus zu machen, die Cree und Micmac machen aus dem Holz Rahmen, Spielzeug, Paddel, Zeltstangen, Hütten und Dächer. Aus dem Harz gewinnt man Pech, das die Malecite und Ojibwa zum Abdichten von Dächern und Kanus benutzen. Die Europäer in den gebirgigen Mittelmeerregionen und in den Alpen verwendeten Fichten und Tannen auf dieselbe Weise. In manchen Regionen, wie England, wurden die Bäume erst nach dem Mittelalter eingeführt.

Das leichte Holz der Griechischen *(A. cephalonica)* und der Cilicischen Tanne *(A. cilicica)* wurde für den Bau griechischer und römischer Häuser und für Schiffe genommen – die langen, geraden, bis zu 30 m langen Stämme waren erste Wahl für Schiffsmasten. Heute gelten Fichten wegen ihrer Resonanzqualitäten als eines der besten Hölzer für Musikinstrumente.

Heilkräfte

Der hohe Gehalt an Harz und ätherischen Ölen (besonders in den Knospen) prädestinieren Fichte und Tanne für die Behandlung von Gicht und Rheumatismus, Husten, Verkühlungen und von anderen Atemwegsinfektionen. Ein Fichtenbad (dazu werden 150–200 g Nadeln in 1 Liter Wasser gekocht, dieses zum Badewasser hinzugefügt) regt den Kreislauf an und wirkt belebend.

Nordamerikanische Stämme wie die Algonquin, Tsalagi, Kwakiutl, Bella Coola und Ojibwa stellen antiseptische, dermatologische, gynäkologische, schweißtreibende und abführende Mittel sowie Medikamente gegen Husten, Tuberkulose und Rheumatismus aus Fichten und Tannen her – besonders aus Balsam-Tanne *(A. balsamea)*, Küsten-Tanne *(A. grandis)*, Kanadischer Fichte *(P. glauca)* und Sitka-Fichte *(P. sitchensis)*.

RECHTS: *Entwicklungsgeschichtlich entstanden die Nadelbäume vor den Laubbäumen. Junge Fichten und Tannen haben eine konische Form mit einer nach oben verschmälerten Spitze, ältere dagegen eine weniger gleichmäßige Krone.*

Die Baumessenz der Weiß-Tanne fördert Energie, Kreativität und Heilung, diejenige der Gewöhnlichen Fichte unterstützt Klarheit, Vertrauen und Akzeptanz für Veränderungen.

Kultur, Mythos und Symbolik

Für die im Altaigebirge lebenden sibirischen Ureinwohner ist der Weltenbaum eine riesige Fichte, die vom Nabel der Erde bis zu den höchsten Regionen des Himmels reicht und so die drei Hauptschichten des Universums verbindet: die Welt der Geister, die irdische Ebene und die Unterwelt. Die Tataren glauben, dass der Weltenbaum neun Wurzeln hat, und nach den Yakuten werden ihre Schamanen auf diesem Baum geboren und wachsen in Nestern mitten in seinem Geäst heran.

Die Fichte ist auch das Zentrum der religiösen Lehren südkanadischer Stämme, die sie Friedensbaum nennen. Er steht für folgende Lernprozesse: mit anderen Lebensformen kooperieren, mit der Erde und dem Himmel verbunden sein und freudige und ruhige Bescheidenheit an den Tag legen.

Viele nordamerikanische Völker greifen in ihren Riten auf Fichten und Tannen zurück. Die Sitka-Fichte wird bei vielen Initiationsriten der Hanaksiala, Hesquiat, Nitinaht und Kwakiutl verwendet. Die Schamanen, Jäger und Fischer der Tsimshia benötigen bei bestimmten Zeremonien ihre Äste. Allgemein glauben nordamerikanische Stämme, dass Fichten und Tannen Schutz vor schlechten Einflüssen bieten.

Nach der slawischen Tradition wohnen die Waldgöttinnen Dziwitza und Boruta oft in Tannen, während der König des Waldes (die Entsprechung des Grünen Mannes der westlichen Tradition) in der ältesten Tanne der Region lebt.

Im alten Phrygien und Griechenland war die Tanne (*elate*, »die Erhabene«) Artemis, der Mondgöttin und Schutz-

LINKS: *Tief verschneiter Wald Gewöhnlicher Fichten bei Glen Finglass, Schottland. Die hängenden Äste erlauben das Abgleiten des Schnees.*

herrin der Geburt, geweiht. Die Teilnehmer an der Dionysosprozession schwangen ihr zu Ehren Tannenäste. Die Tanne war auch der Geburtsbaum des Adonis, des Gottes der phönizischen Stadt Byblos, der durch seine mesopotamische Herkunft »Vorbild« für den ägyptischen Gott Osiris war. Der jährliche »Tod« (Herbst) und die »Wiederauferstehung« (Frühling) der Vegetation wurden von den Völkern des Orients auf ihre Fruchtbarkeitsgötter (wie Tammuz und Attis), die Söhne der Großen Göttin oder Mutter des Universums (z. B. Ishtar und Kybele) übertragen. Immergrüne Bäume waren stets Symbole für die Unendlichkeit des Lebens.

Auch die Berichte über das Leben Jesus' stammen ja aus dieser geographischen Region (Kleinasien und östliches Mittelmeer), wobei ihre Hauptmotive sehr gut in dieses mythologische Muster von Tod und Auferstehung passen (auch wenn der auf die Natur bezogene Fruchtbarkeitsaspekt durch einen spirituellen ersetzt wurde).

Es ist kein Zufall, dass wir Weihnachten mit einem Tannenbaum feiern, dem Baum des Lichts. Seit alters her sind immergrüne Bäume Bestandteil der Mittwinterzeremonien. Diese Tradition verschwand im christlichen Europa, wurde aber im Deutschland des 18. Jahrhunderts wieder belebt und verbreitete sich daraufhin über die gesamte christliche Welt.

Symbolik: Verbindung mit allem Leben

Göttlicher Bezug: Osiris (ägyptisch), Artemis (griechisch), Dziwitza und Boruta (slawisch), Großer Geist (amerikanische Ureinwohner

Astrologischer Bezug: Saturn

GEGENÜBER: *Eine alte Wald-Kiefer, durch starken Wind geformt, am Ufer des Loch Affric in Schottland*

Kiefer *Pinus*

Die Gattung *Pinus* umfasst über neunzig Arten meist großer, immergrüner Nadelgehölze, die überall in der gemäßigten Zone der nördlichen Hemisphäre vorkommen. Junge Bäume haben meist eine konische Gestalt, werden aber im Alter buschig oder abgeflacht. Die langen Nadeln stehen in Büscheln. Männliche und weibliche Zapfen wachsen auf demselben Baum (einhäusig). Die männlichen Blüten stehen zu mehreren; die weiblichen Blüten und später die Zapfen sind zylindrisch bis kugelförmig. Jede Schuppe trägt zwei Samen.

Bei den meisten Arten werden die Samen einzeln freigesetzt, bei einigen bleiben die Zapfen aber intakt und fallen als Ganzes ab. Die Monterey-Kiefer *(P. radiata)* behält ihre 15 cm langen Zapfen oft viele Jahre am Baum, bis sie sich nach einem Waldbrand öffnen (siehe Sequoia S. 186–189). Kiefern mögen Licht und nur wenige Arten vertragen verschmutzte Luft.

Die Wald-Kiefer *(P. sylvestris)* ist die einzige aus Nordwesteuropa stammende Kiefer. Sie hat eine charakteristisch rötliche Rinde, die im Alter tiefe Spalten bekommt. Die gedrehten blau- oder graugrünen Nadeln sind 2,5 bis 10 cm lang und stehen in Paaren. Die 8 cm langen Zapfen hängen an kurzen Stielen. Dieser Baum gedeiht auf fast jedem Boden, erreicht aber seine maximale Höhe (ca. 30 m) nicht auf feuchtsauren Böden oder auf seichtem, trockenen Kalk.

Praktischer Nutzen

Kiefern waren schon immer wichtige Holzlieferanten. So verwendeten die Griechen gerne die verbreitete Aleppo-Kiefer *(P. halepensis)* und die Strand-Kiefer *(P. pinaster* oder *maritima)*. Für Haus- und Bootsbau bevorzugten sie stärkere Bäume wie etwa die Schwarz-Kiefer *(P. nigra)*.

Viele Arten haben essbare, nahrhafte Samen, wie etwa die südeuropäische Schirm-Kiefer oder Pinie *(P. pinea)*. Die Nüsse oder Pinienkerne können roh oder geröstet, in Kuchen, Brot oder pur gegessen werden. Die Dreh-Kiefer *(P. contorta)* wird von den Blackfoot, Dakota, Montana, Paiute, Cheyenne und Thompson für Tipistangen verwendet. Und wo Tanne oder Fichte nicht genug Harz für die Pecherzeugung liefern, wird es von der Kiefer gewonnen.

Heilkräfte

Pinienkerne sind eine gute Quelle von Kalium, Magnesium Vitamin E und Karotin. In der Traditionellen Chinesischen Medizin gelten sie als warm und süß, sie stärken das Ying und unterstützen den Kreislauf.

Zubereitungen aus Schösslingen und Nadeln (Salben, Tees, Bäder und Inhalationen) wirken desinfizierend, harntreibend und entspannend. Sie lindern Husten, machen den Kopf klar, regen die Lungen an und stärken den Kreislauf. Das Bachblütenmedikament der Wald-Kiefer stärkt die Eigenliebe und innere Stärke. Die Baumessenz verhilft zu ausgeglichener, innerer Einsicht.

Kultur, Mythos und Symbolik

Die Blackfoot fertigen »Geschichtenstäbe« aus dem Holz der Dreh-Kiefer. Diese geben die Stammesältesten den Kindern als Belohnung für kleine Besorgungen und Arbeiten. Die Zahl der Kerben auf dem Stock gibt die Zahl der Geschichten an, die das Kind »verdient« hat. Die Hopi legen »Gummi« aus *Pinus edulis* zum Schutz gegen Hexerei auf die Stirn. Im Kriegstanz der Navajo verwendete man die Nadeln dieses Baums zeremoniell als Medizin und ihr Pech zum Bemalen

UNTEN: *Der »Mutterbaum«, eine Wald-Kiefer in Glen Affric, Schottland. Kiefern sind außergewöhnlich anpassungsfähige Bäume und wurden lange Zeit als Sitz der Götter verehrt.*

des Körpers. Die Kawaiisu hängen die zu klein gewordene Wiege eines männlichen Säuglings in eine Gelb-Kiefer (*P. ponderosa*), damit er so stark wie der Baum wird.

In China schätzen die in großen Höhen lebenden taoistischen Einsiedler und Mönche die Kiefer wegen ihrer Kerne, die zu den wenigen Nahrungsmitteln gehören, die die heiligen Männer essen. Nach taoistischer Überlieferung können diese Kerne ewiges Leben verleihen.

Kiefernholz wurde für die Wandvertäfelung der Grabkammer des großen Grabhügelkomplexes des »Midas« (8. Jahrhundert v. Chr.) in Gordion, Phrygien (heute Westtürkei) verwendet. Kiefernkerne (vermutlich aus dem Libanon, da diese Bäume nicht in Ägypten wachsen) wurden sogar in ägyptischen Sarkophagen gefunden. Die mächtigen Wikingerhäuptlinge wurden (an Land) in ihren aus Kiefernholz gemachten Drachenschiffen begraben, in Schottland beerdigte man Clanoberhäupter und Krieger unter diesem Baum. Die Kiefer ist auch der häufigste Baum auf den Abzeichen schottischer Clans.

Auch im antiken Mittelmeerraum wurde dieser Baum eng mit Lebenskraft, Vitalität, Tod und Auferstehung und besonders mit der Energie der Natur assoziiert: mit Pan in Griechenland und mit Attis in Phrygien. In Griechenland waren viele alte Kiefern Pan, der haarigen und gehörnten Verkörperung der Naturkräfte, geweiht und standen in der Nähe eines Schreins oder Altars, manchmal zusammen mit einem heiligen Feuer.

Im phrygischen Mythos hat die Muttergöttin Kybele einen Sohn, Attis, den sie bei seinem Tod in eine Kiefer verwandelt (nach seinem Opfertod durch Kastration). Beim jährlichen Frühlingsfest zu seinen Ehren wurde eine ge-

WALD-KIEFER
(Pinus sylvestris)
NORDHALBKUGEL

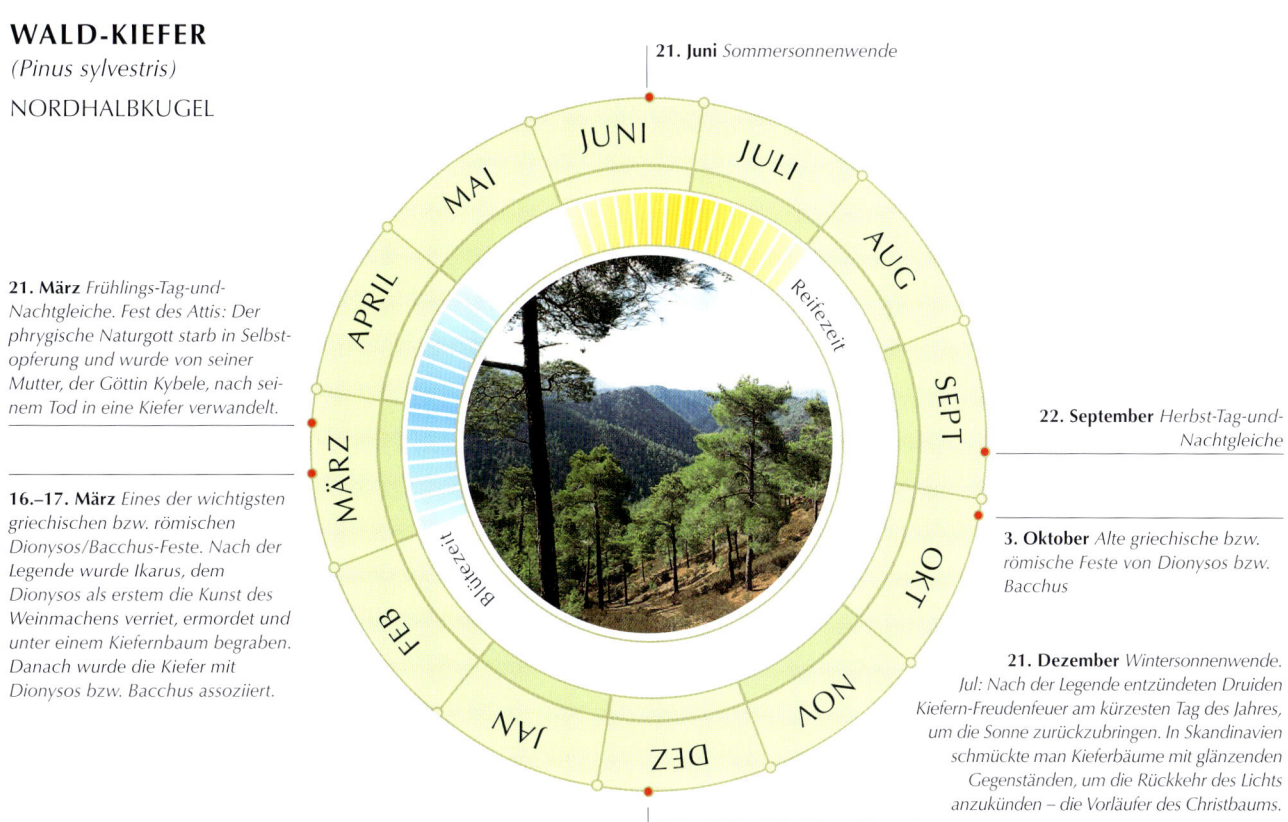

21. März *Frühlings-Tag-und-Nachtgleiche. Fest des Attis: Der phrygische Naturgott starb in Selbstopferung und wurde von seiner Mutter, der Göttin Kybele, nach seinem Tod in eine Kiefer verwandelt.*

16.–17. März *Eines der wichtigsten griechischen bzw. römischen Dionysos/Bacchus-Feste. Nach der Legende wurde Ikarus, dem Dionysos als erstem die Kunst des Weinmachens verriet, ermordet und unter einem Kiefernbaum begraben. Danach wurde die Kiefer mit Dionysos bzw. Bacchus assoziiert.*

21. Juni *Sommersonnenwende*

22. September *Herbst-Tag-und-Nachtgleiche*

3. Oktober *Alte griechische bzw. römische Feste von Dionysos bzw. Bacchus*

21. Dezember *Wintersonnenwende. Jul: Nach der Legende entzündeten Druiden Kiefern-Freudenfeuer am kürzesten Tag des Jahres, um die Sonne zurückzubringen. In Skandinavien schmückte man Kieferbäume mit glänzenden Gegenständen, um die Rückkehr des Lichts anzukünden – die Vorläufer des Christbaums.*

schmückte Kiefer feierlich ins Dorf getragen. Als Teil dieses alten Fruchtbarkeitskults schnitt sich der Hohepriester des Attis selbst in den Arm und opferte sein Blut diesem Gott. Andere Männer folgten seinem Beispiel, begleitet von Musik mit Becken, Trommeln, Flöten und Hörnern. Ob die Selbstopferungs-Tänze wirklich in Selbstkastration mündeten, ist nicht bekannt – solche Geschichten könnten Übertreibungen von Außenstehenden oder späteren Kommentatoren sein.

Nach der bretonischen Sage kletterte der legendäre Weise Merlin auf die Kiefer von Barenton (von *bel nemeton*, »heiliger Hain von Bel«), so wie Schamanen auf den Weltenbaum klettern. Dort hatte er eine tiefe Erkenntnis und kehrte danach nie wieder in die sterbliche Welt zurück. In späteren Versionen wurde Merlins *glas tann* fälschlicherweise als »Glashaus« übersetzt. Eigentlich ist aber ein lebender Baum gemeint. Die Begriffe stammt aus dem Kornischen, der Sprache Cornwalls: *glas*, »(immer)grün« und *tann*, »heiliger Baum«. Auch der Name Glastonbury in Somerset, England, ist davon abgeleitet. Nach der Legende wartet die Seele Merlins in einem heiligen Baum auf seine Rückkehr.

Symbolik: Vitalität und Kontinuität

Göttlicher Bezug: Pan (griechisch), Attis (phrygisch) und Merlin (keltisch)

Astrologischer Bezug: Mars

Historisches: Als die Römer Israel besetzten, verwendeten sie meist die dort vorkommende Aleppo-Kiefer *(P. halepensis)*. Aus diesem Holz fertigten sie auch die Kreuze für die meisten Kreuzigungen, darunter wohl auch jene von Jesus Christus.

UNTEN: *Die Blätter und ungenießbaren Früchte der Terebinthe*

Terebinthe *Pistacia terebinthus*

Pistacia umfasst etwa zehn Arten Laub abwerfender oder immergrüner Sträucher und kleiner Bäume. Die Terebinthe oder Terpentin-Pistazie *(Pistacia terebinthus)* stammt aus dem Mittelmeerraum und Kleinasien. Sie ist ein kleiner Baum mit aromatischen, dunkelgrün glänzenden, gefiederten Blättern und grünlichen, eingeschlechtlichen Blüten. Die kleinen, ungenießbaren Früchte sind rotbraun bis dunkelrot. Essbare Pistazien stammen von der Echten Pistazie *(P. vera)* aus dem Iran und Zentralasien.

Praktischer Nutzen

Die Terebinthe produziert in der Lederindustrie verwendete Tannine und ist die ursprüngliche Quelle von Terpentin.

Heilkräfte

Terpentin wird traditionell gegen Läuse eingesetzt. Das Harz hat schleimlösende und antibakterielle Wirkung und ist Wirkstoff in Salben zum Einreiben der Brust, etwa bei Lungenbeschwerden.

Kultur, Mythos und Symbolik

Bei den alten Völkern des Orients wurde dieser Baum sehr verehrt und sogar vergöttlicht. Viele Terebinthen-Heiligtümer dienten als Stätten der Verehrung, für Weihrauchopfer und als Begräbnisplätze. Noch heute findet man Terebinthen entlang der islamischen Pilgerrouten in Arabien.

Bisher wurde in allen Bibelübersetzungen das hebräische Wort für Terebinthe, *elah (alah)*, das eine weibliche Endung hat, mit *allon (elon)*, »Eiche«, verwechselt, das eine männliche Endung hat (die häufigsten hebräischen Wörter für Terebinthe und Eiche stehen hier vorne, ihre Varianten in Klammer). Das führte zu Fehlübersetzungen vieler in der Bibel genannter Baumarten. Die »Eichen« von Moreh (Deuteronomium 11,29), Shechen (Genesis 35,4) und jene im heiligen Hain von Mamre, wo Abraham von Gott gerufen wurde (Genesis 18,1), waren eigentlich keine Eichen – sondern Terebinthen.

Einige dieser Fehlübersetzungen könnten darauf zurückgehen, dass es noch eine bisher übersehene Interpretation der Wörter *elah* und *elon* (und ihrer Varianten) gibt, nämlich die des »Heiligen Baums«, da sie von *el (al)*, »Gott« stammen. Das ist höchst bedeutend, denn es zeigt, dass *jede* Baumart als *elah (alah)*, als weiblicher »Baum Gottes«, oder als *elon (allon)*, als männlicher heiliger Baum angesehen wurde.

GEGENÜBER: *Die Terebinthe bei der Katakombe von Agia Solomi, Griechenland, mit Votivgaben in Form von Stoffstreifen.*

Symbolik: Offenbarung

Göttlicher Bezug: Jehova, Allah

Astrologischer Bezug: Merkur

Historisches: Über Jahrhunderte war die Terebinthe von Mamre, die aus dem Stab Abrahams entsprungen sein soll, das Zentrum eines großen Marktes (mit Verkaufsständen und gesellschaftlichem Leben). Nach dem schottischen Bibelforscher W. R. Smith verehrten Juden, Christen und Muslime den Baum als »Erscheinungsort der Engel« und brachten ihm Opfergaben wie Wein, Kuchen, Münzen und Weihrauch dar. Kurz nach 324 n. Chr. ersetzte Konstantin der Große den Baum durch eine christliche Basilika.

Platane *Platanus*

Die aus Südosteuropa und Westasien stammende Morgenländische Platane *(P. orientalis)* gehört zu einer Gattung von etwa sechs Arten. Sie ist ein großer, langlebiger Baum mit einer sich lappig ablösenden Borke. Die Blätter sind 5- bis 7-lappig, drei bis sechs Fruchtkugeln mit behaarten Nüsschen sitzen gemeinsam an einem Stiel.

Platanen vertragen Luftverschmutzung und starken Beschnitt gut. Daher wird die Gewöhnliche Platane *(P. x hispanica)*, eine Kreuzung aus der Morgenländischen und der Amerikanischen Platane, häufig und gerne in Städten gepflanzt.

Praktischer Nutzen

Die riesige Platane ist im Mittelmeerraum seit der Antike ein beliebter Schattenspender.

Heilkräfte

Ein Umschlag aus frisch zerstoßenen Blättern beruhigt entzündete Augen, ein Tee aus ihnen hilft gegen Durchfall. Ein Absud aus in Essig gekochter Rinde ist eine schmerzlindernde Gurgellösung bei Zahnweh. Die Baumessenz beugt Melancholie und Grübelei vor.

Kultur, Mythos und Symbolik

Im alten Armenien deuteten die Feuerpriester Orakel nach der Bewegung der Äste der heiligen Platane von Armavira. In Persien galt die Platane als Wächterbaum der Könige. Noch heute spenden diese Bäume an vielen Dorfbrunnen im Nahen Osten Schatten.

Im alten Karien (Südwesttürkei) war das Symbol Zeus' die *labrys*, die Doppelaxt, in Labraunda dagegen war ihm ein Platanenhain geweiht. Dass Zeus sich die Doppelaxt, das alte Symbol weiblicher Macht, »angeeignet« hatte, weist darauf hin, dass der Hain vor der dorischen Eroberung um 1200 v. Chr. der Großen Göttin geweiht war. Der patriarchale Sieg über die ältere weibliche Gottheit spiegelt sich in Sagen, in denen männliche Götter, besonders Zeus, Göttinnen belästigen, verführen oder vergewaltigen. Eine dieser Göttinnen ist die kretische Europa, die sich Zeus in einer immergrünen Platane hingab (einer sehr seltenen Sorte, davon waren 1980 nur 29 Exemplare bekannt).

Nach dem Herakles-Mythos erstreckte sich ein heiliger Platanenhain vom Berg Pontinus bis zum Meer bei Argos. Schreine markierten die Stellen, wo Hades, Persephone und Dionysos in die Unterwelt gestiegen waren. Die Hydra, ein Wasserungeheuer, hatte ihr Versteck unter einer der Platanen und ihre sieben Köpfe symbolisierten die siebenfache Quelle des Amymone-Flusses. Die Verbindung von Unterwelt und Wasser deutet erneut auf den älteren Zusammenhang der Platane mit der Großen Göttin. Diese Sage verbindet sie sowohl mit Sonne und Mond als auch mit Unterwelt und Himmel – ein Gleichgewicht von Gegensätzen, wie auch beim Bild des Lebensbaums.

Symbolik: Ausgeglichenheit

Göttlicher Bezug: Zeus, Apollo Platanistios (beide griechisch), Große Göttin

Astrologischer Bezug: Sonne, Pluto

Historisches: Als 480 v. Chr. der Perserkönig Xerxes sein Heer gegen Griechenland führte, war er so hingerissen von einer Platane östlich von Sardes (heutige Türkei), dass er seine Truppen anhielt, um dieser zu huldigen. Er schmückte sie mit Gold und anderen Opfergaben. Herodot berichtet, er habe einen Gärtner bestimmt, der sich für immer um sie kümmern sollte.

UNTEN: *Schöne stattliche Platanen werden seit Jahrhunderten hoch geschätzt, weil sie willkommenen Schatten bieten.*

GEGENÜBER: *Der gerade, tief gefurchte Stamm der Totara hat gewöhnlich einen Umfang von zwei Dritteln der Gesamthöhe des Baums. Dieses Exemplar ist der Riese des Südens, der »Pouakani-Baum«.*

Totara *Podocarpus totara*

Podocarpus ist eine Gattung von etwa 75 Arten, darunter vorwiegend Nadelbäume und Sträucher. Diese stammen aus der gemäßigten Zone der Südhalbkugel, den Gebirgen und dem Hochland der Tropen und aus Westindien und Japan. Die Gattung ist sehr alt und seit mindestens 70 Millionen Jahren unverändert.

Die Totara *(P. totara)* stammt aus Neuseeland. Sie besitzt eine silbergraue Rinde und wird bis zu 30 m hoch. Ihre 2,5 cm langen, ledrigen Nadeln sind gerade und länglich. Die roten Früchte sind etwa 1,5 cm lang. Das älteste lebende Exemplar ist der Pouakani-Baum im Pureora Forest Reserve auf der Nordinsel, der ungefähr 1800 Jahre alt und 55 m hoch ist.

Praktischer Nutzen

Totaras liefern das traditionell von den Maori für zeremonielle Skulpturen und Kanus verwendete Holz und auch Bauholz für Häuser. Ein geeigneter Baum wird schon Jahre zuvor ausgewählt und erhält oft einen Namen. Europäische Holzfällergesellschaften agierten im 19. Jahrhundert weniger einfühlsam und übernutzten die Wälder schnell. Die Überreste der einst großen Totara- und Steineibenwälder bieten vielen seltenen Tierarten Lebensraum, darunter der neuseeländische Falke, eine Entenart und ein Rotkehlchen.

Heilkräfte

In der Maori-Tradition wird Rauch von Totararinde gegen Hautprobleme verwendet, gekochte Rinde ist ein wirksames Fiebermittel. Eine Verwandte der Totara, die Steineibe *(P. macrophyllus)*, die in Java und Malaysia wächst, hilft bei der Behandlung von Arthritis und Rheumatismus.

Kultur, Mythos und Symbolik

Die Maori sprechen vom Geist der Totara und vom gemeinsamen Vorfahren mit den Menschen. Der Baum wird als lebender Vorfahre angesehen und ist daher heilig. Wenn ein Baum gefällt werden musste, brauchte man dazu die Erlaubnis des Herrn des Waldes, wie die Legende »Ratas Waka« erzählt. Vor langer Zeit wollte Rata ein *Waka* machen – ein großes Kanu. Als er durch den Wald ging, fand er den perfekten Totarabaum und fällte ihn. Als er am nächsten Tag zurück kam, um das Kanu zu bauen, stand der Baum wieder groß und stolz vor ihm. Rata bekam Angst, dennoch fällte er den Baum erneut. Das gleiche geschah am folgenden Tag.

In der Nacht, nachdem er den Baum zum dritten Mal gefällt hatte, um endlich das Kanu herauszuschneiden, versteckte er sich im Wald und beobachtete, wie alle Vögel und Insekten die Holzstückchen sammelten und den Baum wieder zusammensetzten. Von Ehrfurcht ergriffen umarmte Rata die Totara, bat um Verzeihung und gelobte, nie wieder einen Baum zu schneiden. »Du darfst ihn fällen, sagte darauf eine Stimme, doch du musst zuerst Tane Mahuta, den Herrn des Waldes, um Erlaubnis fragen.« Und als Rata sich umdrehte, sah er das fertige Kanu hinter sich...

Symbolik: Respekt

Göttlicher Bezug: Tane Mahuta, Herr des Waldes (Maori)

Astrologischer Bezug: Sonne

Historisches: Eine Reihe von Protestmaßnahmen des Umweltschützers Stephen King führte 1978 zur Gründung des Pureora Forest Reserve in Neuseeland, wo Totarabäume nun geschützt sind.

GEGENÜBER: *Eine Schwarz-Pappel mit zerklüfteter Rinde erhebt sich an einem mit Efeu bewachsenen Flussufer in Hertfordshire, England.*

Pappel *Populus*

Die zu den Weidengewächsen *(Salicaceae)* gehörenden Pappeln sind eine Gattung mit etwa 35 Arten zweihäusiger Bäume in der nördlichen gemäßigten Zone. Sie gehören zu den schnellwüchsigsten Bäumen, ihr Holz ist weich und weiß. Die Blüten erscheinen als hängende Kätzchen noch vor den Blättern. Die Früchte sind kleine Kapseln, die Samen sind reich behaart. Pappeln stehen meist an feuchten Standorten, wie etwa Flusstälern und Überschwemmungsgebieten.

Die von Südwesteuropa bis Zentralasien heimische Silber-Pappel *(P. alba)* hat rundlich-eiförmige, unregelmäßig gelappte oder größere gekerbte, drei- bis fünflappige Blätter. Die Schwarz-Pappel *(P. nigra)*, die einzige aus Nordwesteuropa stammende Art, ist ein großer, breitkroniger Baum mit tief gekerbtem Stamm und kahlen Zweigen. Die hellgrünen Blätter sind dreieckig bis rautenförmig und lang zugespitzt. Beide Bäume werden über 25 m hoch. Die Säulen-Pappel *(P. nigra var. pyramidalis* oder *'Italica')*, eine Kulturvariante der Schwarz-Pappel, hat die Form einer großen, schlanken Säule. Pyramiden-Pappeln sind meist männlich.

Praktischer Nutzen

Die rasch wachsenden Pappeln bieten einen idealen Windschutz. Sie werden oft auf den Stamm zurückgestutzt oder beschnitten. Nutztiere mögen die Blätter, aber nur von zeitig im Jahr geschnittenen und häufig gestutzten Bäumen, weil dadurch die Blätter weicher und leichter zu kauen sind. Im Mittelalter nahm man Schwarz-Pappelholz wegen seiner Feuerbeständigkeit zum Hausbau.

Heilkräfte

Die Rinde enthält Salizylsäure, die ein Wirkstoff in Entzündungshemmern und Schmerzmitteln ist. Äußerlich angewendet lindert sie Verbrennungen, Ausschläge, Wunden und Gliederschmerzen. Die Knospen, die reich an Harz und ätherischen Ölen sind, werden als Aufguss gegen Brustbeschwerden, Nieren- und Prostataprobleme und bei Rheumatismus und Gicht verwendet. Die Baumessenz schafft ein Gefühl von Sicherheit.

Kultur, Mythos und Symbolik

Im griechischen Mythos lenkte Phaeton – der Sohn Helios', der Sonne – eines Tages den Wagen seines Vaters, hatte aber die Pferde nicht unter Kontrolle. Der zornige Zeus erschlug ihn mit einem Donnerkeil. Seine trauernden Schwestern erstarrten daraufhin zu Pappeln.

Die Silber-Pappel wird mit dem Tod assoziiert. Sie soll von den Ufern des Acheron-Flusses in der griechischen Unterwelt stammen. Ein Hain von Schwarz-Pappeln in Aegira (Achaia im Norden des Peloponnes) war Persephone geweiht, andere Haine waren mit Hekate verbunden, beides Göttinnen der Unterwelt. Homer spricht von einer Schwarz-Pappel am Eingang zum Hades, dem Reich der Toten – daher die Verbindung mit Friedhöfen. Der griechische Name *aegaira* wurde lateinisch zu *egeria*, dem Namen des heiligen Hains von Nemi bei Rom. Hier gab die Nymphe Egeria dem ersten König Roms die Gesetze ein.

Symbolik: Abstieg in die Unterwelt, Schutz

Göttlicher Bezug: Hekate, Persephone, Hades (alle griechisch); Pluto (römisch)

Astrologischer Bezug: Saturn

GEGENÜBER, OBEN: *Eine Gruppe eng miteinander verflochtener Espen, ein Ergebnis der ausgiebigen Schösslingsbildung*

GEGENÜBER, UNTEN: *Wegen ihrer langen Stiele »zittern« die Blätter bei der geringsten Luftbewegung und beschleunigen die Verdunstung.*

Espe *Populus tremula*

Die Espe oder Zitter-Pappel *(P. tremula)* ist eine in Europa, Asien und Nordafrika weit verbreitete, mittelgroße Pappelart. Die Blätter sind buchtig gezähnt und hängen an langen, dünnen Stielen, wodurch die Blätter bei der leichtesten Brise zittern.

Die Amerikanische Espe *(P. tremuloides)* unterscheidet sich von ihr hauptsächlich durch ihre kleineren, feinen und gleichmäßig gezähnten Blätter, ihre dünneren Kätzchen und die blassgelbe Rinde bei jüngeren Bäumen. Sie ist einer der meist verbreiteten Bäume in Nordamerika, von Nord-Mexiko bis Alaska.

Praktischer Nutzen

Da das Holz der Espe leicht, fest und elastisch ist und nicht splittert, verwendeten es die Kelten für Kampfschilde. Heute stammt von diesem Baum das am häufigsten in der Streichholzindustrie verwendete Holz. In Nordamerika fertigten die Shuswap und Blackfoot aus den Ästen Pfeifen.

Heilkräfte

Espen enthalten Salizylsäure – den Wirkstoff von Aspirin –, wodurch sie sich für die Gewinnung von entzündungshemmenden Mitteln und zur Schmerzlinderung bei Arthritis eignen. Die Rinde wird in der europäischen Tradition zur Herstellung eines stimulierenden Tonikums gegen Schwäche und als Mittel gegen Durchfall verwendet. Die nordamerikanischen Blackfoot wenden bestimmte Zubereitungen gegen Sodbrennen an, die Bella Coola nehmen sie gegen Tripper, die Irokesen gegen Würmer. Blackfoot-Frauen nehmen vor der Niederkunft einen Tee aus Rindenspänen zu sich.

Das Bachblütenmedikament wirkt gegen unerklärliche Angst. Die Baumessenz mindert Angst und bringt Fröhlichkeit.

Kultur, Mythos und Symbolik

Wegen ihrer langen Stiele scheinen die Blätter ständig in Bewegung zu sein, sie machen »den Wind hörbar«. Hermes, der auf dem Wind reitet, ist der Bote der Götter, daher dienten Pappeln in der Antike vielfach als Orakelbäume.

Als Herakles aus dem Hades (der Unterwelt) zurückkehrte, flocht er sich einen Kranz aus Espenblättern. In Olympia entzündete er ein Opferfeuer aus Espenholz, um Zeus für seine sichere Rückkehr zu danken. Seither sagt man, dass die Oberseite der Blätter wegen der Hitze im Hades dunkel ist, und dass die Unterseite durch den Schweiß des Helden silbrig ausgebleicht ist. In Mesopotamien fand man in 5000 Jahre alten Gräbern goldene Kränze in Form von Espenblättern.

Als Wächterin der mythischen Wiedergeburt der Sonne stand eine Espe am Grab von Velkhanos, des kretischen Sonnengottes, ein Vorläufer des römischen Gottes Vulkan. Auch in Nordamerika hat die Espe einen starken Bezug zur Sonne. Der Baum steht im Zentrum des Sonnengesangs der Navajos, die Cheyenne bauen aus ihrem Holz die Sonnentanzhütte. Die Thompson unterziehen ihre Jäger einer rituellen Waschung (damit die Tiere sie nicht riechen können) mit einem Absud aus Ästen der Amerikanischen Espe. Das ist auch ein Schutz gegen das Böse. Hopi rauchen Espenblätter bei Zeremonien.

Symbolik: Aufstieg, Schutz

Göttlicher Bezug: Herakles, Hermes (beide griechisch), Vulkan (römisch)

Astrologischer Bezug: Merkur

Karolina-Pappel
Populus deltoides

Cottonwoods (»Baumwollbäume«) ist ein Sammelname für verschiedene amerikanische Arten der Gattung *Populus* (siehe auch Pappel S. 156–157), die meist eine Höhe von über 25 m erreichen. Im Frühling verbreiten die weiblichen Bäume flaumige »Baumwolle« aus ihren Fruchtkapseln. Die Karolina-Pappel *(P. deltoides)* hat eine breite Krone, ihre ovalen, oberseits glänzenden Blätter werden 18 cm lang.

Praktischer Nutzen

Die Kinder der Dakota, Omaha, Pawnee und Ponka machen aus den Blättern der Karolina-Pappeln Spielzeugtipis und Mokassins. Erwachsene Omahas verwendeten das Holz einst für die Pfähle des Büffelzelts (wo eine Zeremonie stattfand, die das Weiterleben der Seelen gejagter Büffel sicherte). Die Navajos machen Krippen und Zeremonienfiguren aus dem Holz von *P. deltoides* ssp. *wislizenii*, die Lakota verwenden die Wurzeln von *Populus acuminata* als zeremonielle Schlangenfiguren und als Feuerhölzer. Die Havasupai fertigen Trommeln aus den hohlen Stämmen des »Fremont Cottonwood« *(P. fremontii)*.

Heilkräfte

Wie die Blätter anderer Pappeln sind die Blätter der Karolina-Pappel entzündungshemmend und schmerzstillend. Mit einem Absud behandelt man Prellungen, Wunden und Insektenstiche. Der Stamm der Choctaw verwendet den Dampf eines Absuds von Blütenrinde und Blättern als Medikament gegen Schlangenbisse.

RECHTS: *Alte Karolina-Pappel in der Chihuahua-Wüste, Mexiko. Diese Bäume werden in der Regel nur 70 Jahre alt.*

UNTEN: *Wie alle Pappeln besitzen auch die Karolina-Pappeln lange Stiele, die helfen, die Verdunstung zu steigern und somit die Aufnahme von Wasser und Nährstoffen zu erhöhen.*

Kultur, Mythos und Symbolik

Nach Black Elk (1863–1950), dem großen heiligen Mann und Seher der Sioux, war die Karolina-Pappel seinem Stamm aus vielerlei Gründen heilig. Vor langer Zeit spielten Kinder mit ihren Blättern, machten Spielhütten daraus und erfanden so das Tipi. Erwachsene können von den Kleinen lernen, denn, wie Black Elk sagte: »Die Herzen der Kinder sind rein, daher zeigt ihnen der Große Geist [das höchste Wesen in der Tradition der nordamerikanischen Ureinwohner] Dinge, die Älteren nicht enthüllt werden. Und in der leichtesten Brise kann die Stimme von *Wagachun*, dem ›raschelnden Baum‹, gehört werden. Es ist sein Gebet zum Großen Geist, denn nicht nur Menschen, sondern alle Dinge und Wesen beten.« (Interessanterweise kommt ein fünfzackiger Stern zum Vorschein, wenn ein oberer Ast kreuzweise eingeschnitten wird. Dieser bringt, wie das Fünfeck der keltischen Druiden oder das Sternensymbol der sumerischen Göttin Ishtar, die göttliche Präsenz zum Ausdruck.)

Einer der bedeutendsten Riten der Sioux, der Sonnentanz *Wiwanyag Wachipi*, wird um eine junge Karolina-Pappel abgehalten. Kablaya, der legendäre Held, der als erster sein Volk den Sonnentanz lehrte, sagte zu dem Baum: »Unter allen aufrechten Völkern [Bäumen] wurdest du, rauschende Pappel, in heiliger Weise erwählt..., denn du bringst, was gut ist für alle Wesen und alle Dinge.«

Der jeweilige Baum für den Sonnentanz wird in einem Ritual schon ein Jahr zuvor ausgewählt. In dieser Zeit besuchen ihn die Menschen, sprechen Gebete und opfern Tabak, Gebetsbänder (kleine, mit Kräutern gefüllte Stoffsäckchen, die betend an den Baum gebunden werden) und die Medizinmänner, die sich auf die Zeremonie vorbereiten, opfern sogar winzige Stücke ihres Fleisches. Die Tänzer machen sich durch Gebet, Fasten und Reinigungszeremonien bereit.

Einige Tage vor dem Sonnentanz fällen die Tänzer den Baum, tragen ihn auf den Zeremonienplatz und richten ihn in der Mitte des Runds auf. Ein Dach bietet den Zusehern Schatten, während die Tänzer in der Mitte der Sonne ausgesetzt sind. Dann werden Symbole für die vier Elemente (Erde, Luft, Feuer und Wasser) unter dem Baum platziert und an seinen Ästen und seinem Stamm befestigt – so wird die Karolina-Pappel zum Lebensbaum.

OBEN: *Für den Sonnentanz der Sioux würde man nie ein so altes Exemplar auswählen – nur junge Bäume werden verwendet.*

Wenn die Vorbereitungen fertig sind und die Sonne am ersten Tag des eigentlichen Sonnentanzes aufgeht, betreten die Tänzer den Platz durch das östliche Tor. Sie tanzen vier Tage lang von Sonnenaufgang bis -untergang, ohne Essen und Wasser. Bevor die Zeremonie beginnt, binden einige Tänzer ein Seil an einen der hohen Äste des Baums. Während der Zeremonie lassen diese Tänzer die Haut ihrer Brust mit einer Adlerklaue durchbohren und das Ende des Seils daran befestigen. Jeder in diesem heiligen Kreis kann seinen Körper und seine Seele zum Wohl aller Menschen und Geschöpfe opfern.

Leider gingen die Zeremonien und Traditionen vieler Stämme der nordamerikanischen Ureinwohner verloren. Die Sioux öffneten großzügig ihren Sonnentanz den Brüdern und Schwestern anderer Stämme und erlaubten ihnen so, wieder an ihre eigenen alten Riten und Bräuche anzuknüpfen. Heute gibt es etwa 1000 Sonnentänzer auf Turtle Island (wie die Ureinwohner ihren Kontinent nennen). Zum Sonnentanz sind nur Ureinwohner erlaubt. Nicht-»Natives« erleben nur selten eine echte traditionelle Zeremonie, obwohl Außenstehende manchmal als Ehrengäste eingeladen werden.

Symbolik: Ehrlichkeit, Demut, Selbstopfer

Göttlicher Bezug: Wakan Tanka, Großer Geist oder Höchstes Wesen (nordamerikanische Ureinwohner)

Astrologischer Bezug: Sonne

Historisches: Die Unterdrückung der nordamerikanischen Ureinwohner führte 1883 zu einem Verbot des Sonnentanzes. Er ging in den Untergrund bis Frank Fools Crow, ein Häuptling der Teton (Sioux), und andere Älteste die amerikanische Regierung durch die Weigerung, ihre jungen Männer ohne geeignete Zeremonie in den Vietnamkrieg zu schicken, herausforderten. Unter der Gefahr hoher Strafen führten sie 1974 einen Sonnentanz auf und gewannen religiöse Freiheit zurück.

GEGENÜBER: *Die größte Vogel-Kirsche in Studley Royal, Yorkshire, England. In England verwendet man Kirschblüten als Osterschmuck in Kirchen.*

Kirsche *Prunus avium*

Die Gattung *Prunus* umfasst mehr als 400 Arten Laub abwerfender Bäume und Sträucher (darunter Pflaume, Mandel, Aprikose und Pfirsich), die in der nördlichen gemäßigten Zone wachsen. Die wechselständigen Blätter sind meist gesägt, die weißen oder rosafarbenen Blüten zweigeschlechtlich. Die Steinfrüchte haben außen eine fleischige Schicht, die den harten Kern mit dem Samen umgibt.

Die Süß- oder Vogel-Kirsche *(P. avium)* ist ein mittelgroßer, aus Eurasien stammender und in Nordamerika heimisch gewordener Baum. Er hat eine glatte, graue Rinde, die mit dem Alter mahagonirot wird und sich in horizontalen Streifen abschält. Die weißen Blüten sind doldenförmig angeordnet und gehen mit dem Laubaustrieb Ende April bis Anfang Mai auf. Die glänzenden, roten Früchte sind klein und schmecken bitter oder süß. Die Wildkirsche ist die Grundlage für die meisten Zuchtformen.

Praktischer Nutzen

Kirschen werden nicht nur wegen ihrer essbaren Früchte angebaut, sondern auch, weil ihr feinmaseriges Holz für Möbel, Musikinstrumente (besonders Holzblasinstrumente) und zum Schnitzen und Drehen sehr gefragt ist.

Heilkräfte

Aus Vogel-Kirschenrinde stammt ein wohlschmeckendes Medikament, das besonders bei trockenem Husten hilft. In der Traditionellen Chinesischen Medizin gelten Kirschen als warm und süß, sie wirken auf den Herz-, Milz- und Magenmeridian. Sie stärken den Kreislauf und wirken gegen »kalte« Störungen wie Arthritis und Rheumatismus.

Kultur, Mythos und Symbolik

Sakura, die Kirschblüte, ist die inoffizielle japanische Nationalblume. Sie symbolisiert vor allem Reinheit und Schönheit, ihre jährliche Blüte im April kündet die Rückkehr des Frühlings an und weist allgemein auf eine strahlende Zukunft. Das japanische Schuljahr und selbst das Steuerjahr beginnen daher zu dieser Zeit. Kirschblüten sind sehr gefragt bei Zeremonien wie Hochzeiten. *Sakura-yu*, ein teeartiges Getränk aus in Salz eingelegten Kirschblüten und heißem Wasser, wird bei Hochzeiten und anderen Festlichkeiten serviert.

Im April zeigen Wettervorhersagen die 40-Tages-Periode von *sakura zensen*, der »Kirschblütenfront«. Wenn die Blüten aufgehen, versammeln sich Millionen Japaner in Parks und an Flussufern, um sie zu bewundern. Im Ueno-Park in Tokio gibt es 1000 Kirschbäume, in der Stadt Kyoto säumen ebenfalls 1000 Kirschbäume den *Tetsugaku-no-michi*, den Weg der Philosophie. Der Brauch des *isakura-gari*, des »Kirschblütenschauens«, soll in der frühen Heian-Zeit (794–1185) begonnen haben. Seit damals kultivieren und kreuzen japanische Gärtner sorgfältig verschiedene Sorten der Japanischen Blüten-Kirsche *(P. serrulata)* und

OBEN: *Kirschblüten sind bei Hochzeiten beliebt, besonders in Japan.*

von *P. speciosa*. Heute gibt es etwa 300 Sorten *sato sakura*, »blühender Kirschbäume«. Das Wort *sakura* ist eine Kombination von *sa*, eine Bezeichnung der Gottheit der Reispflanze und *kura*, »göttlicher Sitz«. Es hängt auch mit *sakuya*, dem allgemeinen Begriff für Blühen zusammen.

Die Kirsche ist der mythischen Prinzessin Konohana Sakuya Hime, der jüngeren Tochter des Berggottes Oyama Tsumi geweiht. Sie heiratete Ninigi, den Enkel der Sonnengöttin, und ihre drei Kinder wurden die Vorfahren der Menschheit. Zwischen dem 14. und dem 16. Jahrhundert wurde sie die Hauptgöttin des Vulkans Fuji, an dessen Fuß sie immer noch in Shinto-Schreinen verehrt wird.

Zu allen Zeiten war die Kirschblüte eine bedeutende Inspirationsquelle japanischer Künstler und Dichter, besonders zu Themen wie Schönheit, Reinheit oder Verfall. Sie verkörpert traditionelle japanische Werte wie Einfachheit und Tugend, und wenn die Blüten unverwelkt abfallen, zeigen sie auch noch im Tod ihre Vollkommenheit.

Symbolik: Schönheit und Reinheit

Göttlicher Bezug: Konohana Sakuya Hime (japanisch)

Astrologischer Bezug: Venus

Schlehe *Prunus spinosa*

Schlehe oder Schwarzdorn *(P. spinosa)* gehört zur großen Gattung *Prunus* und stammt aus Eurasien und Nordafrika. In Westeuropa, besonders auf den Britischen Inseln, ist die Schlehe in Hecken ein vertrauter Anblick. Sie ist ein dichter, Laub abwerfender Strauch, der Schösslinge und ein undurchdringliches Dickicht bildet. Die kleinen weißen Blüten gehen im April vor den Blättern auf. Die blau- bis schwarzblau bereiften Früchte sind erbsengroß, sie schmecken herb-sauer.

UNTEN: *Undurchdringliche Schlehenhecken bieten Vögeln eine sichere Zuflucht.*

Praktischer Nutzen

Schlehenhecken stellen einen ausgezeichneten Windschutz dar und bieten Vögeln sicheren Unterschlupf. Die Früchte (Schlehen) werden in Westeuropa traditionell für Liköre wie Schlehenwein oder -schnaps verwendet. Der alte Brauch, Schlehen am Strauch zu lassen, bis sie der erste Frost weicher macht, wurde in einer Zeit wechselnder Klimabedingungen und globaler Erwärmung hinfällig. Man erntet die Schlehen, sobald sie Ende September oder im Oktober reif sind.

Heilkräfte

Im vorindustriellen Europa waren die an Vitamin C und Tannin reichen Früchte ein traditionelles Mittel gegen Mund- und Halsentzündungen. Blätter und Blüten, die harntreibende Eigenschaften haben, wurden zur Reinigung des Körpers von Flüssigkeit und Giften verwendet. Die Baumessenz gleicht Stimmungen aus und regt Hoffnung und Freude an.

Kultur, Mythos und Symbolik

Die duftenden, weißen Schlehenblüten und ihr Kontrast zu den dunklen, stacheligen Ästen symbolisieren das Thema von Licht und Dunkel, mit dem die Pflanze von alters her verbunden wird. Die gefährlichen, langen Stacheln und der rote Saft, der in den Adern der Schlehe fließt, verstärken noch diesen dramatischen Effekt. Blüten, Früchte und dieser rote Saft stellen die drei Farben der Großen Göttin dar: Weiß, Schwarz und Rot. Und wie der Name Schwarzdorn vermuten lässt, wird der Baum mit den dunklen Aspekten des Lebens, mit Nacht, Tod und Unterwelt assoziiert.

Alte Schamanengesellschaften kultivierten ein Weltbild, das den Gegensätzen der Welt ihren eigenen Wert

OBEN: *Die weißen Blüten enthalten Nektar und duften zart nach Moschus, um die Insekten zur Befruchtung des Baums anzulocken.*

beimisst: Leben und Tod, Licht und Dunkel, Geist und Körper und so weiter – die Schlehe wahrte die Balance zwischen ihnen. Mit der Ausbreitung dualistischer Religionen wie Zoroastrismus und Manichäismus, die die Welt in »Gut« und »Böse« teilen, wurde der Strauch dämonisiert. Bot er einst magischen Schutz gegen negative Einflüsse, so wurde er nun zum Symbol für die Kräfte des Bösen.

Er wurde mit Hexen in Verbindung gebracht, die ihn angeblich für alle Arten schwarzer Magie verwendeten, und mit Satan selbst, der Schlehenstacheln verwendet haben soll, um seine Anhänger mit dem »Teufelsmal« zu zeichnen. Die Scheiterhaufen, auf denen die spanische Inquisition Ketzer verbrannte, enthielten oft Schlehenholz. Es gibt aber auch heute noch, vor allem in Osteuropa, ländliche Bräuche, in denen die Schlehe als Schutz gegen das Böse eingesetzt wird.

Im mittelalterlichen Europa galt die Schlehe als der Baum, aus dem die Dornenkrone Christi gemacht worden war – trotz der Tatsache, dass sie nicht in Jerusalem wuchs. Heute sind sich die Forscher einig, dass die Dornenkrone Christi höchstwahrscheinlich aus dem stacheligen Christdorn (*Ziziphus spina-christi*) oder der Dornigen Becherblume (*Sarcopoterium spinosum*), einem um Jerusalem verbreiteten Zwergstrauch, gefertigt war.

Symbolik: Ausgleich zwischen Licht und Dunkel

Göttlicher Bezug: Große Göttin

Astrologischer Bezug: Saturn

Historisches: Noch 1683 zog ein Schlehenbaum bei Pritzwalk (Brandenburg) Menschenmassen an, die an seine Heilkräfte glaubten. Am 17. November jenes Jahres befahl Herzog Friedrich Wilhelm, ihn zu fällen, »denn wir sind überhaupt nicht von solchem Aberglauben begeistert«.

Granatapfel *Punica granatum*

Zwei aus Südosteuropa und Südasien stammende Arten bilden die kleine Gattung *Punica*. Eine weit verbreitete Art ist der Granatapfel *(P. granatum)*, ein großer Strauch oder buschiger Baum, der bis zu 6 m hoch werden kann. Die Äste sind manchmal stachelig. Die länglichen bis lanzettlichen Blätter sind 8 cm lang, ganzrandig, unbehaart und glänzend. Die prächtigen, trichterförmigen Blüten haben einen Durchmesser von 4 cm und stehen im Spätsommer oder Frühherbst einzeln oder büschelartig an den Enden der Zweige. Die Frucht erreicht einen Durchmesser von 12 cm und ist von gelbbrauner bis rötlicher Farbe. Die dicke Haut schützt die vielen Samen, die in saftiges, essbares Fruchtfleisch eingebettet sind.

Praktischer Nutzen

Granatäpfel werden seit alters her wegen ihrer essbaren Früchte und als Zierpflanze kultiviert. Aus der Rinde bzw. Borke gewinnt man Bestandteile für Tinte und für das Gerben.

Heilkräfte

Der Fruchtsaft wird zur Linderung von Verdauungsbeschwerden verwendet. Die Rinde wird in Indien gegen Durchfall und Ruhr genommen. Mit ihr wird traditionell Wurmbefall bekämpft (in Verbindung mit einem Abführmittel). Außer der Frucht enthalten die Pflanzenteile hochgiftige Alkaloide. Sie sollten daher nur unter fachkundiger Anleitung als Heilmittel verwendet werden.

Kultur, Mythos und Symbolik

Als Dionysos als Sohn von Zeus und Semele geboren wurde, verschwor die eifersüchtige Hera sich mit den Titanen, um den Säugling zu entführen, in Stücke zu schneiden und in einem Kessel zu kochen. Aus seinem Blut wuchs der erste Granatapfelbaum. Rhea, die Großmutter des Dionysos, fügte später seinen Körper wieder zusammen und gab ihm das Leben zurück (wie die ägyptische Göttin Isis dem Osiris). Dionysos heißt daher der »Zweimal Geborene«. Die Parallele zum Schamanismus (sibirische Schamanen beschreiben oft die »innere« Reise ihrer Initiation als ein Zerschneiden und Kochen) lässt vermuten, dass in diesem Mythos ein alter Initiationsritus steckt. Der Dionysoskult ist übrigens viel älter als der Anbau von Wein, mit dem er im alten Griechenland in erster Linie assoziiert wird.

Als Fruchtbarkeitssymbol war der Granatapfel auch der Liebesgöttin Aphrodite und im Orient der Göttin Astarte geweiht. Andere Göttinnen, die ebenfalls die Frucht des Lebens hüteten, etwa Athene und Hera in ihrem Tempel in Argos, wurden auch mit einem Granatapfel in der Hand dargestellt.

Eine griechische Sage erzählt, dass Rhoeo, die Nymphe des Granatapfels und Tochter der Chrysothemis, als Same in einer Kiste nach Griechenland kam. Apoll machte ihren Sohn zu einem prophetischen Priester und König von Delos, wo es vermutlich ein Granatapfelheiligtum gegeben hatte (da solche lokale Mythen oft auf einen regionalen Kult hinweisen).

Der Granatapfel ist auch mit Persephone verbunden, die die Auferstehung der Natur im Frühling personifiziert, aber

---

Symbolik: Frucht des Lebens

Göttlicher Bezug: Dionysos, Aphrodite, Hera, Persephone (alle griechisch); Astarte (syrisch, phönikisch)

Astrologischer Bezug: Venus, Mars und Pluto

OBEN: *Granatäpfel gedeihen in gemäßigtem bis subtropischem Klima mit kalten Wintern und heißen Sommern. Hohe Temperaturen in den fünf bis sieben Monaten der Reife ergeben den besten Geschmack.*

RECHTS: *Die Frucht enthält kleine Säckchen, gefüllt mit saftigem, süßsaurem Fruchtfleisch um einen eckigen Samen.*

auch Göttin der Unterwelt ist. Sie wollte die Unterwelt verlassen, doch Hades überlistete sie. Er gab ihr sieben Granatapfelsamen zu essen, wodurch sie zum Bleiben verdammt wurde. Zeus erreichte einen Kompromiss: Sie musste jedes Jahr für vier Monate – die Winterzeit – in den Hades zurückkehren.

Für die Stämme Israels symbolisierte das Blühen des Granatapfels die Ankunft des Frühlings. Granatäpfel und Trauben wurden von den Boten, die Moses ausgesandt hatte, als Beweis für den Reichtum des »Gelobten Landes« mitgebracht.

Im Tempel Salomos (um 1100 v. Chr.) verdanken die goldenen Glocken und die Kapitelle der Säulen ihre Form dem Granatapfel (hebräisch *rimmon*). Granatäpfel zierten auch die Gewänder der Priester (Exodus 28,33–34).

GEGENÜBER: *Schon im April blüht die Kultur-Birne prächtig weiß, früher als der Apfelbaum.*

Birne *Pyrus*

Etwa 20 Arten kleiner bis mittelgroßer, Laub abwerfender oder halb-immergrüner Bäume in Eurasien und Nordafrika bilden die Gattung *Pyrus*. Die weißen bis rosa-weißen, zweigeschlechtlichen Blüten erscheinen im April vor oder mit den Blättern. Als Rosengewächse *(Rosaceae)* haben die Blüten fünf Kronblätter. Die Frucht ist eine Kernfrucht, das Fruchtfleisch enthält verholzte Zellen oder Steinzellen. Die Kultur-Birne *(P. communis)* ist ein langlebiger Baum. Ihre rundlichen bis eiförmigen, ledrigen Blätter mit kurzer Spitze sind 2,5–6 cm lang.

Praktischer Nutzen

Viele Kulturvarianten werden in Obstgärten wegen der Früchte oder als Zierpflanzen gezogen. Im 1. Jahrhundert nach Christus kannten die Römer 39 Birnensorten. Heute gibt es über 3000, die bekanntesten sind die vom Obsthandel bevorzugten wie Williamsbirne, Conference, Bartlett und Packham's Triumph.

Birnenholz wird für Essbesteck, zum Drechseln und für Musikinstrumente wie Flöten und Cembalos verwendet.

Heilkräfte

In der westlichen Medizin wurde ein Absud aus Birnenrinde lange als mildes Schmerzmittel bei Prellungen und Verstauchungen verwendet. Die gut verdauliche, nahrhafte Frucht unterstützt die Heilung. Birnen sind reich an Ballaststoffen und Vitaminen (besonders A, B und C), Mineralien und Spurenelementen (wie Kalium, Eisen, Magnesium, Kalzium). Die kühlenden Eigenschaften wirken gegen innere Entzündungen.

In der Traditionellen Chinesischen Medizin sind Birnen kühl, sauer und süß, sie regen den Leber- und Magenmeridian an und gelten als Mittel gegen tief sitzenden Husten, Verdauungs- und Harnprobleme. Sie stärken das Yin und regulieren das Herz. Im Ayurveda sind sie kühlend, süß und adstringierend, verstärken *Vata* und reduzieren *Pitta* und *Kapha*.

Kultur, Mythos und Symbolik

Im alten Griechenland war die Birne Hera, Gemahlin des Zeus und Königin der olympischen Götter, der Göttin von Ehe und Geburt, geweiht. Birnenholz war erste Wahl für Skulpturen Heras, und einer ihrer Namen war Hera Apia, von *apios*, »Birnenbaum«.

Der alte Brauch, einen Baum nach der Geburt eines Kindes zu pflanzen, ist in vielen Teilen der Welt bekannt. Im schweizerischen Kanton Aargau pflanzte man einen Apfelbaum für einen Jungen, einen Birnbaum für ein Mädchen. Noch in der frühen Neuzeit gab man dabei in Schwaben die Nachgeburt mit in das Pflanzloch.

Im frühen 20. Jahrhundert galt der Birnbaum in Tscherkessien (Nordwestkaukasus) immer noch als Beschützer der Herden. Einmal im Jahr wurde ein junger Baum ausgewählt, geschnitten, entastet und feierlich ins Gehöft gebracht, wo er geschmückt und wie ein Gott verehrt wurde.

Gleich dem Apfel hat auch die Birne eine enge Verbindung mit Kindern, Fruchtbarkeit und Wachstum. Während der Apfel aber oft in Bräuchen um Freien und Hochzeit auftaucht, wird die Birne vorwiegend mit dem weiblichen Geschlecht assoziiert.

Symbolik: Gesundheit und Glück

Göttlicher Bezug: Hera (griechisch)

Astrologischer Bezug: Venus

GEGENÜBER: *Von Zeit und Wetter geprägt, erzählt der alte Koloss der Stinton Oak in Dorset, England, von vergangenen Jahrhunderten.*

Eiche *Quercus*

Die Eiche *(Quercus)* ist eine große Gattung von mehr als 450 Arten einhäusiger, Laub abwerfender oder immergrüner Bäume der nördlichen gemäßigten Zone.

Die Stiel-Eiche *(Q. robur)* ist ein großer, langlebiger Laubbaum aus Europa und Nordafrika. Einzeln stehend entwickelt sie eine breite Krone mit kräftigen Ästen. Die Blätter sind sehr kurz gestielt, unregelmäßig rund gelappt, der Blattgrund geöhrt. Die unscheinbaren Blüten, männliche Kätzchen und weibliche »Knöpfchen«, sind nur 2,5 cm lang und blassgrün. Die Frucht, die Eichel, ist eine an der Basis von einem schalenartigen Becher umgebene Nuss. Eine oder mehrere Eicheln stehen an einem schlanken Stiel. Die Stiel-Eiche ist ein Pionierbaum, ihre Samen erobern eher offene Lichtungen als schattige Wälder.

Die Trauben-Eiche *(Q. petraea)* ist der Stiel-Eiche sehr ähnlich, unterscheidet sich aber durch ihre ziemlich großen, langstieligen Blätter und die ungestielten Früchte. Sie wirft ebenfalls die Blätter ab und stammt aus West-, Mittel- und Südosteuropa und Kleinasien.

Die Stein-Eiche *(Q. ilex)* ist ein majestätischer, immergrüner Baum, der bis zu 18 m hoch werden kann. Sie besitzt eine gefurchte Rinde und eirunde oder lanzettliche Blätter, die ledrig, ganzrandig bis gezähnt, oben dunkelgrün glänzend und unten graufilzig sind. Die Fruchtschale umschließt fast die Hälfte der kurzen Eichel. Der aus dem Mittelmeerraum stammende Baum wird auch in den wärmeren Teilen der Britischen Inseln, wie in Cornwall, gepflanzt.

Praktischer Nutzen

Das altenglische Wort für Feld, »acer«, ist angelsächsischen Ursprungs. Die Sachsen betrieben ausgiebig »Viehmast«

OBEN: *Die Galle ist eine Immunreaktion des Baums, wenn die Gallwespe ihre Eier in der Rinde ablegt.*

von Schweinen, Rindern und Schafen in Wäldern mit Eicheln und Bucheckern. Diese Art der Mast war ein bedeutender Zweig der Landwirtschaft im Verbreitungsgebiet der Eiche seit der Frühgeschichte. Im Mittelalter wurde der Wert von Waldflächen nach der Zahl der Schweine berechnet, die dort gemästet werden konnten.

Waldweide von Tieren wird immer noch auf der iberischen Halbinsel praktiziert, wo die savannenähnliche *Dehesa* (Spanien) und *Montado* (Portugal) den größten offenen Wald Westeuropas bilden (ca. fünf Millionen Hektar). Die (mit 40–60 Exemplaren pro Hektar) weit entfernt stehenden Bäume (Kork-Eiche und vor allem Rundblättrige Eiche) erzeugen etwa 500 kg Eicheln pro Hektar und Jahr. Mit dem Futter aus Gras, Pilzen und Eicheln eines Gebiets von etwa einem Hektar verdoppelt das schwarze iberische Schwein sein Gewicht von 70 auf 140 kg.

GEGENÜBER: *Eine Eiche im düsteren Licht eines aufziehenden Sturms passt zum Bild dieses einst eng mit den Wettergöttern verbundenen Baums.*

Kork ist die feuerfeste äußere Rinde, die alle neun Jahre von einer lebenden Kork-Eiche *(Q. suber)* geschält werden kann, sobald der Baum 25 Jahre alt ist. Er wird für Flaschenverschlüsse verwendet, schlechtere Qualitäten als Isolierung oder Bodenbelag. Diese Art lebt 150–200 Jahre und liefert pro Ernte Kork für etwa 4000 Flaschenverschlüsse.

Im vorklassischen Griechenland waren Eicheln ein Hauptnahrungsmittel der Bevölkerung. Auch viele Stämme nordamerikanischer Ureinwohner rösten und mahlen diese noch immer für Brot oder Getränke. Aus Eicheln wurde auch in Europa während der Weltkriege Ersatzkaffee gemacht.

In der nördlichen gemäßigten Zone pflanzt man Eichen heute hauptsächlich als Zierbäume und Holzlieferanten. Das harte, feste und dauerhafte Holz wurde immer schon sehr geschätzt. Die Rinde einiger Arten liefert Farbstoffe und Tannin für die Lederindustrie.

Heilkräfte

Die wegen ihres Tanningehalts stark adstringierende Rinde der Stiel-Eiche *(Q. robur)* wird traditionell als Tee gegen Durchfall und Ruhr eingenommen, oder äußerlich gegen Hämorrhoiden, Zahnfleischentzündung, Wunden und Ekzeme verwendet. Ein Absud aus Eicheln und Rinde galt als ausgezeichnetes Mittel gegen Vergiftungen. Die Baumessenz verstärkt das Energieniveau und die Fähigkeit, uns unsere Ziele klarzumachen.

Kultur, Mythos und Symbolik

Im bronzezeitlichen Europa assoziierten die indoeuropäischen Kulturen die Eiche mit ihren Wettergöttern, besonders mit denen von Blitz und Donner. Denn wegen ihrer hohen elektrischen Leitfähigkeit, ihrer tiefreichenden Pfahlwurzel

OBEN: *Blatt und Eichel der Stiel-Eiche und der Stein-Eiche*

und der Vorliebe für Standorte über unterirdischen Wasserläufen wird die Eiche öfter als andere Bäume vom Blitz getroffen. Sie war der heilige Baum von Himmelsgöttern, wie dem slawischen und baltischen Perunas, dem nordischen Thor, dem sächsischen Donar und dem keltischen Taranis. Die Hauptbedeutung der Wettergötter liegt in ihrem Einfluss auf die Ernte, die für das Überleben der Menschen wesentlich war. Zeus (römisch: Jupiter), ein Himmels- und Gewittergott, wurde zur Hauptgottheit des hellenischen Griechenlands. Auch er steht eng mit der Eiche in Verbindung.

Neben ihrer landwirtschaftlichen Bedeutung wurde die Eiche in allen Kulturen bis in die jüngste Vergangenheit auch mit dem Krieg assoziiert – man rief den Donnergott der Eiche an, damit er die Macht des Blitzes gegen die Feinde einsetzte, das feste Holz war sehr geeignet für Befestigungen und Schlachtschiffe. Im 17. und 18. Jahrhundert fällten so die Völker Westeuropas fast ihre gesamten Eichenwälder für den Bau großer Flotten.

Die Eiche selbst unterstützt dagegen eher das Leben. Sie bietet über 500 Arten von Insekten und anderen Wirbellosen Lebensraum, sowie vielen Vögeln und Säugetieren. Neben

OBEN: *Dieser bronzezeitliche Fundort an der Küste von Norfolk, England, ist der Rest eines alten Opfers an die Erdmutter in Form vertikal in tiefe Schächte im Boden versenkter Eichenstämme.*

der großen Anzahl wirtschaftlicher Nutzungsmöglichkeiten scheint sie eher fürsorgliche, »väterliche« Eigenschaften zu besitzen. Es überrascht daher nicht, dass die alten Gallier und Römer sie mit Mars Silvanus, dem Gott der Landwirtschaft und des Heilens, verbanden. Die Eiche ist also ursprünglich ein Nahrungslieferant. Nur widerwillig wandte sich »ihr Gott« den Waffen zu – doch schließlich wurde Mars zum Kriegsgott, und die Kulturgeschichte der Eiche spiegelt diesen Übergang vom Pflug zum Schwert.

In späteren Jahrhunderten und weiter im Norden, zum Beispiel in Großbritannien und Deutschland, trat Silvanus häufig als Grüner Mann oder Herne der Jäger auf. Zwei bedeutende, mit der Eiche verbundene Sagengestalten sind König Artus, der seine Ritter um den runden Tisch (aus Eiche) versammelte, und Robin Hood, der in den Eichenwäldern von Sherwood lebte. König Artus und Robin Hood verkörpern beide Seiten des Eichenmythos: väterliche Fürsorge und die Fähigkeit, hart zu kämpfen, wenn das Recht es erfordert.

Die Bedeutung des Baumes für die alten Kultpraktiken wurde jedoch in den letzten Jahrhunderten stark überbetont. Im Mittelalter neigten europäische Übersetzer ausländischer Manuskripte dazu, jeden bedeutsamen Baum als »Eiche« zu bezeichnen (so wie jede rote Frucht für sie ein »Apfel« war). So sollte man die in der Bibel erwähnten »Eichen« nicht wirklich als Eichen, sondern eher als »heilige Bäume« verstehen (siehe Terebinthe, S. 150–151).

EICHE

29. Mai *Royal Oak Day (UK): Nach der Legende soll König Karl II. 1651, nach seiner Niederlage in der Schlacht von Worcester, in einer Eiche Zuflucht gefunden haben. Der Baum wurde als »Royal Oak« bekannt, und nach der Wiedereinsetzung Karls II. am 29. Mai 1660, seinem Geburtstag, wurde dieser Tag als »Royal Oak Day« gefeiert.*

Woche nach dem fünften Sonntag nach Ostern *Rogationtide: Im mittelalterlichen England bezeichneten Eichen traditionell die Pfarrgrenzen. Zu Rogationtide marschierten die Bürger um diese Grenzen und lauschten den Predigern unter Eichenbäumen, die als »Gospel Oaks« bekannt wurden.*

1. Mai *Beltane, Keltisches Fest zur Feier des Sommeranfangs*

21. März *Frühlings-Tag-und-Nachtgleiche*

März *Unter den Römern war dieser Monat dem Mars Silvanus, dem Gott der Landwirtschaft und der Heilung geweiht, der mit der Eiche durch die Jahrhunderte alte Praxis der Weidehaltung in Eichenwäldern verbunden war.*

1. Februar *Brigantia: Die Heilige Brigid (oder Bride), die auf die keltische Göttin Brigid zurückgeht, hatte ebenfalls eine Verbindung zur Eiche. Ihr zu Ehren wurde ein Kloster in Kildare (Irland) gegründet, ein Name der von Cilldara, Kirche der Eiche, kommt.*

EICHE *(Quercus robur)*
NORDHALBKUGEL

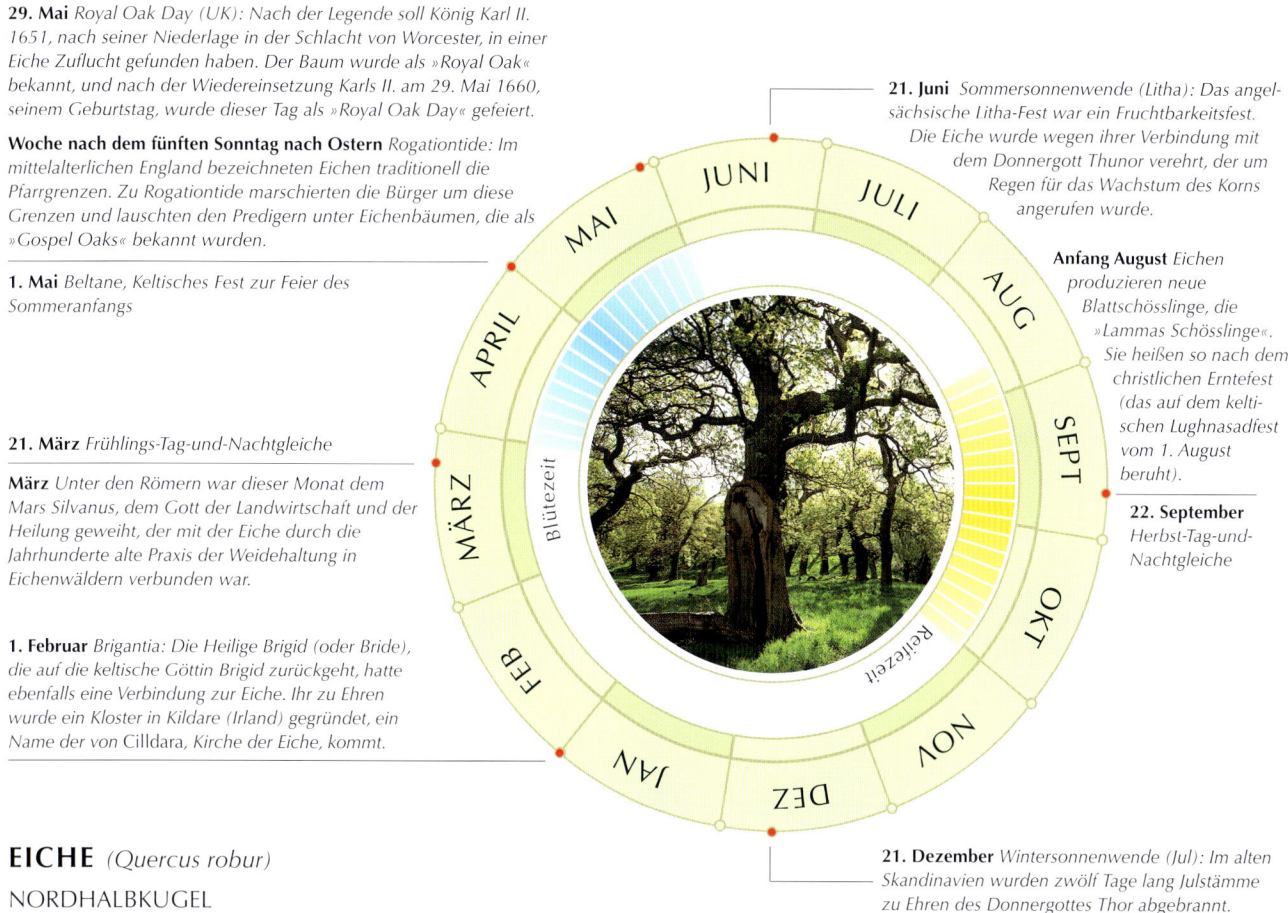

21. Juni *Sommersonnenwende (Litha): Das angelsächsische Litha-Fest war ein Fruchtbarkeitsfest. Die Eiche wurde wegen ihrer Verbindung mit dem Donnergott Thunor verehrt, der um Regen für das Wachstum des Korns angerufen wurde.*

Anfang August *Eichen produzieren neue Blattschösslinge, die »Lammas Schösslinge«. Sie heißen so nach dem christlichen Erntefest (das auf dem keltischen Lughnasadfest vom 1. August beruht).*

22. September *Herbst-Tag-und-Nachtgleiche*

21. Dezember *Wintersonnenwende (Jul): Im alten Skandinavien wurden zwölf Tage lang Julstämme zu Ehren des Donnergottes Thor abgebrannt.*

Obwohl zum Beispiel die süßen Eicheln der Rundblättrigen Eiche im antiken Griechenland gegessen wurden, sind in Überlieferungen wohl nicht immer Eichen gemeint, da auch andere essbare Nüsse wie Walnuss und Ess-Kastanie als »Eicheln des Zeus« bezeichnet wurden. Römische Schriftsteller verwechselten oft *drys*, das griechische Wort für Eiche, mit *drus*, »heiliger Baum«. Die etymologische Nähe dieser Wörter deutet auf mögliche prähistorische Zusammenhänge zwischen der Eiche und den Göttern.

Das Klischee einer engen Verbindung keltischer Druiden mit der Eiche verdankt seine Existenz Plinius dem Älteren (23–79 n. Chr.), einem römischen Feldherrn und Statthalter, der Bücher über die Naturgeschichte schrieb. Er beschwor das Bild der gallischen Druiden herauf, die mit goldenen Sicheln Mistelzweige von Eichen schneiden. Plinius war allerdings selbst nie in Gallien gewesen und hatte von dieser Praxis bloß gehört. Er behauptete, dass sie in ganz Gallien verbreitet gewesen sei, ignorierte dabei aber völlig, dass Stämme wie die Averner (»Volk der Erlen«) oder Eburonen (»Volk der Eiben«) ganz andere Bäume verehrten. Plinius vermutete, dass das Wort »Druide« vielleicht vom griechischen *drys* stammte – was aber nicht der Fall ist (siehe Einleitung, S. 8–13).

Symbolik: Souveränität, Herrschaft, Macht

Göttlicher Bezug: Donnergötter: Perun(as) (slawisch, baltisch), Taara (estnisch, finnisch), Thor (nordisch), Donar (sächsisch), Taranis (keltisch), Zeus (griechisch), Jupiter (römisch). Vegetationsgötter: Mars Silvanus (röm., keltisch), Grüner Mann (anglo-kelt.)

Astrologischer Bezug: Mars

GEGENÜBER: *Sanft im Wind schwingende, grünen Weidenäste machen eine Uferidylle perfekt.*

Weide *Salix*

*S*alix ist eine große und vielfältige Gattung von über 300 Arten rasch wachsender Sträucher und Bäume – von winzigen, kriechenden Alpenpflanzen in großen Höhen bis hin zu beeindruckenden Tieflandbäumen. Sie ist in der gemäßigten Zone beheimatet, besonders auf der Nordhalbkugel. Fast alle Weiden wachsen auf Feuchtwiesen oder an anderen feuchten Standorten. Die Blätter sind meist lanzettlich. Die meisten Arten sind zweihäusig. Kleine Blüten stehen in dichten Kätzchen, die, je nach Art, vor oder nach den Blättern aufgehen. Die Früchte sind kleine Kapseln mit samtigen Samen. Meist reagieren Weiden gut auf Beschnitt und wachsen rasch nach.

Die Silber-Weide *(S. alba)* ist ein häufiger und elegant wirkender Baum auf Feuchtwiesen und an Flussufern. Sie wird bis zu 25 m hoch. Ihre lanzettlichen Blätter sind bis zu 10 cm lang, fein gesägt und unterseits silberweiß behaart. Die Kätzchen erscheinen mit den Blättern. Die Sal-Weide *(S. caprea)* fällt im zeitigen Frühjahr mit ihren großen, gelben, männlichen Kätzchen auf. Die weiblichen Bäume sind als »Kätzchenweide« bekannt (nicht zu verwechseln mit dem amerikanischen Baum gleichen namens, *S. discolor* – einem Baum, der nicht so groß wird wie die Sal-Weide und keine lanzettlichen, sondern vielmehr breit-eirunde bis längliche, etwa 10 cm lange Blätter hat).

Praktischer Nutzen

Weiden werden zur Zierde, als Sichtschutz und zum Befestigen von Ufern gepflanzt. Traditionell wurden sie auch als Schneitelbäume für frisches oder eingelagertes Blattfutter verwendet. Die langen und extrem biegsamen Äste eignen sich in vieler Weise: Flechtwerk für Körbe, Möbel, mit Lehm beworfenes Mauerflechtwerk und Zäune. In der modernen »grünen« Technologie werden Weiden als biologische »Kläranlagen« zur Wasserreinigung und gleichzeitig als Wildschutzzonen gepflanzt.

Heilkräfte

Salizylsäure – der entzündungshemmende und schmerzstillende Wirkstoff von Aspirin – wurde erstmals im Salizin in der Weidenrinde entdeckt. Obwohl die Rinde nicht alle Eigenschaften von Aspirin hat (sie wirkt nicht blutverdünnend), verwendet man eine Tinktur aus ihr immer noch gegen Arthritis, Muskel- und Knochenschmerzen sowie Fieber.

Die Baumessenz der Silber-Weide verstärkt die Wahrnehmung des tieferen Sebsts und hat einen spirituell reinigenden Effekt.

Kultur, Mythos und Symbolik

Seit alters her verbindet man Weiden mit dem Mond und dem Weiblichen sowie mit beobachtenden, reflektierenden Aktivitäten: Prophezeiung und Wahrsagung, Heilung, weiße Magie, Dichtkunst und Musikmachen wurden von den Mondpriesterinnen der Weidenhaine ausgeübt.

Prophezeiung, Wahrsagung, Heilung, weiße Magie, Dichtkunst und Musik waren die Domänen der Mondpriesterinnen der Weidenhaine.

Belili, die sumerische Göttin der Liebe, des Mondes und der Unterwelt, residierte in Weiden, Quellen und Brunnen. Im alten Griechenland besaß Persephone einen Hain alter Weiden, und die Priesterin Kirke bewachte einen der Hekate, der Göttin des Todes und des Übergangs, geweihten Hain. Ein Bild der Mondgöttin Artemis wurde in einem Weidendickicht in Sparta gefunden, und Hera, die Königin des Himmels, soll unter einer Weide in Samos geboren worden sein, wo alljährlich ihr zu Ehren Rituale stattfanden.

Die Weide ist seit jeher den Dichtern heilig. Die neun Musen, die Priesterinnen der Mondgöttin, residierten auf dem Berg Helikon, benannt nach Helike (griechisch »Weidenbaum«), dem Weidengeist. Es wird vermutet, dass bei Slawen, Germanen und Kelten ähnliche Zusammenhänge bestanden. Da diese Traditionen aber nur mündlich überliefert wurden, gibt es keine schriftlichen Zeugnisse darüber.

In der irischen Sage spielt die Weide ebenfalls eine bedeutende Rolle – als Lieferantin des Holzes für Harfen. In der alten bardischen Tradition des keltischen Europa war der Harfenspieler ein historisch gebildeteter Unterhalter, sein Instrument ein heiliger Gegenstand. Wie die Druiden mussten die Barden eine strenge Ausbildung in vielen Disziplinen absolvieren (wobei jene der Druiden umfangreicher und länger war): etwa über die Gesetze der Natur, Philosophie, Dichtkunst, Versmaß und Grammatik, Komposition und Musik. Ihre Aufgabe war das Erzählen alter Mythen und Legenden – damit erhielten sie die Erinnerung an die Vorfahren und an die unsichtbaren Reiche der Geister, Feen und anderer übernatürlicher Wesen lebendig. Die Harfe war

LINKS: *Die anmutigen Kätzchen der Silber-Weide*

WEIDE

1. Mai *Beltanefest, benannt nach Belin, dem keltischen Sonnengott, der vom sumerischen Gott der Weiden, Bel, abgeleitet ist. Bel ersetzte Belili, die alte sumerische Göttin des Mondes und der Unterwelt.*

23. April *Fest des Grünen Georgs, gefeiert bei den Roma in Rumänien. Bei diesem Fest trägt ein den »Grünen Georg« darstellender Mann einen bewachsenen Rahmen aus Weidengeflecht. Er besänftigt die Wassergeister (mit denen die Weide assoziiert wird), womit er das Land fruchtbar machen und das Wachstum gewährleisten will.*

Mitte März–Mitte April *Palmsonntag und Ostern. In Russland werden am Palmsonntag in den orthodoxen Kirchen Weidenzweige statt Palmblättern geweiht.*
Im keltischen Europa schlüpften nach der Lehre der Druiden Erde und Sonne aus zwei roten Schlangeneiern, die in einer Weide eingeschlossen waren. Die Eier wurden in den Frühlingsritualen durch rot bemalte Hühnereier repräsentiert, die zu Beltane gegessen wurden. Aus dieser Praxis entstanden unsere Ostereier.

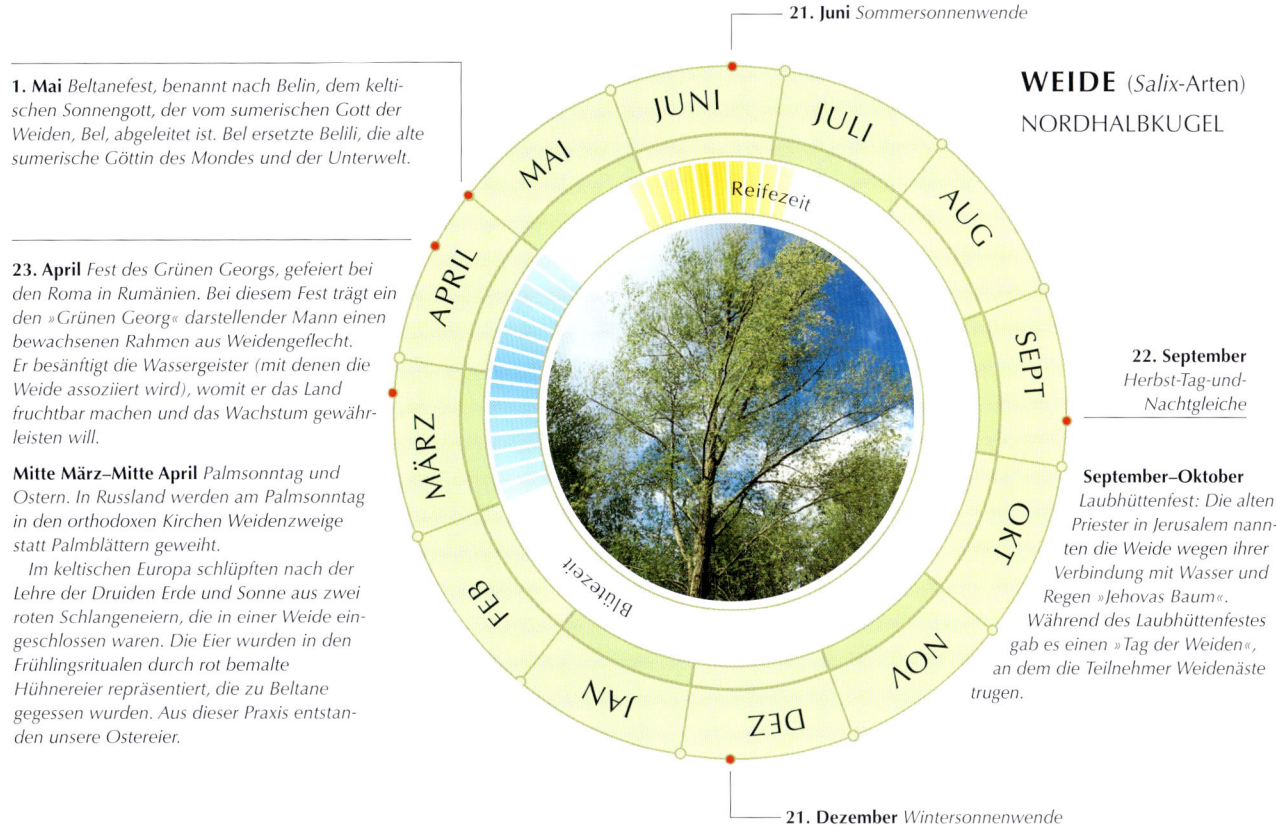

21. Juni *Sommersonnenwende*

WEIDE (*Salix*-Arten)
NORDHALBKUGEL

22. September *Herbst-Tag-und-Nachtgleiche*

September–Oktober *Laubhüttenfest: Die alten Priester in Jerusalem nannten die Weide wegen ihrer Verbindung mit Wasser und Regen »Jehovas Baum«. Während des Laubhüttenfestes gab es einen »Tag der Weiden«, an dem die Teilnehmer Weidenäste trugen.*

21. Dezember *Wintersonnenwende*

---

das Instrument, durch das sie in den Zuhörern den Sinn für Schönheit, Zusammengehörigkeit, Dankbarkeit und Respekt vor allem Leben anregten.

Archäologische Funde bestätigen, dass Weidenholz für Harfen verwendet wurde. Die berühmteste historische keltische Harfe, die so genannte »Brian Boru« ist im Trinity College in Dublin ausgestellt. Benannt nach dem Hochkönig von Irland (gestorben 1014), stammt sie vermutlich aus dem 15. Jahrhundert. Sie hat eine Säule und ein Kopfstück aus Eiche, einen Klangkörper aus Weide und ist mit Messingsaiten bespannt. Hier ist die Weide der weibliche Resonanzkörper, der die Schwingungen der Saite empfängt und Musik gebiert. Auch bei den Chinesen verkörpert die Weide das weibliche Yin, die Anmut und den Mond.

Symbolik: Resonanz und Harmonie

Göttlicher Bezug: Belili (sumerisch); Persephone (griechisch)

Astrologischer Bezug: Mond

Aberglaube: Psalm 137, »An den Strömen von Babel, da saßen wir und weinten ... Wir hängten unsere Harfen an die Weiden...«, veranlasste Generationen europäischer Dichter, Weiden als Symbole von Trauer und Verzweiflung zu interpretieren.

Historisches: In der jüdischen Überlieferung ist die Weide eine der vier Baumarten, die beim Laubhüttenfest zum Erntedank verwendet werden. » ...nehmt schöne Baumfrüchte, Palmwedel, Zweige von dicht belaubten Bäumen und Bachweiden, und seid sieben Tage lang vor dem Herrn, eurem Gott, fröhlich!« (Levitikus, 23,40)

GEGENÜBER: *Ein blühener Holunder lässt ahnen, warum die Pflanze mit der uralten Überlieferung der Weißen Göttin gleichgesetzt wurde.*

Holunder *Sambucus*

Sambucus ist eine Gattung von etwa 20 Arten kleiner Bäume und Sträucher (und auch einiger ausdauernder Stauden). Die Arten kommen weltweit in den gemäßigten und subtropischen Zonen vor.

Der aus Eurasien und Nordafrika stammende Schwarze Holunder *(S. nigra)* ist ein großer Strauch oder kleiner Baum mit rauer, rissiger Rinde. Die gegenständigen, unpaarig gefiederten Blätter haben fünf bis sieben eiförmige Teilblättchen, jedes davon ist 13 cm lang. Die Schirmrispen der streng riechenden weißen oder cremefarbenen Blüten haben einen Durchmesser von bis zu 20 cm. Sie gehen im Juni auf und werden zu schweren Büscheln kleiner, schwarz glänzender Früchte (beerenartiger Steinfrüchte) auf hellroten Stielen. Holunder gedeiht auf stickstoffreichen Böden, wie etwa bei Komposthaufen, und ist daher sehr häufig bei menschlichen Siedlungen anzutreffen.

Praktischer Nutzen

In Westeuropa ist Holunder eine verbreitete Pflanze in Hecken und Gärten. Seit Jahrtausenden verwendet man alle Teile als Medizin, die Landbevölkerung nennt ihn deshalb »Medizinschrank«. Junge Zweige haben einen luftigen Kern, ausgehöhlt verwendet man sie für Pfeifen, Blasrohre und ähnliches. Obwohl das Kernholz älterer Holunderbäume erstaunlich hart ist, wird es nicht kommerziell genutzt.

Heilkräfte

Alle Teile des Holunders werden in der Medizin verwendet. Traditionell wird die innere Rinde als Abführ- und Brechmittel eingesetzt, die Blätter dagegen bei Prellungen, Verstauchungen und Kopfschmerz. Heute sind vor allem die Blüten und Beeren in Gebrauch. Die Blüten ergeben einen köstlichen Tee mit entzündungshemmender Wirkung auf die Nebenhöhlen und gegen Heuschnupfen. Zusammen mit Schafgarbe sind sie ein ausgezeichnetes Mittel gegen Verkühlungen, denn sie stärken die Schleimhäute, fördern das Schwitzen und senken die Temperatur. Die Beeren besitzen eine starke antivirale Wirkung und stimulieren das Immunsystem – man nimmt sie am besten als heißen Absud (eventuell mit Honig oder Ingwer) zu sich.

Die Baumessenz fördert Stabilität und Vergebung. Sie ist gut in Zeiten der Veränderung und für gereizte Kinder.

Kultur, Mythos und Symbolik

Der Holunder ist eher kleinwüchsig (aber keiner der Bäume, die den stärksten Eindruck in der menschliche Seele hinterlassen – wie Birke, Eberesche oder Eibe – ist besonders groß). Die Vielzahl von Bräuchen und Traditionen um ihn ist vermutlich in Europa unerreicht.

Die traditionellen Verkörperungen des Holundergeists, die skandinavische *Hyldemoer* (»Hollermutter«) und die deutsche Frau Holle, sind späte Formen der archaischen Weißen Göttin, einer wohltätigen Göttin von Licht, Leben und Weisheit. In einigen Regionen (zum Beispiel in Bayern) wurde die Holundergöttin als Perchtha oder Bertha verehrt, ein Name, der vom indogermanischen *bher(e)g*, »weiß glänzend«, abgeleitet ist (siehe auch die irische Göttin Brigid, S. 42).

Ihrem auserwählten Baum gab die Göttin reiche Heilkräfte, von denen die Menschen profitieren. Erfüllt mit ihrem wohltätigen Geist wurde der Holunder zum traditionellen Schutzbaum von Haus und Hof. Selbst in so verschiedenen Ländern wie Russland, den baltischen Staaten, Deutschland, Skandinavien und den Britischen Inseln heißt

UNTEN: *Der Segen der Holunderbeeren liegt in ihrer Heilkraft: Sie wirken antiviral und stimulieren unser Immunsystem.*

es, dass der gute »Geist des Hauses« im Hollerbusch residiere. Noch im 19. Jahrhundert war es ein weit verbreiteter Brauch, ihm wenigstens einmal in der Woche oder sogar täglich ein Opfer aus Wasser, Milch oder Bier zusammen mit Kuchen oder Brot darzubringen.

Nur wer in bitterster Not war, nahm Holz vom Holunderbaum. »Frau Holunder, gib mir etwas von deinem Holz, dann will ich dir etwas von meinem geben, wenn es im Wald wächst«, war ein Spruch aus Norddeutschland, der sich auf den Tod und den Zerfall des menschlichen Körpers in der Erde bezog. Noch zu Beginn des 20. Jahrhunderts war der Ausspruch »Hut ab vor dem Holunder!« ein in der Schweiz und Süddeutschland verbreitetes Zeichen des Respekts.

Eine russische Tradition bewahrte die mächtige altüberlieferte Verbindung des Holunders mit der Heilung. Wenn ein Dorf von einer gefährlichen Seuche bedroht war, nahmen die Frauen einen Pflug, um eine Furche um die Siedlung zu ziehen, die eine Barriere gegen böse Kräfte darstellen sollte. Diese zeremonielle Handlung wurde von einem alten Gesang begleitet, der das mythische Bild des großen Kessels der Wiedergeburt ansprach, der »jedes Leben unter dem Himmel« enthielt. Der Kessel war von alten Holunderbäumen umgeben, den mythischen Vorfahren aller Holunder auf Erden:

»Die alten Holunder singen –
Sie singen von Leben, sie singen von Tod,
Sie singen von der ganzen Menschheit.
Die alten Holunder geben
Langes Leben der ganzen Welt.
Doch dem anderen – dem bösen Tod,
Befehlen die alten Holunder
Eine lange und weite Reise.

Die alten Holunder versprechen
Ewiges Leben
Der ganzen Menschheit.«

Die Ausbreitung des Christentums führte zu Veränderungen solcher Volkstraditionen. Gerade diejenigen Baumarten, welche in vorchristlicher Zeit sehr verehrt wurden, wurden von der neuen Religion in ein negatives Licht gerückt. So nahm der Holunder in der Volksmeinung allmählich einen anderen Charakter an und wurde mit Hexen und Teufeln assoziiert. In manchen Gegenden sagte man, dass Frau Holle Kinder stahl oder Leute zerstückelte, und in Bayern mutierte das Bild der Göttin Perchtha (siehe S. 182) zu einer Fratze mit eisernen Hauern.

Während dieser Irrglaube blühte, überlebten dennoch viele Relikte der alten, unschuldigen Verehrung des Holunders. Das führte zu einer scheinbar widersprüchlichen Mischung zustimmender und ablehnender Bräuche, die seither die Anthropologen begeistern.

Symbolik: Heilung und Überfluss

Göttlicher Bezug: Weiße Göttin

Astrologischer Bezug: Mond

Aberglaube: Im mittelalterlichen Europa gab es den Aberglauben, dass der Holunder den unangenehmen Geruch seiner Blätter deshalb bekommen habe, weil Judas Iskariot sich an diesem Baum erhängt habe. In Baden jedoch sagte man dagegen, dass der Geruch ein Vermächtnis Marias sei, die das schmutzige Gewand des Jesuskindes an seinen Ästen getrocknet habe.

GEGENÜBER: *Die Rinde dieses riesigen Mammutbaums im Sequoia National Park, Kalifornien, ist feuerbeständig.*

Mammutbaum *Sequoia* und *Sequoiadendron*

Die Gattung *Sequoia* ist nach Sequoyah (1770–1843), dem Sohn der Tochter eines Tsalagi-(Cherokee-)Häuptlings und eines weißen Pelzhändlers benannt. Er lebte in Georgia, in den östlichen USA, und erfand das Alphabet der Cherokee-Sprache. Mammutbäume sind Nachkommen bzw. Reste eines in der Kreidezeit (vor ca. 144–66 Millionen Jahren) über die ganze Welt verbreiteten Waldes.

Der Kalifornische oder Küsten-Mammutbaum (*Sequoia sempervirens*) ist eine riesige, immergrüne, einhäusige Konifere, die über 100 m hoch werden kann. Einige Küsten-Mammutbäume erreichten ein Alter von 2000 Jahren, das älteste bekannte Exemplar fiel 1934 – es wurde auf 2200 Jahre geschätzt.

Die gewaltigen Stämme dieser Bäume sind durch eine dicke faserige Schicht und eine feuerbeständige äußere Rinde geschützt, die rotbraun, weich und schwammig ist.

Die Äste hängen wie bei der Eibe leicht herab und besitzen zwei Arten von Nadeln: Die endständigen, fruchtbaren Triebe haben schuppenartige, bis 1,5 cm lange Nadeln, andere Äste tragen gerade, 2,5 cm lange Nadeln, meist in zwei Reihen gespreizt. Die weiblichen Zapfen sind eiförmig oder kugelig und haben 15 bis 20 hölzerne Schuppen, die jede drei bis sieben Samenanlagen tragen. Die winzigen Samen reifen nach einem Jahr. Der Küsten-Mammutbaum stammt aus den pazifischen Küstenregionen der USA, vom südlichen Oregon bis Zentralkalifornien.

Der Riesen-Mammutbaum (*Sequoiadendron giganteum*) galt früher als Angehöriger der gleichen Gattung, wird aber heute als eigene Gattung geführt. Obwohl sie einander gleichen, hat er in drei Reihen schraubig angeordnete lanzettliche Blätter, die 0,5–1,2 cm lang sind. Seine eiförmigen weiblichen Zapfen sind größer (5–7 cm lang) und haben 30 bis 40 harte hölzerne Schuppen. Die Samen reifen nach zwei Jahren. Der Riesen-Mammutbaum stammt von den Westhängen der Sierra Nevada in Kalifornien.

Während junge Riesen-Mammutbäume kegelförmig sind, haben ältere ausladendere, abwärts gerichtete Äste. Trotz seines Namens wird er zwar nicht so groß wie der Küsten-Mammutbaum, aber der Stamm wird stärker. Der berühmte »General Sherman«-Baum mit einer Höhe von 95 m hat an der Basis einen Durchmesser von 18 m. Mit einem geschätzten Gewicht von 1200 Tonnen ist er eines der größten Lebewesen, mit 2700 Jahren auch eines der ältesten. Das höchste bekannte Alter eines Riesen-Mammutbaumes beträgt ca. 4000 Jahre.

LINKS: *Abendnebel über den Mammutbäumen im Kings Canyon National Park, Kalifornien, dem größten erhaltenen Sequoia-Wald.*

OBEN: *Alter Küsten-Mammutbaum im Redwood National Park an der Grenze zwischen Oregon und Nordkalifornien.*

Kein Botaniker konnte bisher entdecken, was die Samen aufspringen und sich verteilen lässt. Fragt man aber eine Ureinwohnerfrau, so mag sie sagen, dass sich dutzende Zapfen öffnen, wenn sie zu den Bäumen singt.

Praktischer Nutzen

Die Ureinwohner benutzten nur Fallholz, sie verletzten nie lebende Bäume. Die Mendocino, Yurok und Tolowa machten Kanus aus mit Feuer ausgebrannten und mit einfachen Horn- und Steinwerkzeugen bearbeiteten Stämmen. Als die Europäer mit Sägen, Äxten und Dynamit kamen, brauchten drei Holzfäller dennoch mindestens eine Woche, um einen Riesen-Mammutbaum für die *Boomtowns* des Goldrauschs Mitte des 19. Jahrhunderts zu fällen. Heute verwendet man Kettensägen und schwere Maschinen. Umweltschützer kämpfen für die Erhaltung der vier Prozent Restwälder.

Heilkräfte

Nordamerikanische Ureinwohner haben eine lange Tradition in der medizinischen Verwendung dieser Bäume. Die Stämme

OBEN: *Der als »General Sherman« bekannte Mammutbaum steht im Sequoia National Park, Kalifornien. Mit einem geschätzten Gewicht von 1200 Tonnen ist er eines der schwersten Lebewesen der Erde.*

der Pomo und Kashaya verwenden Umschläge aus warmen, jungen Nadeln gegen Ohrschmerzen und den Gummisaft mit Wasser als Tonikum. Die Houma trinken Tee aus der inneren Rinde gegen Gelbsucht und zur Blutreinigung.

Kultur, Mythos und Symbolik

Leider sind die alten Sagen über die Mammutbäume mit der Kultur der Ureinwohner Kaliforniens verschwunden. Was bei den Bäumen noch verblüffender ist als Größe und Alter, ist ihre ungewöhnliche Fortpflanzung. Nach zweijähriger Reifezeit hängen die Samen bis zu 20 Jahre an den Ästen. Kein Botaniker konnte bisher entdecken, was sie aufspringen und sich verteilen lässt. Fragt man aber eine Ureinwohnerfrau, so mag sie sagen, dass dutzende Zapfen sich öffnen, wenn sie zu den Bäumen singt.

Diese Giganten haben ein besonderes Verhältnis zu Blitzen, von denen sie getroffen werden müssen, damit sie aufhören zu wachsen. Wenn sie getroffen werden, fällt ein beträchtlicher Teil der oberen Krone zu Boden und verbrennt zu Asche, der restliche Baum bleibt unversehrt.

Laurinda Reynolds, eine Tsalagi-Erzählerin in der Tradition ihrer Ahnen, lässt die Riesen-Mammutbäume in der Geschichte *Peaceful Giants* für sich selbst sprechen: »Alles ist Teil des Wachsens im Gleichgewicht. Wir wachsen unten und oben im Gleichgewicht, und wir gleichen Innen und Außen aus. Wir wachsen auch im Gleichklang mit der Zeit. Heute verwenden wir, was wir gestern vorbereiteten, oder in der letzten Jahreszeit oder im letzten Jahr. Heute bereiten wir uns für morgen, für die nächsten Monate, für die nächsten Jahre vor. Wir halten Vergangenheit und Zukunft im Gleichgewicht durch das, was wir in der Gegenwart tun.«

Symbolik: Gleichgewicht

Göttlicher Bezug: Himmel und Erde

Astrologischer Bezug: Jupiter

Historisches: Die Erkenntnis, dass der Küsten-Mammutbaum eine neue botanische Art ist, stammt vom schottischen Botaniker Archibald Menzies (1754–1842). Diese Bäume wurden in Europa erstmals 1840 in Sankt Petersburg in Russland eingeführt.

Eberesche *Sorbus*

Sorbus ist eine Gattung von etwa 85 Arten Laub abwerfender Bäume und Sträucher, sie ist weit verbreitet auf der Nordhalbkugel. Als Rosengewächse *(Rosaceae)* produzieren die *Sorbus*-Arten Blüten mit fünf Kronblättern.

Die Gewöhnliche Eberesche oder Vogelbeere *(S. aucuparia)* stammt aus Europa und Asien und wird 15 m hoch. Ihre graubraunen Zweige sind, wenn sie jung sind, samtig, später werden sie kahl. Die unpaarig gefiederten, bis zu 25 cm langen Blätter haben elf bis 19 (meist 13 bis 15) scharf gezähnte längliche bis lanzettliche Blättchen. Der Baum hat eine locker aufgebaute, eiförmige Krone. Die Blüten erscheinen in Schirmrispen im Mai, dichte Bündel scharlachroter Früchte im Herbst – ein Festmahl für die vielen Vögel, die Hauptverteiler der Samen. Die Eberesche ist ein anspruchsloser und flexibler Baum, der auf einer Vielzahl von Böden bis in eine Höhe von 1000 m gedeiht. Nur Wacholder, Eibe und einige bodenkriechende Weiden wachsen in noch größeren Höhen.

Der Speierling *(S. domestica)* stammt aus Süd- und Osteuropa. Er hat eine raue, schuppige Rinde und klebrige Winterknospen. Seine gefiederten Blätter aus 13 bis 21 Einzelblättchen werden im Herbst gelb bis orangerot. Die Früchte sind 2,5 cm lang, birnen- oder apfelförmig und gelbgrün bis bräunlich, an der Sonnenseite etwas rötlich.

Die Amerikanische Eberesche *(S. americana)* aus dem östlichen Nordamerika ist kleiner als die europäischen Arten und besitzt elf bis 17 eng-lanzenförmige Blättchen mit scharfen Zähnen, die an der Unterseite grau sind. Junge Blätter sind behaart.

RECHTS: *Die »Rannoch-Eberesche« wächst auf einem Felsen in den schottischen Highlands, wo es seit jeher tabu war, Ebereschen für andere als für rituelle Zwecke zu verwenden.*

*Den Germanen und nordischen Völkern war die Eberesche heilig,
weil sie das Leben des mächtigen Donnergottes Thor gerettet hatte.*

Praktischer Nutzen

Das harte Holz wurde für Spinnräder, Werkzeuggriffe, Pfähle, Pflöcke und Wünschelruten verwendet.

Heilkräfte

In der europäischen Kräuterheilkunde werden die adstringierenden Eigenschaften der Vogelbeere auf verschiedene Art angewandt. Ein Absud der Rinde wird innerlich zur Behandlung entzündeter Schleimhäute des Verdauungstrakts eingesetzt (etwa bei Gastritis und Durchfall), äußerlich bei Schnitten, offenen Wunden, Geschwüren und Hautproblemen sowie bei Zahnfleischbluten und Halsschmerzen.

Entgegen verbreiteter Meinung sind die Früchte nicht giftig, obwohl mehr als acht oder zehn Beeren roh gegessen wegen ihrer Säure die Magenwände reizen können. Die Säure wird aber beim Kochen zerstört – Vogelbeerkonfitüre ist daher eine köstliche Art, die nahrhaften Beeren zu genießen. Sie sind blutreinigend und stärken das Immunsystem.

Blütenessenzen richten eine schützende und stärkende Energie-Aura um den Patienten auf. Die Baumessenz öffnet für die Energien der Natur.

Kultur, Mythos und Symbolik

In vielen ursprünglichen Religionen ist die Eberesche einer der meist verehrten Bäume, und bis weit ins christliche Zeitalter behielt sie in der Volksmagie ihre Bedeutung als Beschützerin. Meist wird ein Baum nahe ans Haus gepflanzt, oder kleine Äste werden über Türen und Feuerstellen angebracht. Manche Mensche schnitzten Talismane aus abgestorbenem Holz, meist reichte aber ein Stück Rinde aus.

Kleine Kreuze aus den Zweigen, gebunden mit einem roten Band, waren einst auf den Britischen Inseln weit verbreitet. Man hängte sie gewöhnlich zu Ostern oder am 1. Mai über die Tür. In Böhmen befestigte man einst kleine Bündel von Vogelbeerzweigen außen an Fenstern und Dächern der Häuser, um sie so vor Blitz zu schützen. In Norddeutschland fertigte man Butterlöffel aus dem Holz, um bösen Zauber abzuwehren, der die Butter verderben könnte. In Irland nahm man einen Vogelbeerzweig mit ins Haus, um es auf diese Weise vor Feuerzauber zu schützen, Geister abzuwehren sowie um Tote zu hindern, zu den Lebenden zurückzukehren. Vor allem aber war die Eberesche die Beschützerin der Milch – daher findet man sie häufig in die Nähe von Kuhställen gepflanzt.

Die schottische Überlieferung erlaubte das Abschneiden von Eberesche oder *caorann* nur für zeremonielle Zwecke, wie für eine Feuerbestattung oder für Dreschflegel. In der germanischen und nordischen Sage war sie aus zwei Gründen heilig: Erstens rettete sie Thor, den mächtigen Donnergott davor, in den Fluss der Unterwelt geschwemmt zu werden. (Daher galt der Baum auch als guter Schutz gegen Blitze.) Zweitens galt die Eberesche auch deshalb als heilig, da die erste Frau aus ihrem Holz gemacht worden war.

Der englische Name *Rowan* kommt vom nordischen *runa*, »ein Geheimnis«, oder »flüstern«, was auch der Ursprung des Worts »Rune« ist. Das weist auf eine tiefere Be-

2. Mai *In vielen Teilen Westeuropas war es üblich, Kuhställe mit Eberesche zu decken, um Milch und Kühe vor bösen Einflüssen zu schützen. Die Hirten trieben ihre Herden durch aus Eberesche gefertigte Räder.*

Mitte März–1. Mai *Auf den Britischen Inseln war es Brauch, zu Ostern oder am 1. Mai kleine, mit roten Bändern zusammengebundene Bündel von Vogelbeerzweigen außen an die Fenster oder an die Dächer zu hängen.*

21. März *Frühlings-Tag-und-Nachtgleiche*

1. Februar *Brigantia/Imbolc. Die Eberesche wird mit der keltischen Göttin Brigid (der späteren christlichen Heiligen Brigid oder Bride) als Patronin des Spinnens und Webens verbunden – Spinnräder waren traditionell aus Eberesche.*

EBERESCHE (Sorbus aucuparia)
NORDHALBKUGEL

21. Juni *Sommersonnenwende. In der Mittsommernacht war es in England üblich, dass Reisende einen Ebereschenzweig trugen. Man steckte Zweige auch auf Häuser, zum Schutz gegen Entführung durch Feen.*

22. September *Herbst-Tag-und-Nachtgleiche*

21. Dezember *Wintersonnenwende. Nach dem isländischen Mythos ist die frostbedeckte Eberesche ein Symbol des göttlichen Lichts in der dunkelsten Zeit des Jahres.*

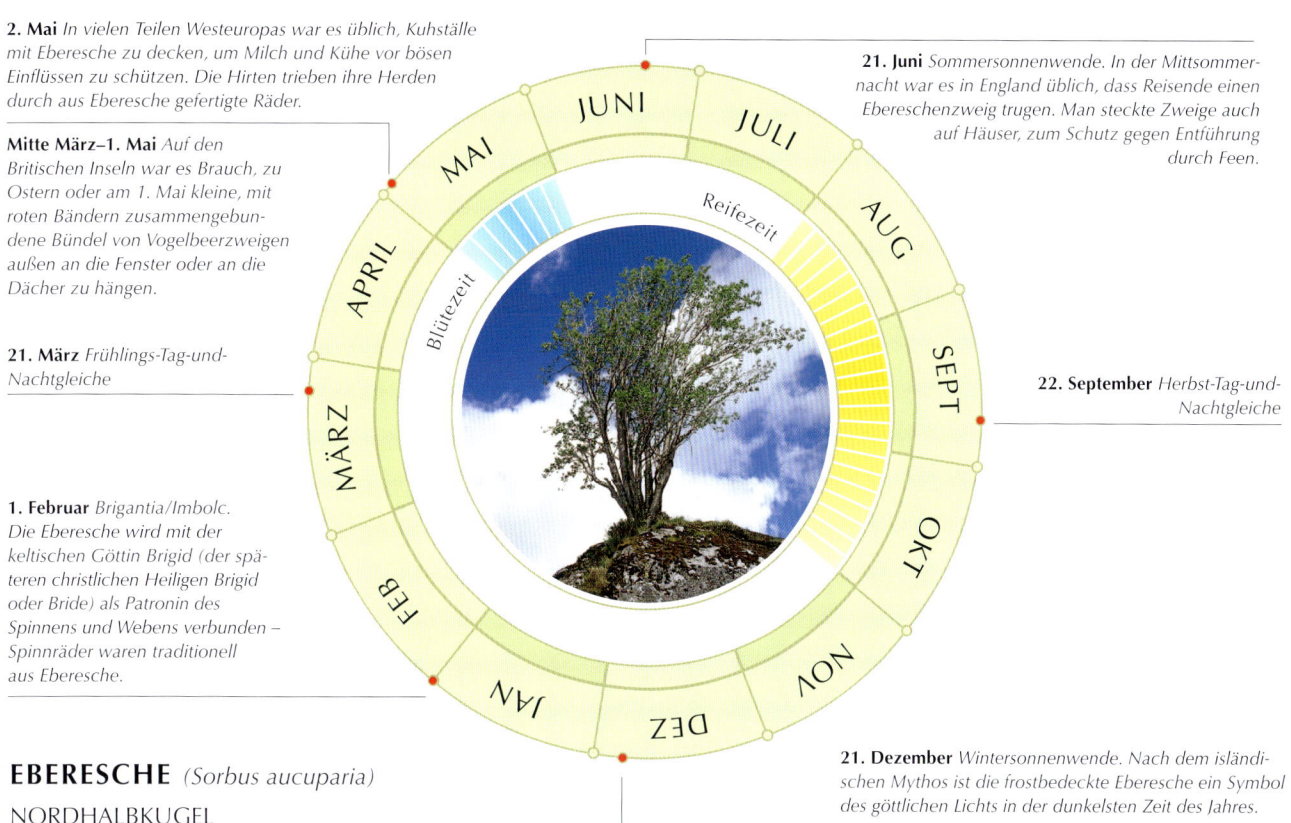

deutungsebene: Der Baum flüstert unseren Herzen geheime Dinge ein. Er war auch der heilige Baum der irischen Göttin Brigid, der Patronin des Handwerks, besonders des Spinnens (daher waren Spinnräder aus Ebereschenholz). Brigid ist auch die Muse der Dichter und Barden. In der bardischen Tradition ist die Eberesche als »Baum der Inspiration« bekannt. Ihre starke Verbindung zu den Druiden spiegelt sich in ihrem zweiten irischen Namen *fid na ndruad*, »Zaubererbaum«. In Wales gilt sie als Beschützerin des Übergangs der Seele durch das Tor des Todes, sie wird daher traditionell neben der Eibe auf Friedhöfen gepflanzt.

Der angelsächsische Name der Eberesche, *cvicbeam*, bedeutet »Lebensbaum« und hängt mit »erquicken« zusammen. Es war eine in ganz Europa verbreitete Tradition, im Frühling Haustiere sanft mit einer Ebereschenrute zu schlagen (manchmal auch mit einer Hasel- oder Weidenrute), um somit die Lebenskraft zu stärken und sie zu segnen. In der irischen Sage von Diarmuid und Grainne finden die fliehenden Liebenden Unterschlupf (und *Schutz*) in einer wunderbaren Eberesche, die auch als »schöner Druidenbaum« bezeichnet wird, der aus einer »Beere aus dem Land der Immer-Lebenden« (der Elfen) gewachsen war. Die legendäre Fähigkeit der Eberesche, alten Menschen die Jugend wiederzugeben, weist ebenfalls auf ihre Bedeutung als Urbild des Lebensbaums

Symbolik: Schutz und Eingebung

Göttlicher Bezug: Brigid (irisch), Thor (nordisch, germanisch)

Astrologischer Bezug: Sonne, Merkur

Tamariske *Tamarix*

Tamarix ist eine Gattung von etwa 54 Arten tief wurzelnder Sträucher und kleiner Bäume aus Europa, Asien und Nordafrika. Tamarisken haben typischerweise zierliche, schlanke, grünliche Äste und kleine, schuppenartige Blätter mit Salz ausscheidenden Drüsen. Das befähigt die Bäume, in der Salzgischt am Meeresufer oder an anderen Salz-Standorten zu überleben. Die winzigen, weißen bis rosafarbenen Blüten stehen in einzelnen oder gebündelten Trauben. Die Frucht ist eine Kapsel, die viele Samen enthält. An ihrer Spitze trägt sie einen Haarbüschel.

Die Blattlose Tamariske *(T. aphylla)* aus Nordafrika und dem östlichen Mittelmeerraum ist ein reich verzweigter, immergrüner Baum, der bis zu 10 m hoch wird und rosafarbene bis weiße Blüten hat. In ihren blattlosen, intensiv grünen Ästen findet die Photosynthese und auch der Wasseraustausch statt. Verbreiteter ist die »Nil-Tamariske« *(T. nilotica)*, die in fast jedem tiefen *Wadi* (Wasserlauf) der Wüste und auch in den Sumpfgebieten wächst.

Praktischer Nutzen

Die Französische Tamariske *(T. gallica)* stammt aus Südeuropa, wurde aber auch entlang der englischen Küste gepflanzt. Gerne wurde sie auch für die Herstellung von Krabbenreusen auf den Britischen Kanalinseln genommen, da ihr Holz sehr gut Salzwasser verträgt.

Symbolik: Schutz

Göttlicher Bezug: Osiris (ägyptisch)

Astrologischer Bezug: Saturn

Heilkräfte

Im alten Ägypten gehörten Tamarisken zum Garten des Pharao Tuthmosis I. (der 1528–1510 v. Chr. regierte), über ihre medizinische Verwendung ist uns aber nichts überliefert. In China gelten Ästchen und Blätter von *T. chinensis* als Medizin, weil ihr Salizingehalt wirksam gegen Fieber, Kopfschmerz und Arthritisschmerzen ist. Ihre harntreibenden Eigenschaften sind bei Blasenproblemen nützlich und reinigen den Körper von Giften.

In England propagierte der berühmte Kräuterspezialist Nicholas Culpeper (1616–1654) die Verwendung eines Absuds (aus der Französischen Tamariske) zur Behandlung verschiedener Gebrechen: von Krampfadern und starken Menstruationsblutungen bis hin zu Gelbsucht, Koliken, Schlangenbissen und sogar Lepra. Er empfahl auch die Verwendung der Asche zur Abheilung von Brandblasen.

Kultur, Mythos und Symbolik

In einer Version des alten ägyptischen Mythos von Tod und Auferstehung des Osiris schwimmt der Sarkophag mit dem Leichnam des alten Vegetationsgottes den Nil hinab und gelangt schließlich an die phönikische Küste. Sofort wächst eine Tamariske um den Sarg und schließt ihn in ihren Stamm ein. Der ortsansässige König und die Königin hören von diesem majestätischen und süß duftenden Baum und beschließen, daraus eine Säule für ihren Palast machen zu lassen. Inzwischen sucht Isis, die göttliche Schwester-Gattin des Osiris, die Erde nach ihrem Geliebten ab und findet schließlich den Palast und die verzauberte Tamariskensäule. Sie birgt den Sarg aus der Säule und bringt Osiris heim. Die Tamariske teilt sich die Aufgabe, den Leichnam des Osiris zu schützen, mit der Akazie, die ihm später magischen Schutz verleiht. Daher schätzten die Ägypter diesen Baum besonders wegen seiner Schutzkräfte.

Tamarisken wurden oft in Reinigungszeremonien verwendet, auch sollte ihr Rauch Schlangen fernhalten. Die große Heilkraft war auch im alten Israel bekannt, wo die Tamariske eingesetzt wurde, um Leprakranke und ihre Häuser zu reinigen. (Levitius 14,4. Manchmal sprechen die Schriften dabei von »Zedern«, die aber dort nicht wuchsen.)

Abraham, Fremder im Land der Philister, »pflanzte eine Tamariske in Beerscheba und rief dort den Herrn an.« (Genesis, 21,33). Als König Saul von Israel und seine Söhne im Kampf gegen die Philister gefallen waren, trugen die Leute von Jabesh deren sterbliche Überreste nach Hause, begruben sie unter einer Tamariske und fasteten sieben Tage (1. Samuel 31,13). In einer anderen Version dieser Ereignisse (Chroniken 10,12) wird die Tamariske (hebräisch *eshel*) durch eine »Terebinthe«, den »weiblichen heiligen Baum« (*elah*) ersetzt.

OBEN: *Die kleine Blattoberfläche reduziert die Verdunstung und befähigt die Tamariske so, in heißen, trockenen Gebieten zu leben.*

UNTEN: *Die grünlichen Tamariskenäste setzen sich fast übergangslos in den winzigen schuppenartigen Blättern fort. Auch die Blüten sind sehr klein.*

Mexikanische Sumpfzypresse
Taxodium mucronatum

Taxodium ist eine kleine Gattung von zwei Arten einhäusiger Nadelgehölze an Fluss- und Seeufern und Sümpfen in den südöstlichen USA und in Mexiko. Die kurzen, geraden Nadeln sind flach oder pfriemenförmig und stehen strahlenförmig an den Ästen immergrüner Sorten, bei Laub abwerfenden in zwei gegenständigen Reihen. Männliche und weibliche Blüten wachsen auf demselben Baum – die männlichen hängen in langen Kätzchen von den Enden der Äste. Die kurzstieligen Zapfen haben schildartige Schuppen. Die Samen reifen im ersten Jahr.

Die Mexikanische Sumpfzypresse (*T. mucronatum,* amerikanisch *Montezuma Cypress*) wurde nach dem letzten Aztekenkaiser Montezuma II. (1466–1520) benannt. In warmen Gebieten bleiben die Nadeln am Baum, in kälteren Regionen werden sie abgeworfen. Das berühmteste Exemplar steht in Santa María del Tule bei Oaxaca in Mexiko. Mit einem Stammumfang von 36 m ist »El Tule« einer der größten Bäume der Welt – er wird auf 2000 bis 4000 Jahre geschätzt. Die andere Art dieser Gattung, die Echte Sumpfzypresse (*T. distichum* var. *distichum*), ist ein großer Baum, der seine Blätter im Herbst verliert.

Praktischer Nutzen

Beide Arten sind wegen ihres harten und widerstandsfähigen Holzes bedeutend, werden aber auch als Zierpflanzen gesetzt. Die Semiole-Indianer verwenden traditionell das Holz der Aufrechten Sumpfzypresse (*T. distichum* var. *imbricarium* bzw. *T. ascendens*) zum Bauen von Häusern, Kanus, Trommeln, Ochsenjochen, Mörsern, Pfählen und Puppen.

Kultur, Mythos und Symbolik

Die alten mittelamerikanischen Religionen basierten auf dem Glauben an eine allen Wesen innewohnende Lebenskraft, und an von der Bewegung der Himmelskörper bestimmte Zeitzyklen. Das führte zur Schaffung komplexer Kalendersysteme, die Saat- und Erntezeiten bestimmten, aber auch zu feierlichen Ritualen mit Menschenopfern. Immer ging es dabei darum, das Gleichgewicht zwischen dem Geschick der Menschheit und den Kräften der Natur zu wahren.

Wichtiger Bestandteil der Kosmologie war die heilige *ceiba,* der »Lebensbaum«. Das alte mexikanische Volk der Zapoteken glaubte, dass seine Ahnen aus alten Bäumen geboren wurden. Der Mythos von Menschen, die von Bäumen abstammen, findet sich in ganz Amerika.

Die heutige Stadt Santa María del Tule hat einen vom Aztekenwort *tollin* oder *tullin*, »Wasserpflanzen«, abgeleiteten, spanisch geprägten Namen. Der moderne mexikanische Name für Sumpfzypresse, *ahuehuete,* bedeutet »die Alten des Wassers«. Man findet viele alte Exemplare an heute trockenen Standorten, was zeigt, dass Mexiko erst in den letzten 2000 Jahren zu einem trockenen Land wurde. Das Überleben von »El Tule« wird seit 1952 durch ein unterirdisches Bewässerungssystem unterstützt. Es bestehen kaum Zweifel, dass die Kirche von Santa María del Tule an der Stelle einer Aztekenkultstätte errichtet wurde. 1586 stellte der spanische Chronist José Acosta fest, dass sich dort die

---

Symbolik: Ausgeglichenheit und Fruchtbarkeit

Göttlicher Bezug: Chalchiuhtlicue, Coyolxauhqui, Coatlicue/Cihuacóatl (alle aztekisch)

Astrologischer Bezug: Mond

OBEN: »El Tule« ist ein riesiger Baum mit einem mächtigen Stamm. Er beherrscht den Kirchhof von Santa María del Tule in Mexiko.

»Leute versammelten, um ihre Zeremonientänze aufzuführen«. 1834 wurde die letzte Zeremonie mit alten Ritualen unter »El Tule« vollzogen, darunter das Opfer einer Taube und ein Tanz zu Ehren des Baums.

Doch welche Mächte und Gottheiten wurden in den alten Zeiten unter den Sumpfzypressen verehrt? Diese Frage führt uns von der bekannten Sonnenverehrung in Mittelamerika zu Mächten der Erde, der Unterwelt und des Wassers, die das Sonnenfeuer ergänzen.

Die Azteken kannten viele mit diesen Kräften verbundene Gottheiten. Eine ist Chalchiuhtlicue (»Jaderock« oder »Herrin des kostbaren Grüns«) – die Göttin, die das Wasser der Erde regiert: Flüsse, Ströme, Seen und andere Süßgewässer. Ihr Gemahl ist Tlaloc, der Regengott. Sie löste die Flut aus, die die nach dem Aztekenkalender vierte Welt zerstörte (gegenwärtig sind wir in der fünften). Eine weitere Naturgottheit ist Xochiquetzal (»wertvolle Federblume«), die Göttin der Erde, der Blüten und Pflanzen und der Liebe. Sie ist auch die Patronin der Schwangeren, der Geburt, der Prostituierten und der Handwerker. Ihr Zwillingsbruder Xochipilli steht der Liebe, Spielen, Schönheit, Gesang und Tanz nahe. Es gibt auch Coyolxauhqui (»goldene Glocke«), die Mondgöttin. Sie herrscht über alle Sternengötter und besitzt große Zauberkräfte.

All diese Gottheiten sind göttliche Kinder von Coatlicue (»Schlangenrock«), der Göttin von Leben und Tod, Mutter der Sterne, Götter und Sterblichen. Sie wird auch Teteoinnan (»Göttermutter«) oder Toci (»unsere Großmutter«) genannt und ist die Manifestation der Erdgöttin Cihuacóatl (»Schlangenfrau«), auch Tonantzin (»unsere Mutter«). Die Schlange ist in der Aztekenreligion ein Symbol der Fruchtbarkeit, des Grundwassers und des Weltozeans, aus dem sich die Sumpfzypresse erhebt. Alte Bäume sind das perfekte Symbol für *ceiba*, den Lebensbaum, da sie tief im lebenspendenden Wasser wurzeln und zur lebenspendenden Sonne hinaufreichen und so die neun Ebenen der Unterwelt mit den 13 Himmeln der Aztekenkosmologie verbinden.

Eibe *Taxus*

*T*axus, eine kleine Gattung von acht Arten immergrüner Bäume, ist in der nördlichen gemäßigten Zone und südlich bis Mittelamerika und Sumatra verbreitet. Die Arten sind einander sehr ähnlich. Es gibt eine größere Formenvielfalt zwischen einzelnen Exemplaren der Gewöhnlichen Eibe, T. baccata, als zwischen den Arten. Einige Botaniker betrachten daher die anderen Arten als eigentlich zur Gewöhnlichen Eibe gehörig.

Die dicht beasteten Eiben wachsen selten höher als 15 m, einzeln stehende Exemplare sind oft breiter als hoch. In den Bergwäldern des Kaukasus erreichen sie aber über 30 m Höhe.

Die Nadeln sind 1,5–3 cm lang, oberseits dunkelgrün, unterseits mit blassgrünen Streifen, und in Spiralen oder in zwei Reihen angeordnet. Die Fortpflanzungsorgane sitzen in kleinen, rundlichen »Köpfchen« in der Blattachsel. Männliche und weibliche Blüten gehen im zeitigen Frühjahr auf, sie stehen meist auf getrennten Bäumen. Aus ihnen entwickelt sich eine Scheinbeere mit zwei Samen im roten Samenmantel.

Eiben können zur Unterstützung der Krone Innenwurzeln bilden, was man sogar in den hohlen Stämme vieler alter Bäume sehen kann. Zuerst wächst eine solche Innenwurzel durch das alte Stammholz abwärts, das von Pilzen aufgelöst wird. Über die Jahrhunderte kann auf diese Weise ein neuer Stamm anstelle eines alten entstehen.

Eiben wachsen sehr langsam – etwa halb so schnell wie andere europäische Baumarten. Noch langsamer als die geschützten Bäume in Kirchhöfen und Parks wachsen jene in der Wildnis – in Wäldern oder Felsgebieten wie in Süd-

RECHTS: *Die Morgensonne bricht durch die Äste der Eiben am Hambledon Hill, dem Ort einer eisenzeitlichen Wehranlage in Dorset, England.*

GEGENÜBER: *Die Langlebigkeit der Eibe führt oft zum Verlust ihres Kernholzes, was teilweise zu skurril wirkenden Höhlungen führt.*

frankreich. Da Bäume gewöhnlich sterben, wenn sie ausgewachsen sind, ist langsames Wachstum zugleich ein Rezept für langes Leben – worin die Eibe ein Meister ist.

Das Alter von Eiben kann nicht leicht eingeschätzt werden, da fast alle Stämme alter Bäume hohl werden. Das ist kein Zeichen von Krankheit oder Verfall: Ein hohles Rohr ist fester und flexibler (etwa gegen starken Wind) als ein massives, wie jeder Ingenieur weiß – und Bäume wissen das auch. Leider zerstört der Vorgang des Aushöhlens die Jahresringe, die uns helfen, das Alter festzustellen. Außerdem kann sich eine Innenwurzel, die jahrhundertelang in einem hohlen Stamm wuchs, zu einem festen, neuen Stamm entwickeln, der langsam die Versorgung der Krone übernimmt. Wenn irgendwann die alte Hülle verwittert ist, weiß niemand mehr, dass der scheinbar junge Baum schon ein ganzes Leben hinter sich hat und vielleicht tausend Jahre älter ist, als sein Umfang vermuten ließe.

Es gibt aber eine Eibe in Borrowdale (Cumbria, England), deren Alter dendrochronologisch mit 1500 Jahren gemessen wurde. Professor Pridnya, Kurator des kaukasischen Naturschutzgebiets von Georgien bestätigt, dass Eiben sogar über 3000 Jahre alt werden können. Die Fortingall-Eibe im schottischen Argyllshire soll mit geschätzten 5000 Jahren der älteste Baum Britanniens und wahrscheinlich Europas sein.

Praktischer Nutzen

Alle Kulturen schätzten die Qualitäten des langsam wachsenden, harten aber flexiblen, feinfaserigen und wasserbeständigen Eibenholzes. Dieses wurde auch »Eisenholz« genannt, da Eiben-Zaunpfähle sogar solche aus Metall überdauern sollen. Als in den 1950er-Jahren die Eibenfundamente einiger Gebäude in Venedig ersetzt wurden, verkaufte man die aufpolierten Balken in der Baubranche weiter. Das älteste Artefakt der Menschheit (ein etwa 150 000 Jahre alter Speer) ist aus Eibe, ebenso die ältesten Musikinstrumente. Im alten Irland waren Haushaltsgeräte wie Schüsseln oder Löffel oft aus diesem Holz.

Der Eiben-Langbogen geht mindestens 5300 Jahre zurück (einen fand man bei der berühmten Gletscherleiche »Ötzi«), machte aber vor allem vom 13. bis 16. Jahrhundert Geschichte, als englische Bogenschützen dank ihm wichtige Schlachten gegen Schottland und Frankreich gewannen. Die Bestände der Britischen Inseln waren so bald aufgebraucht, und die englischen Könige begannen Eibenholz aus Spanien und dann aus den Hansestädten der Nord- und Ostsee zu importieren. Die europäischen Populationen erholten sich nie mehr von dieser Periode intensiven Handels.

Heilkräfte

Jeder Teil der Eibe außer dem roten Fruchtmantel (Arillus) ist giftig, und zwar wegen des Wirkstoffs Taxicantin. Schon der Verzehr von 50–100 Gramm zerstoßener Blätter ist für einen Erwachsenen tödlich. Taxicantin-Vergiftungen sind aber sehr selten – alle zehn aus dem 20. Jahrhundert bekannten Fälle geschahen mit Absicht.

Anfang der 1980er Jahre wurde Paclitaxel (früher Taxol), eine aus der Eibenrinde gewonnene Substanz, als Krebsmittel entdeckt. Nachdem Pharmafirmen fast den gesamten Bestand der Pazifischen Eibe *(T. brevifolia)* in den USA ausgerottet hatten, rettete die halbsynthetische Herstellung des Wirkstoffes die letzten Bäume. Zur Befriedigung der weltweiten Nachfrage pflanzte China bei Yantai in Nordostchina zwei Millionen Eiben und setzt derzeit wei-

GEGENÜBER: *Ein vertrauter Anblick auf den Britischen Inseln: die ehrwürdige Eibe im Friedhof. Diese hier steht in Dorset, England.*

tere fünf Millionen an den Hängen von Sichuan, teilweise aber auch als Schutz gegen Erosion.

Kultur, Mythos und Symbolik

Viele alte keltische Stämme nannten sich nach der Eibe (wie die Eurobonen und die Eburovicen in Gallien), was auf den bedeutenden Status des Baums deutet. Die aus Spanien stammenden Ibero-Kelten erhielten ihren Namen durch die Vermischung mit ihren nicht-keltischen Nachbarn, den Iberern (von *ibe*, »Eibe«). Diese Kelten waren auch die ersten Eroberer Irlands, dessen alter Name *Ierne*, »Eibeninsel«, ist. Ein zweites Königreich namens *Iberia* gab es im mittelalterlichen Georgien in Asien, wo die Eibe noch heute »Baum Gottes« heißt.

Symbolik: Baum des Lebens, der Unsterblichkeit, der Wiedergeburt

Göttlicher Bezug: Große Göttin (neolithisch), Dione (vorgriechisch), Artemis (phrygisch, griechisch), Persephone, Hekate (griechisch), Astarte (syrisch), Odin (nordisch)

Astrologischer Bezug: Saturn und Pluto

Aberglaube: Dass jemand sterben könnte, bloß weil er unter einer Eibe schlief, ist eine Fehlannahme, die in der Literatur immer wieder auftaucht, seit sie der griechische Arzt Dioskorides um 77 n. Chr. erstmals erwähnte.

Historisches: Charles Darwin, der große englische Naturforscher (1809–1882), rastete manchmal unter der großen Eibe im Kirchhof von St Mary in Downe, Kent, wo er auch begraben werden wollte. Nichtsdestotrotz befindet sich sein Grab in der Westminster Abbey in London.

Im 10. Jahrhundert war in Wales die Strafe für das Fällen einer geweihten Eibe ein Pfund – mehr als die meisten Leute in ihrem ganzen Leben verdienten. Diese geweihten Bäume findet man heute vor allem auf Kirchhöfen, denn christliche Kirchen wurden häufig an der Stelle alter heidnischer Heiligtümer errichtet. Auf den Britischen Inseln, besonders in Wales, gibt es deshalb viele kleine Kirchhöfe, die auf einem kreisförmigen, manchmal erhöhten Gelände stehen, das sogar älter als keltische Erdhügel ist. Diese Stätten gehen auf bronzezeitliche *Tumuli* oder sogar neolithische Grabhügel zurück. Die religiöse Bedeutung der Eibe reicht bis zur Steinzeit.

Die 13. Rune des alten *futhark*, des ältesten nordischen Runenalphabets, heißt *ihwaz* oder *eiwaz* – beides bedeutet »Eibe« und repräsentiert Tod und Wiedergeburt. Eine zweite Rune dieses Baums aus einem jüngeren skandinavischen Runensatz, *yr*, ist identisch mit dem steinzeitlichen Symbol der Wurzeln des Lebensbaums. Der nordische Lebensbaum Yggdrasil stellt nicht nur den zentralen Pfahl, die Grundlage und die Einheit des Universums dar, sondern ist auch eng verbunden mit der spirituellen Suche nach göttlichem Wissen. In den isländischen Schriften wird Yggdrasil als »wintergrüne Nadelesche« beschrieben. Leider wurde das in den letzten Jahrhunderten so verstanden, dass Yggdrasil eine Esche sei. Doch die Esche hat keine Nadeln und ist nicht immergrün. Das nordische *ask* kann »Esche« heißen, aber auch »scharf« oder »spitz«. War Yggdrasil also eigentlich eine Eibe?

Im Mythos hängt sich Odin, der Gott der Weisheit, neun Tage und Nächte an die Äste Yggdrasils, mit dem Ziel einer Visionsreise, von der er die Runen – das magische Alphabet – mitbringt und den Menschen gibt. Der auf den

Weltenbaum kletternde Odin ist ein Abbild des Wahrheit suchenden Schamanen – eine Tradition in ganz Eurasien. Während die Eibe aber aus Zentralsibirien verschwunden ist, wächst sie immer noch in Westasien. Auch die Japanische Eibe *(T. cuspidata)* ist mit den Schöpfergöttern und deren Wohnstätten auf Berggipfeln verbunden. In Japan heißt sie »Baum Gottes«.

Yggdrasil bedeutet »Ross Odins«, kann aber auch »Träger des Ichs« (Stütze des Bewusstseins) heißen. Die ältesten europäischen Namen der Eibe gehen auf das germanische *iwe (iwa)* zurück, das mit *ihhe (ihha)*, der ersten Person Singular zusammenhängt. Im Angelsächsischen heißt »Ich« (das bewusste Selbst) und »Eibe« dasselbe. Außerdem hängt *iwe* eng zusammen mit *ewi*, dem deutschen »ewig«. Ein anderer angelsächsischer Name der Eibe, *eo*, stammt vom althochdeutschen *eo*, »ewig« und »immer«. Die Eibe war also schon immer der Spiegel des ewigen Bewusstseins.

Die Germanen verbanden die Eibe mit der Wintersonnenwende vom 21. Dezember. Die Sachsen feierten die drei längsten Nächte des Jahres als *Modraneht* – »Mutternächte«

EIBE *(Taxus baccata)*
NORDHALBKUGEL

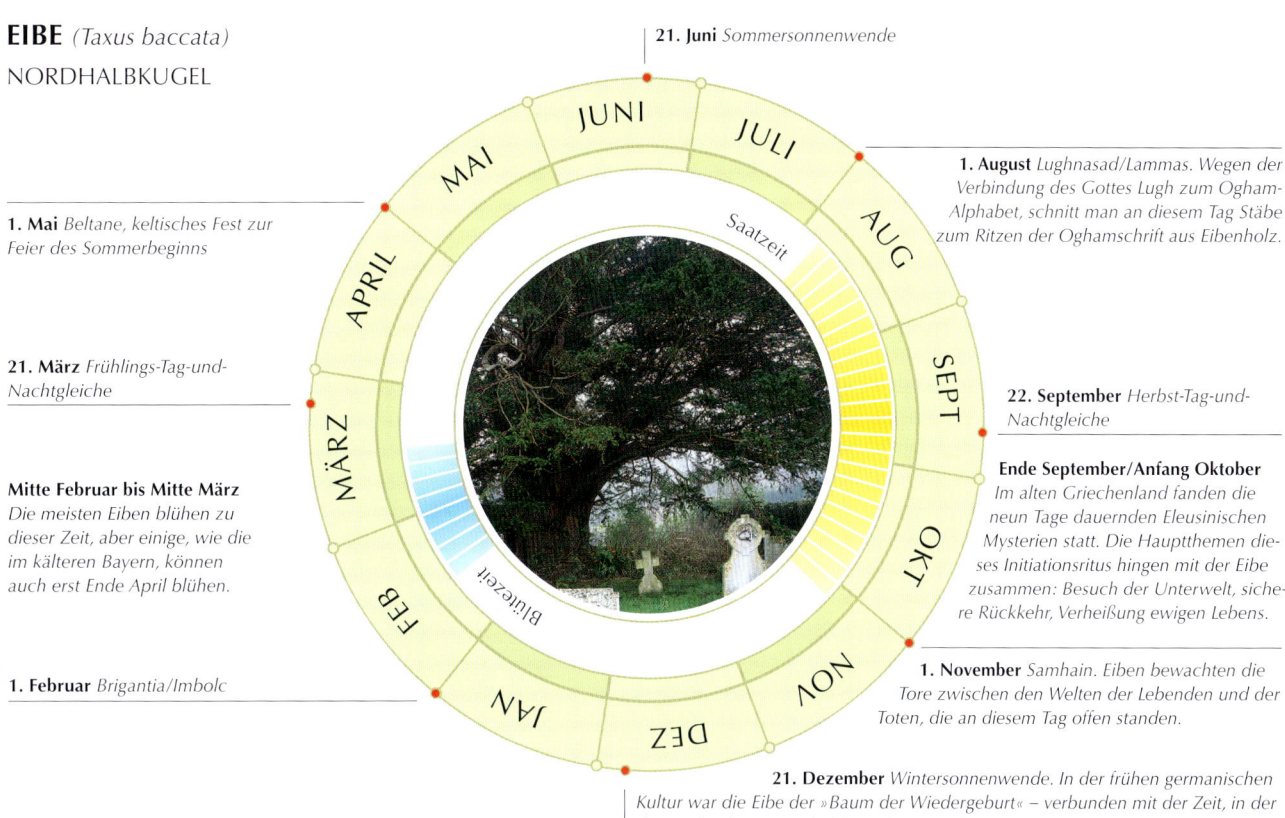

21. Juni *Sommersonnenwende*

1. August *Lughnasad/Lammas. Wegen der Verbindung des Gottes Lugh zum Ogham-Alphabet, schnitt man an diesem Tag Stäbe zum Ritzen der Oghamschrift aus Eibenholz.*

22. September *Herbst-Tag-und-Nachtgleiche*

Ende September/Anfang Oktober
Im alten Griechenland fanden die neun Tage dauernden Eleusinischen Mysterien statt. Die Hauptthemen dieses Initiationsritus hingen mit der Eibe zusammen: Besuch der Unterwelt, sichere Rückkehr, Verheißung ewigen Lebens.

1. November *Samhain. Eiben bewachten die Tore zwischen den Welten der Lebenden und der Toten, die an diesem Tag offen standen.*

21. Dezember *Wintersonnenwende. In der frühen germanischen Kultur war die Eibe der »Baum der Wiedergeburt« – verbunden mit der Zeit, in der der mythische Sonnenheld aus dem Bauch der Unterwelt »wiedergeboren« wurde, und der jährliche Kreislauf von Wiedergeburt und Tod von neuem begann.*

1. Mai *Beltane, keltisches Fest zur Feier des Sommerbeginns*

21. März *Frühlings-Tag-und-Nachtgleiche*

Mitte Februar bis Mitte März *Die meisten Eiben blühen zu dieser Zeit, aber einige, wie die im kälteren Bayern, können auch erst Ende April blühen.*

1. Februar *Brigantia/Imbolc*

– in Verehrung des dunklen, stillen Schoßes der Großen Göttin, die alles auf der Welt gebiert. Die Skandinavier feierten dies sogar während 13 Nächten, der »Julzeit«.

Der keltische Kalender hingegen verbindet die Eibe mit dem Samhain-Fest (1. November), an dem die Tore zwischen der Welt der Lebenden und der Welt der Toten offen stehen sollen. Auch die alten Griechen sahen diesen Baum als Tor zur Unterwelt und daher als Wächterin der Seele. Diese Assoziation findet sich quer durch die Kulturen, das ist wohl der Grund, warum Eiben ein so vertrauter Anblick bei alten Grabhügeln und auch in heutigen Friedhöfen sind. Doch die Eibe ist nicht der »Baum des Todes«, wie einige Dichter des 18. und 19. Jahrhunderts sie nannten. Sie ist eher der Baum des Lebens und fand deshalb in vielfältigen Begräbnisriten Eingang als Gegengewicht zur Macht des Todes.

In der Religionsgeschichte sind Verwandlung und Wiedergeburt stets Angelegenheit der weiblichen Seite Gottes. Im jüdischen Mythos ist es Channa oder Anna, die die göttliche Gnade repräsentiert, im Christentum ist es Maria, die Mutter Jesu. In älteren Religionen sind es die vielen Gesichter und Namen der Großen Göttin, deren Verbundenheit mit der Eibe leicht zurückverfolgt werden kann. Ihre Gaben sind Gerechtigkeit, Mitgefühl, Vergebung, Kontemplation, Einsicht und innerer Friede.

GEGENÜBER: *Die Eibe von Ankerwyke ist einer der meist verehrten Bäume auf den Britischen Inseln. Die Magna Carta, die Grundlage der Verfassungen vieler Länder, soll 1215 hier besiegelt worden sein. 1992 versammelten sich dort Umweltschützer, um das Recht aller Geschöpfe auf artgerechtes Leben zu bekräftigen.*

GEGENÜBER: *Im Herbst nimmt das Blattwerk der Linde weiche Farbtöne wie Beige und Hellgelb an.*

Linde *Tilia*

*T*ilia ist eine Gattung von etwa 40 Arten großer Laubbäume in der nördlichen gemäßigten Zone.

Die Winter-Linde *(T. cordata)* wird 30 m hoch und hat eine gefurchte Rinde. Ihre Blätter sind schief herzförmig, oft breiter als lang (6 cm) und scharf und fein gezähnt. Im Juli bilden sich zahlreiche Büschel aus je fünf bis sieben duftenden, hell grüngelben Blüten. Die kleinen, runden Früchte sind manchmal kantig.

Die Sommer-Linde *(T. platyphyllos)* erreicht eine Höhe von 40 m. Die schief herzförmigen Blätter sind bis zu 12 cm lang, regelmäßig gezähnt und haben unterseits weiße Achselbärtchen an den »Adern«. Die Rispen haben drei, seltener vier bis sechs Blüten, die runden oder birnenförmigen Früchte sind 5-kantig. Die Holländische Linde *(T. x europaea)* ist eine Kreuzung der beiden oben besprochenen. Sie ist ein kräftiger und langlebiger Baum mit herzförmigen Blättern und leicht an den zahlreichen Schösslingen erkennbar, die sie um ihren Stamm bildet. Von allen europäischen Arten tropft im Spätsommer klebriger »Honigtau«, abgesondert von kleinen Insekten (Blattläusen).

Die Amerikanische Linde *(T. americana)* wird bis zu 40 m hoch und hat herzförmige, 10–20 cm lange Blätter.

Praktischer Nutzen

Lindenbäume sind eine ergiebige Nektarquelle für Hummeln und Honigbienen, daher werden sie in Amerika auch »bee tree« genannt, Bienenbaum. Wegen ihrer guten Schnittverträglichkeit war die Linde bei den Bauern früherer Jahrhunderte beliebt. Die Bäume wurden alle fünf bis acht Jahre zurückgeschnitten, um möglichst viel Blattfutter für Kühe ernten zu können. Die Blätter sind nicht so wohlschmeckend

OBEN: *Linden werden heute meist in öffentlichen Parks und entlang von Straßen gepflanzt.*

wie Eschenblätter, aber leichter zu kauen und besser verdaulich. Beide sind reich an Fettsäuren und steigern den Fettgehalt der Milch, die so mehr Butter ergibt. Die Tradition der Blattfütterung ist sehr alt – Beweise aus der Jungsteinzeit (4300 v. Chr.) wurden in Luzern (Schweiz) gefunden.

Die jungen Blätter und Triebe der Linde schmecken auch in Salaten ausgezeichnet.

OBEN: *Obwohl sie meist wegen ihrer Heilkräfte gepriesen wird, gibt es in manchen Geschichten auch Verbindungen zu »Drachen«.*

Die innere Rinde, der Bast, war das wichtigste Material der nordamerikanischen Ureinwohner und auch der Europäer zum Herstellen von Seilen, Schnüren oder Fischernetzen, bis die Hanffasern *(von Canabis)* jene der Bäume ersetzten. Der in China seit etwa 2500 v. Chr. bekannte Hanf kam um 400 n. Chr. nach Mitteleuropa. Die Angelsachsen begannen zwischen 800 und 1000 n. Chr., ihn in Britannien anzubauen. Heute ist die Linde in ganz Europa und auch in Nordamerika ein beliebter Baum in Parks und Alleen.

Heilkräfte

Die Geschichte der medizinischen Verwendung der Linde in Europa, besonders was die Linderung von Verspannungen und Hautreizungen betrifft, ist sehr alt. Aus ihr wird auch ein stärkendes Mittel für das Herz gewonnen. Tee aus den Blüten ergibt ein ausgezeichnetes Getränk, das hilft, den Cholesterinspiegel sowie hohen Blutdruck zu senken. Mit Honig gesüßt, ist es ein schmackhaftes und gesundes Getränk für Kinder, um sie zu beruhigen und tiefen, erholsamen Schlaf zu fördern. Der heiße Tee lindert Durchfall und löst Nebenhöhlenverstopfungen. Äußerlich angewendet unterstützt der Tee die Heilung entzündlicher Hautstellen. Das deutsche Wort »lindern« hängt eng mit dem Namen des Baums zusammen.

Kultur, Mythos und Symbolik

Viele europäische Ortsnamen (wie Lincolnshire in England und Leipzig in Deutschland) und auch zahlreiche Familiennamen (zum Beispiel Carl von Linné, der Vater der wissenschaftlichen Namensgebung in der modernen Biologie) zeugen von der Bedeutung, die dieser Baum einst genoss.

In Deutschland wurde im 18. und 19. Jahrhundert die traditionelle Dorflinde sehr häufig in Dichtung und Kunst gefeiert. Sie war der beliebte Mittelpunkt des Dorflebens, wo sich die Leute trafen oder in ihrem Schatten auf Bänken saßen. Als Tanzlinde stellte sie auch den Mittelpunkt der Dorffeste dar (und er-

LINDE

LINKS: *Ein alter Wurzelstock einer Linde im Lake District in Nordengland. Waldstücke dieser Bäume können mehr als 1000 Jahre alt sein.*

sparte am 1. Mai den Leuten die Mühe, eine Birke ins Dorf zu tragen). Außerdem war sie in dieser Zeit der Sitz des örtlichen Gerichts. Dieser Brauch geht aber schon auf vorchristliche Zeiten zurück, als Stammesversammlungen unter heiligen Bäumen abgehalten wurden. Es ist bezeichnend, dass unsere Vorväter für ihre Versammlungen, Diskussionen und Richtersprüche unter der »weiblichen« Linde zusammenkamen, die eher Gnade repräsentiert als die »männliche« Eiche, die das Reich des Donnergottes Donar (Thor) vertritt. Bei den alten Germanen und nordischen Völkern war die Linde der Freya, der Herrin der Erde, und Frigga, der Muttergöttin und Patronin von Geburt und Fruchtbarkeit, geweiht.

Baltische Völker wie die Esten hielten Lindenbäume in christlicher Zeit und bis heute heilig. Im christlichen Bulgarien sind sie die häufigsten Orte für Marienschreine.

Im griechischen Mythos schläft Phylira, die Tochter des Meeresgottes Ozeanus mit Chronos, dem Gott des Planeten Saturn. Daraufhin gebärt sie Chiron, den gelehrten Satyrn, der halb Mensch, halb Pferd ist, worauf sie sich in eine Linde verwandelt. Später lehrte Chiron sein geheimes Wissen über die Heilkräfte der Natur Asklepios, den Vater der modernen Medizin. Daher ist die Linde, der »lindernde Baum«, die »Großmutter« der Medizin. Und da die wahre Heilkraft die Liebe ist, ist die Nähe des Namens Phyliras mit dem griechischen *philein,* »lieben«, vielleicht kein Zufall.

Asklepios lernte noch andere Geheimnisse von einer Schlange in einem Grab, die im »Stab des Asklepios« erscheint – ein altes Symbol einer sich um einen Stab windenden Schlange und heute ein Kennzeichen und Sinnbild der Medizin. In der Schlange erkennen wir die Hüterin des Lebensbaums (siehe Einleitung S. 8–13), und im nordischen Mythos ist der Beschützer des ewigen Lebens ein anderes Reptil, ein Drache. Als der sagenhafte Held Sigurd den Drachen tötet, badet er in seinem Blut und wird dadurch unverwundbar. Doch ein Blatt von einem Lindenbaum nahe der Höhle des Drachen landet zwischen seinen Schulterblättern. So bleibt eine verwundbare Stelle zurück, die schließlich seinen Tod bedeutet. In diesem Mythos stellt der Drache die Lebenskraft der Erde selbst dar.

Symbolik: Heilung und Friede

Göttlicher Bezug: Phylira (griechisch), Freya, Frigga (beide germanisch)

Astrologischer Bezug: Venus und Jupiter

Historisches: Im Mittelalter wurde die Linde in Frankreich und der Schweiz zum Symbol der Freiheit. Die Franzosen pflanzten viele Linden zur Erinnerung an das Ende der Religionskriege durch das Edikt von Nantes (1598), in dem Heinrich IV. den französischen Protestanten Religionsfreiheit gewährte.

GEGENÜBER: *Dieser alte Baum in Brighton hat eine gesunde Krone und ist eine der größten Ulmen in England, die das Ulmensterben überlebten.*

Ulme *Ulmus*

Die Gattung *Ulmus* umfasst etwa 18 Arten winterfester Laubbäume, die aus der nördlichen, gemäßigten Zone stammen. Die wechselständigen Blätter sind eiförmig, gezähnt und der Spreitengrund ist asymmetrisch. Die unauffälligen zweigeschlechtlichen Blüten stehen zeitig im Frühling in Büscheln an den nackten Zweigen. Die scheibenförmige Frucht ist eine den einzelnen Samen umhüllende Flügelnuss.

Die Haar-Ulme (*U. procera*) ist ein stattlicher Baum aus West- und Südeuropa. Die Blätter sind 5–10 cm lang, scharf gesägt und haben zehn bis zwölf Paar seitlich verlaufender »Adern«. Die Berg-Ulme (*U. glabra*) ist ein von Europa bis Sibirien weit verbreiteter und edler Baum. Er besitzt große Blätter von 10–12 cm Länge, mit zwölf bis 18 Paaren »Adern«. Die Oberseite der Blätter beider Arten fühlt sich rau an. Die Weiß-Ulme (*U. americana*) hat bis zu 15 cm lange Blätter und tief gekerbte Früchte.

Die Ulmenkrankheit zerstörte die meisten älteren Exemplare in Europa und Amerika. Junge Bäume gedeihen eine Zeit lang, doch sobald die Rinde eine gewisse Stärke erreicht, tritt der Ulmenborkenkäfer (*Scolytus*) auf und kann den Baum mit einer hochgefährlichen Pilzart (*Ophiostoma*) infizieren.

Praktischer Nutzen

Die Ulme war der wichtigste Baum in der Blattfütterung, die bis in die Steinzeit zurückreicht. Die Blätter, die reich an Mineralien, Stärke und Protein sind, waren bei den Viehhaltern (und bei ihren Herden) sogar noch beliebter als jene von Linde und Esche.

Im vorindustriellen Westeuropa wurde Ulmenholz für Möbel, Wasserleitungen, Wasserräder und auch für Särge verwendet. Die minoischen Kreter fertigten Wagenräder aus dem Holz, die Griechen machten daraus die Torpfosten und Schwellen für manche Tempel.

Heilkräfte

Nordamerikanische Ureinwohner und auch die Europäer behandeln mit Tee aus der inneren (Wurzel-)Rinde Verkühlungen und Husten, Durchfall, innere Blutungen und Fieber. Die Choctaw- und Irokesen-Frauen trinken den Tee auch zur Linderung von Menstruationsbeschwerden. Die moderne westliche Kräutermedizin verwendet vor allem die amerikanische »Red Elm«, *Ulmus fulva*, die den höchsten Schleimgehalt hat und daher bei entzündeten Schleimhäuten sehr wirksam ist. Die Baumessenz gibt der Seele Kraft und Ausgeglichenheit.

Kultur, Mythos und Symbolik

In England verwendete man Ulme traditionell für Särge, die alten Griechen pflanzten sie auf Friedhöfen. Nach Virgil war der Baum in der Unterwelt zu finden. Er stand auch an Straßenkreuzungen, die zur Feenwelt führten, daher der volkstümliche Name »Elfenholz«. In Skandinavien, dem Baltikum und Norddeutschland war die Ulme einer der *Vartraed*, ein Wächter des Bauernhofs, und ein übernatürliches Tor zwischen der Welt der Menschen und der Naturgeister.

Als Orpheus, der griechische Held und Schutzherr der Musik, den Tod Eurydikes beklagte, »entsprang« dem Klang seiner Leier ein Ulmenhain. Bei seiner Rückkehr aus der Unterwelt suchte er Schutz unter einer Ulme. Dort kamen alle Tiere des Waldes, verzaubert von seiner Musik, zusammen.

Symbolik: Kommunikation und Beziehungen

Göttlicher Bezug: Orpheus (griechisch)

Astrologischer Bezug: Merkur, Saturn

Glossar

achselständig im Winkel zwischen Blattmittelrippe und Blattader oder zwischen Stamm und Ast

adstringierend zusammenziehend, Blutungen stillend

Art biologische Kategorie von miteinander verwandten Individuen, die gemeinsame Eigenschaften teilen und sich miteinander vermehren können

Bast weiches, holziges Fasergewebe der Sprosse bzw. Stämme zweikeimblättriger Pflanzen (wie Flachs, Hanf und Jute) und alter Zellen im absteigenden Pflanzenstrom unter der Rinde der Bäume (wie Linden). Diese Faserbündel sind oft mehrere Meter lang und bestehen aus überlappenden Zellen.

Blütenstängel Stiele einzelner Blüten eines Blütenstands

Borealwald auch Taiga-Vegetation. Ein Wald, der ungefähr 17% der Landoberfläche der Erde in einem zirkumpolaren Gürtel der Nordhalbkugel bedeckt. Er besteht hauptsächlich aus Koniferen (Kiefer, Fichte, Lärche), aber auch aus Birken und Pappeln und reicht bis zur nördlichen Baumgrenze.

doppelt gezähnt Blattrand zweifachen Zacken

eiförmig Blattumriss, am breiteren Ende festsitzend

einhäusig männliche und weibliche Blüten auf derselben Pflanze

eirund Blattumriss, in der Mitte am breitesten

elliptisch Blattumriss, in der Mitte am breitesten, an beiden Enden gleich schmal

endständig an der Spitze, apikal

Epiphyt eine auf einer anderen Pflanze wachsende Pflanze, die sich aber nicht von dieser ernährt

Flaum feine weißliche oder rötliche Haarschicht, z.B. auf Pfirsichen

ganzrandig Blattrand ungeteilt und ungezähnt

Gattung biologische Kategorie zwischen Familie und Art, bestehend aus miteinander verwandten Arten (siehe Art). Espen und Pappel sind z. B. Arten der Gattung *Populus*.

gefiedert mit Blättern an beiden Seiten eines zentralen Stängels

gefingert mit Blättern, die von einem Punkt ausgehen; handförmig

gemäßigte Zone Klimazone zwischen der subpolaren und der subtropischen Zone

gesägt Blattrand mit Zähnen

gezähnt Blattrand mit scharfen, ziemlich rauen, nach außen gerichteten Zähnen

Griffel Teil der Blüte zwischen Fruchtknoten und Narbe

Hochblatt modifiziertes Blatt an der Basis einer Blütentraube, eines Stiels oder Schösslings

immergrün mit Blättern, die auch im Winter grün bleiben

Kelch äußerer Teil der Blüte, auch Sepalum

Kernfrucht fleischige Frucht der Rosengewächse (zum Beispiel Apfel, Birne, Weißdorn)

Kiel zentraler Rücken

Konifere Zapfen tragender Baum

Kulturvariante die kultivierte Variante einer Art, oft mit besserer Ertragsqualität als Ergebnis von Auslese und Züchtung

lanzettlich Blattform wie eine Speerspitze; lang, sich zur Spitze verjüngend

Lappen Teil eines Blatts oder Kronblattes, von angrenzenden Teilen durch Ausbuchtungen getrennt

Laub abwerfend Blätter nicht dauerhaft am Baum

GLOSSAR

Leguminose auch Hülsenfrucht. Pflanzen aus der Familie der Schmetterlingsblütler (Leguminosae), die ihre Samen durch Aufplatzen der Schoten freisetzen, zum Beispiel Bohne, Erdnuss, Klee, Luzerne, Sojabohne

linear Blattform, lang und schmal mit parallelen Rändern

Öhrchen ohrförmige Erhebung am Blattgrund

Quirl drei oder mehr Blüten oder Blätter kreisförmig um eine Achse angeordnet

Rispe verzweigte Traube (Blütenstand)

Samenanlage Pflanzenteil, aus dem sich nach der Befruchtung der Samen entwickelt

stachelig mit Stacheln oder einer scharfen Spitze am Ende (eines Astes oder Blatts)

Staubbeutel Pollen tragender Teil an der Spitze des Staubfadens

Staubfaden männliches Blütenorgan (bestehend aus Staubröhre und Staubbeutel)

Staubröhre Stiel eines Staubfadens

Steinfrucht ein (selten zwei) Samen, eingeschlossen in einer harten Schale, die selbst in eine fleischige oder faserige Schicht eingehüllt ist – zum Beispiel Mandel, Pfirsich, Walnuss, Vogel- bzw. Süß-Kirsche, Schlehe

Strauch holzige Pflanze mit mehreren Stämmen, gewöhnlich kleiner als 3 m. Ist die Planze dicht und stark verästelt, spricht man auch von Busch.

Traube Blütenstandstyp, bei dem die bestielten Blüten auf einem gemeinsamen, unverzweigten Stängel wachsen

Vesiculum ein kleines, mit Luft oder Flüssigkeit gefülltes Bläschen

Wald gemäßigter Zone Wald mit fast ununterbrochenem Laubdach zwischen dem 25. und dem 50. Breitengrad beider Hemisphären, eingeteilt in zwei Gruppen: Laubwald und Nadelwald

zusammengesetzt Blattform, aus zwei oder mehreren ähnlichen Teilen bestehend

zweifiedrig mit sich in weitere Blätter teilenden Hauptblättern

zweihäusig mit männlichen und weiblichen Blüten auf verschiedenen Pflanzen

Einführung in die Naturheilkunde

Diese kurze Einführung in die Traditionelle Chinesische Medizin, in Ayurveda und in die Blüten- und Baumessenzen ist eine Ergänzung zu den Texten über die Heilkräfte der Bäume.

Traditionelle Medizin

Während die westliche (allopathische) Medizin auf physikalischen und chemischen Erkenntnissen und der Behandlung bestimmter Symptome beruht, konzentrieren sich traditionelle Heilsysteme (östlicher und westlicher Herkunft) auf den Einsatz der Natur zum Wiederherstellen oder Heilen von Ungleichgewichten oder »Un-Wohlsein« im Körper. Damit verbundene Techniken arbeiten ganzheitlich, sie berücksichtigen die energetischen Eigenschaften unseres Körpers, unsere Ernährung, unsere Umwelt und ihre Wechselwirkungen.

Nach der östlichen Medizin (und auch ihrer Küche) haben einzelne Speisen »Temperaturen«. Sie sind heiß, warm, neutral, kühl oder kalt. Diese Begriffe beziehen sich nicht auf die physikalische Temperatur, sondern auf die Wirkung dieser Speisen auf den Körper nach der Verdauung. Kühlende Speisen leiten Energie nach innen und unten und kühlen so die oberen und äußeren Körperteile. Wärmende Speisen leiten Energie nach oben und außen, sie wärmen von innen. Wärmere Speisen beschleunigen, kühlere verlangsamen uns.

Die Zubereitung beeinflusst diese Eigenschaften. Rohe Speisen sind kühlend, Dünsten ist neutral, schnelles Anbraten wärmend, Backen noch mehr, Grillen erhitzt am meisten.

Traditionelle Chinesische Medizin

Die Traditionelle Chinesische Medizin (TCM) beruht auf der Philosophie des Yin und Yang. Yin ist das weibliche Prinzip, beschrieben als passiv und dunkel, repräsentiert durch die Erde. Yang, das männliche Prinzip, ist aktiv und hell, repräsentiert durch den Himmel.

Die TCM beschreibt Speisen durch Temperaturen und durch eine zweite Kategorie, die Geschmacksrichtungen (siehe Kasten unten). Jede der fünf »Geschmäcker« entsteht aus einem der fünf Elemente und tritt in einen der zwölf Hauptmeridiane ein, die ihre Wirkung zu bestimmten Organen leiten.

Das *Salzige* gehört zum Element des Wassers, es dringt in die Nieren ein. Es bewegt sich nach innen und unten und befeuchtet, beruhigt und entgiftet. *Saures* gehört zum Element des Holzes, es dringt in die Leber ein, regt Kontraktion und Aufnahmefähigkeit an und hat einen anhäufenden und adstringierenden Effekt, was bei Flüssigkeitsverlust (etwa durch Schwitzen oder Durchfall) hilft. *Bitteres* gehört zum Element des Feuers und dringt ins Herz ein. Es bewegt sich abwärts und entwässert und trocknet. Auch verbessert es den Appetit, regt die Verdauung an und stärkt die Atemwege. Das *Süße* gehört zum Element der Erde und dringt in die Milz ein. Es harmonisiert alle Geschmacksrichtungen und regt sanft den Kreislauf an. Der *scharfe Geschmack* gehört zum Element Metall und dringt in die Lunge ein. Er löst Blockaden auf und regt den Blutkreislauf und den Energiefluss an.

Geschmack	*Element*	*Organ*	*Funktion*
salzig	Wasser	Nieren	befeuchtet, beruhigt, entgiftet
sauer	Holz	Leber	verbessert Flüssigkeitsaufnahme
bitter	Feuer	Herz	verbessert Verdauung und Atmung
süß	Erde	Milz	regt den Kreislauf an
scharf	Metall	Lunge	löst Blockaden, gibt Energie

Ayurveda

Das in Indien entstandene medizinische System des Ayurveda gibt es seit Jahrtausenden. Wie die TCM berücksichtigt es Körper, Geist und Seele des Patienten, statt sich bloß um die Symptome zu kümmern. Die weisen Gründer des Ayurveda verstanden die Welt als aus fünf Elementen (Feuer, Wasser, Luft, Äther und Erde) bestehend, aus deren Kombination die drei Vitalenergien, die *Doshas* entstehen. Jedes *Dosha* hat spezielle Funktionen im Körper, doch auch ihr Zusammenspiel ist wichtig. Gesundheit, Wohlbefinden, physische, geistige und seelische Eigenschaften werden durch das harmonische Gleichgewicht dieser *Doshas* bestimmt.

Jedes *Dosha* ist eine Kombination zweier Elemente, wobei eines davon dominiert:

- *Vata* eine Kombination von Luft und Äther mit Vorherrschaft von Luft
- *Pitta* eine Kombination von Feuer und Wasser mit Vorherrschaft des Feuers
- *Kapha* eine Kombination von Wasser und Erde mit Vorherrschaft des Wassers

Haupteigenschaften der *Doshas*:

Vata	*Pitta*	*Kapha*
Luft und Äther	Feuer und Wasser	Wasser und Erde
leicht	leicht	schwer
kalt	heiß	kalt
trocken	ölig	ölig
rau	scharf	langsam
schwierig	flüssig	schleimig
mobil	sauer	dicht

Die Eigenschaften der *Doshas* gelten nicht nur für Speisen, sondern für die ganze Schöpfung. Auch Bäume können damit beschrieben werden. Die Birke mit schlankem Stamm, lichtem Blattwerk und schnellem Wachstum gilt als *Vata*. Die Stechpalme mit den stacheligen Blättern ist *Pitta*. Die Walnuss mit dem massiven Stamm, der dicken Rinde und dem langsamen Wachstum ist *Kapha*. Die Eigenschaften der *Doshas* sollten aber immer als einander beeinflussend betrachtet werden.

Blüten- und Baumessenzen

Wie homöopathische Medikamente gelten Blüten- und Baumessenzen als »Schwingungsmedizin«, sind aber rein pflanzlicher Herkunft. Blüten werden im vollen Reifezustand geerntet und in der Sonne getrocknet. Dann wird die Essenz extrahiert, in Wasser gelöst und mit Alkohol als Tinktur konserviert. Diese wird mit Quellwasser verdünnt, um somit eine Lösung zum Einnehmen zu erhalten, die ausgleichend wirkt und das allgemeine Wohlbefinden verbessert.

Bachblütenmedikamente

Es gibt mehrere Systeme von Blütenessenzen, Bach ist das bekannteste davon. Es umfasst eine Reihe von 38 reinen Essenzen oder »Medikamenten« und eine Kombination (»Rescue-Tropfen«), eine Mischung aus fünf solcher Essenzen. Diese wurden erstmals in den 1920er und 1930er Jahren von Dr. Edward Bach gewonnen, der sie gegen die den Krankheiten zugrunde liegenden negativen Gefühle einsetzte.

Baumessenzen

Sie sind den Blütenessenzen ähnlich, bestehen aber ausschließlich aus potenziertem Wasser von Baumblüten.

Weiterführende Literatur

Alberts, Andreas und Mullen, Peter, *Psychoaktive Pflanzen, Pilze und Tiere. Von Fliegenpilz bis Teufelsbeere. Bestimmung, Wirkung, Verwendung*. Kosmos-Verlag, Stuttgart (2011).

Balbuena, Enrique, "Oak Open Forests ('Dehesa' or 'Montado') of *Quercus rotundifolia Lam. and Quercus suber L. in the Iberian peninsula and their Products*", in *Proceedings – Fourth International Oak Conference Fall 2003*. Issue 15/Spring 2004, International Oak Society, Browns Valley, California (2004).

Baldwin, Edwin, *Sacred Mountains of the World*. University of California Press, (1997).

Bartram, T., *Encyclopedia of Herbal Medicine*. Robinson, London (1995).

Beiser, Rudi, *Unsere essbaren Wildpflanzen*. Kosmos-Verlag Stuttgart (2013).

Borgeest, Bernhard, *Ein Baum und sein Land – 24 Symbiosen*. Rowohlt, Hamburg (1997).

Brosse, Jacques, *Mythologie der Bäume*. Walter-Verlag, Düsseldorf (1994).

Campbell, Joseph, *Mythologie der Urvölker – Die Masken Gottes*. Bd.1, Hugendubel (1991).

Campbell, Joseph, *Mythologie des Ostens – Die Masken Gottes*. Bd. 2, Sphinx-Verlag, Basel (1991).

Campbell, Joseph, *Mythologie des Westens – Die Masken Gottes*. Bd. 3, Sphinx-Verlag, Basel (1992).

Chevalier, A., *The Encyclopedia of Medicinal Plants*. Dorling Kindersley, London (1998).

Culpeper, N., *Complete Herbal*. Wordsworth Reference, Hertfordshire (1995).

Diederichs, Ulf (ed.), *Germanische Götterlehre: Nach den Quellen der Lieder und* Prosa-Edda, Diederichs, (1984).

Dreyer, Eva und Wolfgang, *Wildkräuter, Beeren und Pilze. Erkennen, sammeln und genießen*. Kosmos-Verlag, Stuttgart (2008).

Dreyer, Eva und Wolfgang, *Der Kosmos-Waldführer. Ökologie, Gefährdung, Schutz*. Kosmos-Verlag, Stuttgart (2009).

Fife, Hugh, *Warriors and Guardians – Native Highland Trees*. Argyll Publishing, Argyll (1994).

Fischer-Rizzi, Susanne, *Blätter von Bäumen*. Hugendubel, München (1996).

Fischer-Rizzi, Susanne, *Mit der Wildnis verbunden. Kraft schöpfen, Heilung finden*. Kosmos-Verlag, Stuttgart (2010).

Fuchs, Christine, *Räuchern mit heimischen Pflanzen*. Kosmos-Verlag, Stuttgart (2011).

Fuhrmann, M., *Tacitus: Germania*. Reclam, Stuttgart (1995).

Graves, Robert, *The White Goddess*. Faber and Faber, London (1999).

Green, M.J., *Dictionary of Celtic Myth and Legend*. Thames and Hudson, London (1992).

Grieves, M., *A Modern Herbal*. Tiger Books International, London (1998).

Hageneder, Fred, *Geist der Bäume – Eine ganzheitliche Sicht ihres unerkannten Wesens*. Neue Erde, Saarbrücken (2004).

Hageneder, Fred, *Die Eibe in neuem Licht – Urbaum, Weltenbaum, Hüterin der Erde*. Neue Erde, Saarbrücken (2007).

Hartzell, Hal, *The Yew Tree – A Thousand Whispers.* Hulogosi, Oregon (1991).

Hecker, Frank und Hecker, Katrin, *Tiere und Pflanzen des Waldes. 150 Arten einfach bestimmen.* Kosmos-Verlag, Stuttgart (2010).

Hillier, J. *The Hillier Manual of Trees and Shrubs.* 6. Auflage, David and Charles, Winchester (1991).

Howkins, Chris, and Sampson, Nick, *Searching for Hornbeam – A Social History.* Chris Howkins, Surrey (2000).

Howkins, Chris, *Sweet Chestnut – History, Landscape, People.* Chris Howkins, Surrey (2003).

Hutton, Ronald, *The Pagan Religions of the Ancient British Isles – Their Nature and Legacy.* Blackwell, Oxford (1991).

Hutton, Ronald, *Shamans – Siberian Spirituality and the Western Imagination.* Hambledon and London, London/New York (2001).

Kindel, Karl-Heinz, *Kiefern in Europa.* Fischer, Stuttgart (1995).

Krenzelok, E.P., Jacobsen, T.D., and Aronis, J., "Is the Yew Really Poisonous to You?", *Journal of Toxicology – Clinical Toxicology.* Issue 36, 219–223, (1998).

Kusmirek, Jan, *Liquid Sunshine – Vegetable Oils for Aromatherapy.* Floramicus, Glastonbury (2002).

Lad, Vasant, *Ayurveda – The Science of Self-Healing.* Lotus Press, Wilmot (WI) (1990).

Lewington, Anna, *Plants for People.* Natural History Museum Publications, London (1990).

Lindner, David, *Traumzeit – Das Geheimnis des Didgeridoo.* Traumzeit, Schönau (2004).

Littleton, C. Scott (ed.), *The Sacred East – Buddhism, Hinduism, Confucianism, Daoism, Shinto.* Duncan Baird Publishers, London (1996).

Littleton, C. Scott, *Understanding Shinto. Origins, Beliefs, Practices, Festivals, Spirits, Sacred Places.* Duncan Baird Publishers, London (2002).

Mabey, Richard, *Flora Britannica – The Definitive New Guide to Wild Flowers, Plants and Trees.* Chatto and Windus, London (1997).

Machatschek, Michael, *Laubgeschichten – Gebrauchswissen einer uralten Baumwirtschaft, Speise- und Futterlaubkultur.* Böhlau, Wien (2002).

Mannhardt, Wilhelm, *Der Baumkult der Germanen und ihrer Nachbarstämme, Mythologische Untersuchungen.* Gebrüder Borntäger, Berlin (1875).

Mannhardt, Wilhelm, *Antike Wald und Feldkulte aus nordeuropäischen Überlieferungen.* Gebrüder Borntäger, Berlin (1877).

Markale, Jean, *The Druids: Celtic Priests of Nature.* Inner Traditions International (1999).

Matthews, John, *Taliesin: Shamanism and the Bardic Mysteries in Britain and Ireland.* Aquarian Press, London 1991.

Matthews, John (ed.), *The Druid Source Book.* Blandford Press, London (1996).

Mayer, Joachim und Schwegler, Heinz W., *Welcher Baum ist das? Bäume, Sträucher, Ziergehölze.* Kosmos-Verlag, Stuttgart (2014).

Milner, J. Edward, *The Tree Book – The Indispensable Guide to Tree Facts, Crafts and Lore.* Collins and Brown, London (1992).

Mitchell, Alan und Wilkinson, John, *Pareys Buch der Bäume. Über 600 Arten Europas.* Kosmos-Verlag, Stuttgart (2009).

Moerman, Daniel E., *Native American Ethnobotany.* Timber Press, Oregon (1998).

More, David und White, John, *Die Kosmos-Enzyklopädie der Bäume. 2100 Arten und Sorten.* Kosmos-Verlag, Stuttgart (antiquarisch).

National Audubon Society, *Field Guide to North American Trees, Western Region and Eastern Region,* Knopf, New York (1998).

Naumann, N. *Die Mythen des alten Japan.* C.H. Beck, München (1996).

Ovid, *Metamorphosen.* Reclam, Stuttgart (1994).

Philpot, J.H., *The Sacred Tree – The Tree in Religion and Myth.* Llanerch Press, Ceredigion (1994).

Ploetz, *Der grosse Ploetz – Die Daten-Enzyklopädie der Weltgeschichte – Daten, Fakten Zusammenhänge.* 32. Ausgabe, Zweitausendeins/Herder, Frankfurt/Freiburg 1998.

Porteous, Alexander, *The Lore of the Forest – Myths and Legends.* Senate (1996).

Pridnya, Mikhail V., *"Taxus baccata in the Caucasus Region",* in *Der Eibenfreund.* 9/2002, Cambiarare, Markgröningen (2002).

Puhle, Trott-Tschepe, Möller, *Heilpflanzen für die Gesundheit. 333 Pflanzen – neues und überliefertes Heilwissen. Pflanzenheilkunde, Homöopathie und Aromakunde.* Kosmos-Verlag, Stuttgart (2013).

Ranke-Graves, Robert von: *Griechische Mythologie. Quellen und Deutung.* Rowohlt Tb, Reinbek (2003).

le Roux, Francoise, und Christian-J. Guyonvarch, *Die Druiden.* Arun, Engerda (1996).

Schulz, Matthias, "Zauberin im Garten Eden – Die Königin von Saba", in *Der Spiegel,* Nr. 16/2001. Frankfurt (2001).

Schwarzschild, B Shimon, "The New Green China – Correcting the Spin", in *Der Eibenfreund.* 8/2001, Cambiarare, Markgröningen (2002).

Spohn, Margot, *Der Kosmos-Baumführer Europa.* Kosmos-Verlag, Stuttgart (2011).

Stäubli H. Bechtold, *Handwörterbuch des deutschen Aberglaubens* (10 Bände, erschienen 1927). Walter de Gruyter, Berlin (1987).

Storl, Wolf-Dieter: *Ich bin ein Teil des Waldes.* Kosmos-Verlag, Stuttgart (neu 2015).

Storl, Wolf-Dieter: *Mit Pflanzen verbunden.* Kosmos-Verlag, Stuttgart (2005).

Storl, Wolf-Dieter, *Die Seele der Pflanzen.* Kosmos-Verlag, Stuttgart (2013).

Stumpf, Ursula, *Pflanzengöttinnen und ihre Heilkräuter.* Kosmos-Verlag, Stuttgart (2010).

Stumpf, Ursula, *Unsere Heilkräuter.* Kosmos-Verlag, Stuttgart (2012).

Schönfelder, Ingrid und Peter, *Der neue Kosmos-Heilpflanzenführer. Über 600 Heil- und Giftpflanzen Europas.* Kosmos-Verlag, Stuttgart (2010).

Tompkins, Peter, Christopher Bird, *Das geheime Leben der Pflanzen.* Fischer, Frankfurt (1997).

Tompkins, Peter, *Das geheime Leben der Natur.* Ludwig, München (1998).

Tresidder, Jack, *Dictionary of Symbols*. Duncan Baird Publishers, London (1997).

Weinreb, Friedrich, *Schöpfung im Wort – Die Struktur der Bibel in jüdischer Überlieferung*. Thauros, Weiler i. Allgäu (2002).

Wilson, Ernest Henry, *Aristocrats of Trees*. The Stratford Company, (1930); Dover Publications, New York (1974)

Wilson, Earnest Henry: *The Conifers and Taxads of Japan*. Cambridge University Press (1916).

Zohary, Michael: *Pflanzen der Bibel*. Calwer Verlag (1995).

Nützliche Internetseiten

www.ancient-yew.org
Viele Informationen über die uralten Eiben der Britischen Inseln (englisch)

www.bundesverband-waldkinder.de
Bundesverband der Natur- und Waldkindergärtern, Deutschland e.V.

www.fsc-deutschland.de
FSC Arbeitsgruppe Deutschland e.V. – Das Forest Stewardship Council (FSC) ist eine gemeinnützige und unabhängige Organisation zur Förderung verantwortungsvoller Waldwirtschaft. Die Grundidee ist die Förderung nachhaltig bewirtschafteter Flächen, so dass Urwälder verschont bleiben. Umweltorganisationen, Gewerkschaften, Waldbesitzer und Unternehmen der Holzwirtschaft unterstützen den FSC

www.GreenManEssences.com
Alles über die in diesem Buch erwähnten Baumessenzen (leider nur in Englisch)

www.regenwald.org
Sehr engagierte Homepage des Vereins „Rettet den Regenwald"

www.spirit-of-trees.de
Die Homepage von Fred Hageneder informiert über die Bedeutung der Bäume in der Kulturgeschichte der Menschheit.

www.wald-in-not.de
Die Stiftung Wald in Not versteht sich als eine private Initiative zur Erhaltung und Vermehrung des Waldes. Sie wird als Gemeinschaftswerk unterstützt von verschiedenen Persönlichkeiten und Organisationen, denen dies ein besonderes Anliegen ist.

Register

Aberglaube, 105, 110, 115, 127, 167, 181, 185, 202
Abführmittel, 182
Aborigines von Australien, 85
Abu Bekr, 141
Achilles, 103
Adonis, 65, 145
Äneas, 130 f
Afrika, 24, 48, 64, 128
    nördliches, 110, 138, 166, 170, 172, 182, 194
Ägypten, altes, Baumnutzung, 16–19, 76, 94, 138, 194
    Ritual und Legende, 19, 37, 65, 138
Ahorn *(Acer)*, 20–23
Akazie *(Acacia)*, 16–19, 95
Alexander der Große, 76 f, 99
Algonquin, 120, 142
Alpen, 103, 120, 142
Alzheimer, 106
Amerikanische Eberesche *(Sorbus americana)*, 190
Amerikan. Buche *(Fagus americana)*, 86
Amerikan. Lärche *(Larix americana)*, 120
Amerikan. Linde *(Tilia americana)*, 206
Andentanne *(Araucaria. araucana)*, 30, 38 f
angelsächsische Baumnutzung, 22, 45, 68, 127, 172, 177, 181, 193, 203, 206
antibakteriell, 77, 89, 142
antiviral, 182
Anuradhapura, Sri Lanka, 101
Apachen, 112
Apfel *(Malus)*, 124–127
Aphrodite (Venus), 130 f, 168
Apoll, 123
Arabien, 19, 57, 64 f, 128, 141
Armenien, altes, 152
Aromatherapie, 55

Artemis, 130, 141, 145, 180
Arthritis, 85, 123, 154, 178, 194
Artussage, 66, 127, 176
Asien, Baumnutzung, 119, 138, 142
    östliches, 99, 142
    südöstliches, 60, 96, 112
    südliches, 168
    westliches, 110, 128, 152
Asklepios, 75, 209
Assyrien, 76, 115, 138
Atembeschwerden, 119, 146, 150
Athen, 132 ff
Athene, 132 ff
Atlas-Zeder, 52
Attis von Syrien, 65, 148 f
Augen, 36, 78, 152
Australien, 30, 82–85
Ayurveda, 36, 55, 62, 90, 99, 100, 112, 124, 138, 170
Azteken, 196 f

Baal, 57, 141
babylonische Schrifttafeln, 55
Bachblütenmedikamente, 89, 110, 120, 124, 146, 158
Baltische Völker, 119, 182, 201, 210
Banyan *(Ficus benghalensis)*, 96–99
Baobab *(Adansonia)*, 24 f
Baum der Erkenntnis, 89, 93, 99, 127
Baum der Erneuerung, 128
Baum der Inspiration, 193
Begräbnis, 19, 22, 24, 43, 75, 77, 94 f, 148, 158, 202, 210
Belili von Sumer, 180
Bella Coola, 142, 158
Beltanefest, 45, 71, 181
Berg-Ahorn *(Acer pseudoplatanus)*, 20, 22 f
Berg-Ulme *(Ulmus glabra)*, 210
Bestäubung, 90, 94

Bhagavad Gita, 99
Bibel,
    Neues Testament, 65, 136 f
    Altes Testament, 36 f, 58, 65, 93, 127, 136, 141, 150, 169, 176, 195
Bierbrauen, 26
Birke *(Betula)*, 40–45
Birkenrindenmanuskript, 43
Birne *(Pyrus)*, 170 f
Black Elk, Sioux, 162
Blackfoot, 146, 158
Blattfutter, 86, 178, 206, 210
Bodhibaum, 100 f
Bodh Gaya Pipal, 101
Böhmen, 192
Borrowdale Eibe, 201
Brigid von Irland, 42, 177, 193
Britannien, Baumnutzung, 68, 86, 106, 142, 166
    siehe auch England; Schottland; Wales
Britische Kanalinseln, 194
Brotbacken, 38
Brule, 75
Buch der Könige, 76
Buche *(Fagus)*, 86–89
Buddah und Bodh Gaya, 100 f
Buddhismus, 99, 100 f, 109
Busteq, Ogier Ghislain de, 29

Car/Karya, 46, 114
Chaldäer, 55
Cheyenne, 158
Chilenische Andentanne *(Araucaria araucana)*, 38 f
China, Baumnutzung, 60, 63, 99, 106–109, 124, 128, 194, 201
    Ritual und Legende, 77, 99, 148, 180
Chippewa, 23, 66

Choctaw, 160, 210
Christentum, 37, 43, 51, 63, 81, 110, 115, 136, 166
Cook, Captain, 30
Cottonwood, 160–163
Cree, 142
Creiddylad von Wales, 110
Culhwych und Olwen von Wales, 71
Culpeper, Nicholas, 194

Darmbeschwerden, 32, 66, 72, 78, 90, 99, 103, 112, 128, 138, 154, 158, 175
Darwin, Charles, 19, 202
»Dattelkaffee«, 138
Dattelpalme *(Phoenix dactylifera)*, 138–141
Deborah (jüd. Richterin), 141
Delos, 141, 168
Demeter, 124
Deutschland, Baumnutzung, 29, 62, 142
    Ritual und Legende, 127, 167, 185, 208
Diabetes, 90
Diana von Tusculum, 89
Diarmuid und Grainne, 193
Dichtkunst, 109, 180, 181
Didgeridoo-Spiel, 85
Dinnshenchas, 66
Dioderus Siculus, 64
Dionysos, 93, 114, 145, 168
Druiden, 177, 180 f, 193
drys/drus, Etymologie, 177
Dziwitza und Boruta, 143

Ea/Enki, 55–57
Eberesche *(Sorbus)*, 190–193
Echte Walnuss *(Juglans regia)*, 112
Edda, 105

Eibe *(Taxus)*, 89, 105, 118, 198–201
Eibenmenschen, 177
Eiche *(Quercus)*, 110, 150, 172–177
Eleusinische Initiation, 130
Empfängnisverhütung, 119
England, Baumnutzung, 26, 48, 128, 201, 210
    Ritual und Legende, 22, 68, 71, 127, 149, 177, 192
    siehe auch Britannien
»entgiftend«, 40–42, 124
Entzündungen und Wunden, 51, 99, 100, 175, 192
entzündungshemmend, 32, 64, 78, 156, 158, 160, 166, 178
Erdmutter der Steinzeit, 43
Erle *(Alnus)*, 32 f
Erlenmenschen, 177
Esche *(Fraxinus)*, 102–105
Espe *(Populus termula)*, 158 f
Ess-Kastanie *(Castanea sativa)*, 48–51
Estland, 119
Eukalyptus *(Eucalyptus)*, 82–85
Europa, 152
Europa, Baumnutzung, 86, 102 f, 106, 146, 206, 208
    ältester Baum, 201
    Nordwest-, 156
    Ritual und Legende, 119, 127
    Süd-, 48, 110, 190, 194
    Südost-, 26, 112, 152, 156, 168
    West-, 110, 166, 175, 210
Europäische Lärche *(Larix decidua, Larix europaea)*, 120

Farben, 112
Feige, Echte *(Ficus carica)*, 90–93
Fest der Eberesche, 193
Fest der Eibe, 205
Fest des Grünen Georgs, 181
Fest von Lammas, 177, 205
Fest Mariä Namen, 81
Fest der »Mutternächte« 45
Fest der heiligen Palme, 141

Frühlings-, Maifest, 43, 71, 149
Fichte *(Picea)*, 142–145
»Ficus Ruminalis«, Rom, 93
Flöte, Nordamerika, 75
Frankreich, 118, 127, 201, 209
Freya und Frigga, 42
Friedensbaum, 143
Friedrich Wilhelm, Herzog, 167
Fruchtbarkeit, 124–126

Gallus, Cyprianus, 127
Gegengift, 175, 192
Geist, älterer 182
Gewöhnliche Hasel *(Corylus avellana)*, 66
Gewöhnlicher Wacholder *(Juniperus communis)*, 116
Germanen, Baumnutzung, 43, 46, 103, 119, 170, 192, 203, 205, 209
Gewürze, 122, 166
Gicht, 42, 103, 119, 124, 142, 156
Gifte, 29, 62 f, 106, 110, 119, 168, 201
Gilgameschepos, 57 f, 130
Ginkgo *(Ginkgo biloba)*, 106–109
Glastonbury, 127, 149
»Glastonbury-Weissdorn«, 68, 71
Gletscherleiche »Ötzi«, 201
Götter und Göttinnen der Azteken, 197
    der Fruchtbarkeit 145
    von Krieg und Wetter, 175
    Nordamerikanische Ureinwohner, 23
Gottesbaum, 150, 203
Granatapfel *(Punica granatum)*, 168 f
Graves, Robert, 81
Griechenland, altes, Baumnutzung, 32, 75 f, 93, 114 f, 118, 146, 175, 177
    Ritual und Mythos, 36, 75, 81, 103, 105, 114, 130, 132–135, 136, 141, 145, 205, 209
Große Göttin, 166

Großvater-Enkel-Baum, 109
Grüner Mann, 110, 143, 176

Haar-Ulme *(Ulmus procera)*, 210
Hainbuche *(Carpinus)*, 46 f
Haiti, 63
Hämorrhoiden, 26, 175
Hänge-Birke *(Betula pendula)*, 40
Harn- und Blasenbeschwerden, 46, 55, 106, 112, 119
harntreibend, 103, 166, 194
Hasel *(Corylus)*, 66 f
Hathor/Nuit, 94 f
Hatshepsut, Königin von Ägypten, 65
Hausgeist, 182–184
Haut, 32, 36, 40, 55, 78, 112, 120, 123, 142, 154, 175, 208
Hawaii, 19
heilende Eigenschaften *siehe* medizinische Eigenschaften
Heilige Familie (Andalusien), 63
Heiligtümer, 70 f, 76 f
Heimdall, 46
Heinrich IV. und das Edikt von Nantes, 209
Hekate, 180
Hera, 71, 81, 168, 170, 180
Herakles, 152, 158
Herball (J. Gerard), 78
Herne der Jäger, 176
Herrin des Waldes, 42
Hesiod, 122
Hesperiden, Äpfel der 81, 127
Hethitertexte, 71
Himalaja, 52
Hinduismus, 99 f
Hippokrates, 103
Hochzeit, 81, 114, 127, 164
Holunder *(Sambucus)*, 182–185
Holz-Apfel *(Malus sylvestris)*, 124
Homöopathie, 42, 105
Hopi, 146–148, 158
Hustenlinderung, 51, 90, 106, 112, 123, 128, 142, 146, 164
Hydra, 152

Iberische Halbinsel, 172
Iduna, 127
Impotenz, 112
Indien, 64, 96, 100
Irak, 77, 115, 138
Iran, 34, 76, 78, 112
Irland, 42, 66, 105, 177, 180, 192 f
Irokesen, 23, 48, 110, 120, 210
Isis, 65
Island, 193, 202
Islam, 135
Israel, 34, 90
Israel/Judentum, 19, 36 f, 65, 136
Israeliten/Stämme Israels, 19, 36 f, 169, 181, 195
Italien, 72, 127, 201

Japan, 77, 109, 154, 164 f, 202 f
Jemen, 141
Jericho, 65, 141
Jerusalem, 110, 149, 167
Jesus Christus, 63 ff, 71, 110, 136 f, 141, 149, 167, 185, 205 f
Johanna, Königin von Aragon, 51
Josia, König, 37
Julius Cäsar, 120, 141
Jupiter, 89

Kaffee-Ersatz, 29
Kalkutta, Botanischer Garten, 96
Kämpfer, Engelbert, 109
Kanaan, Stadt der Mandel, 37
Kanaaniter, 36 f, 81
Kanada, 75, 120, 143
Kampfer, Engelbert, 109
Kardea, 71
Karl II., König, 177
Karmenta, 115
Karolina-Pappel *(Populus deltoides)*, 160–162
Kashaya, 188
Kaukasisches Naturschutzgebiet, 201
Kaukasus, 102, 170, 172
Kauri *(Agathis australis)*, 30 f

Kawaiisu, 148
Kelten, 66, 103, 105, 119, 127, 158,
    177, 201 f, 205
Kiefer *(Pinus)*, 146–149
King's American Dispensatory, 130
Kirsche *(Prunus avium)*, 164 f
Kiowa, 23, 112
Kleinasien, 48, 72, 114, 118, 141,
    150, 172
König Bran von Wales, 32
Koniferen, 106
Konohana Sakuya Hime, 164
Koran, 135, 141
Kork-Eiche *(Quercus suber)*, 174
Krampfadern, 26, 29, 72, 194
Krebsvorbeugung, 64, 106, 201
Kreislauf, 106, 112, 142, 146, 208
Kreta, 78, 135, 152, 158, 210
Krishna-Bor *(Ficus benghalensis* var.
    'Krishnae'*)*, 96
Kundalini-Yoga, 37
Kwakiutl, 142 f
Kybele der Phrygier, 36, 148

Lärche *(Larix)*, 120–123
Lakota (Sioux), 75, 146, 160, 162
Laubhüttenfest, 141, 181
Lawsons Scheinzypresse, 72, 77
Lebensbaum, 99, 127, 138, 152,
    196, 202, 205, 209
Libanon, Bäume des, 54 ff
Lichtbaum, 136, 145
Linde *(Tilia)*, 206–209
Li Wen-Po, Prinz, 106
Lorbeer *(Laurus)*, 122 f
Lorbeerkranz, 123
Lugh, 43 f
Lungenbeschwerden, 55, 68–70,
    124, 132, 138, 208
Lymphprobleme, 112

Madagaskar, 64
Magen- und Darmbeschwerden 112,
    119, 123, 132, 138, 168, 192

Maibäume, 43
Malecite und Micmac, 142
Mallorca, 81
Mammutbaum *(Sequoia)*, 186–189
Mandel *(Amygdalus)*, 32–37
Mandel, süß und bitter 34–36
Marian (Pelasger), 81
Maori, 30, 154
Marokko, 135
Mars Silvanus, 176 f
Maulbeere *(Morus)*, 115, 128 f
Maulbeer-Feige *(Ficus sycomorus)*,
    94–96
Medina, 141
Mendocino, 188
Menstruationsbeschwerden, 210
Menzies, Archibald, 189
Merlin der Bretonen, 149
Mesopotamien, 158
Mexikanische Sumpfzypresse
    (Taxodium mucronatum),
    196 f
Mineralien, 19, 22, 24, 51, 62, 66,
    86, 90, 112, 124, 146, 170
Minoer, 210
Mirto, 130
Mithras und Mao (Persien), 77
Mittelmeerraum, 72, 116–118, 142,
    148, 150, 154, 194
Mondbaum, 76
Mondpriesterinnen, 180
Monterey-Kiefer *(Pinus radiata)*, 146
Montezuma II., 196
Musikinstrumente, 22, 82, 164, 180 f,
    201
Myrrhe *(Commiphora myrrha)*, 64 f
Myrte *(Myrtus)*, 130 f
Mythen und Legenden
    christliche, 110, 149, 166, 185
    germanische, 43, 46

Naher Osten, 150, 152
Navajo, 72, 75, 148, 158, 160
Nebenhöhlenbeschwerden, 182,
    206, 210

Nebudda-Fluss, 99
Nepal, 100
Nephtys, 138
Nervensystem, 119
Neuseeland, 30, 30, 154
Nierenbeschwerden, 156
Nordamerika, 72, 86, 102, 116, 128,
    164, 190, 196
    Kalifornien, 132, 138, 186–
    189
    Mexiko, 196 f
Nordamerikaner, Ureinwohner,
    Baumnutzung, 22, 40, 72,
    119, 124, 143, 146, 186–
    189
Nordamerikanische Ureinwohner,
    Ritual und Symbolik,
    Religion, 23, 72, 75, 162 f
Nordische Stämme, Baumnutzung,
    42, 46, 105, 192, 202,
    209
Nordisches Runenalphabet, 202
Nuadu von Irland, 105

Ohrenschmerzen, 100, 123, 189
Ojibwa, 40, 66, 142
Olbasöl, 82
Olive *(Olea)*, 102, 132–137
Olivenbaum *(Olea europaea)*,
    132
Olivenöl, 132
Olwen von Wales, 71
Omaha, 160
Orakel von Delphi, *123,* 123, 135
Orange *(Citrus sinensis)*, 60–63
Orangenbaum, Magischer von Haiti,
    63
Orangerien, 62
Orientalische Buche *(Fagus orientalis)*, 86
»Orosu«, 77
Orpheus, 210
Osiris, 19, 37, 194
Ostjaken, 120
Ovid, 65

Paiute, 142, 146
Pakistan, 96
Palästina, 94, 127
Palmsonntag, 181
Pan, 148
Pande, Dr. Alka, 99
Pappel *(Populus)*, 156 f
Para Adumma, hebräisch, 58
Paracelsus, 62
Patagonien, 19
Patrizierbaum, 131
Pawnee und Ponka, 160
Peaceful Giants, 189
Pehuenche, Chile, 38
Pelasger, 114 f
Pen Tsao Kang Mu, 106
Persea, 95
Persephone, 168 f, 180
Persien, 76, 130, 152
Phaeton, 156
Philippinen, 30
Philostratus, 55
Phönizischer Wacholder *(J. phoenicea)*, 116, 118
Phoroneus, 32
Phrygien, 36, 148 f
Phylira und Chiron, 209
Pima, 19
Pipal oder Bodhi *(Ficus religiosa)*,
    100 f
Pistazienbaum *(Pistacia vera)*, 150
Pius II., Papst, 66
Platane *(Platanus)*, 152 f
Plebejerbaum, 131
Plinius, 124
Plinius der Ältere, 177
Portugal, 60, 82
Poseidon, 105, 132
Presse, 46, 89
Pridnya, Professor, 201
Prostataprobleme, 156
Pureora Forest Reserve, 154

Quebec, 120
Quitte *(Cydonia)*, 78–81

Ratas Waka, 154
Rauchopfer, 119
Regenmacher, 105
Rheumatismus, 32, 42, 103, 124, 142, 154, 156
Rhoeo, 168
Riesen-Lebensbaum *(Thuja plicata)*, 75
Ritual und Symbolik, religiös, 71, 127, 177, 192
    schamanisch, 45, 166 f, 168
Robin Hood, 176
Rogationtide, 177
Rom, Baumnutzung, 64, 118, 132
    Ritual und Mythos, 23, 66, 71, 89, 93, 115, 131, 141
    Römisches Weltreich, 120, 120, 170
Rosskastanie *(Aesculus)*, 26–29
Rot-Buche *(Fagus sylvatica)*, 86
Royal Oak Day, 177
Rumänien, 127, 181
Runen der Germanen, 89
Runentalismane, 89
Russland, 40–42, 181, 185

Salate, 86, 105, 206
Salige, 120
Salomo, König, 55, 135 f, 169
Salteaux, 23
Sal-Weide *(Salix caprea)*, 178
Samhain, 205
Sardinien, 130
Sauna, 40
Schlehe *(Prunus spinosa)*, 166 f
schmerzstillend, 64, 156, 160, 170
Schottland, 148, 192, 201
Schrift, 115
Schwarzdorn *(Prunus spinosa)*, 166 f
Schwarz-Pappel *(Populus nigra)*, 156
Schweden, 192
Schweiz, Kanton Aargau, 170
Seifen, 26
Seminole, 196
Semiten, 36, 57
Servius, 23

Shuswap, 158
Sibirische Lärche *(Larix sibirica)*, 120
Sibirische Völker, 120, 143
Silber-Ahorn *(Acer saccharinum)*, 20
Silber-Pappel *(Populus alba)*, 156
Silber-Weide *(Salix alba)*, 178
Sigurd, 209
Silvanus, 66, 176
Sinai, 19
Sioux, siehe Lakota
Sizilien, 60
Skandinavien, 40, 45, 182, 210
Slawen, 119, 142
Smith (engl. Botaniker), 109
Snefru, Pharaoh, 55
Sommersonnenwende, 177
Sonnenbaum, 76
Sonnenkönig, Frankreich, 62
Sonnentanz, 162 f
Spanien, 60, 63, 82, 202
Spitz-Ahorn *(Acer platanoides)*, 20
Sri Lanka, 100 f
Stechpalme *(Ilex)*, 110 f
Stein-Eiche *(Quercus ilex)*, 172
Stiel-Eiche *(Quercus robur)*, 172
Strabo, 130
Südamerika, 19, 38, 112, 196 f
sugi, 77
Suleiman, Hof des, 29
Sykomore *(Ficus sycomorus)* 94–96
Syrischer Wacholder *(Juniperus drupacea)*, 118

Tadschikistan, 118
Tamariske *(Tamarix)*, 95, 115, 194 f
Tane Mahuta der Maori, 30
Tanne *(Abies)*, 142–145
Taoismus, 37, 77, 148
Tasmanischer Blaugummibaum *(Eucalyptus globulus)*, 82
Tees, 40–42, 70
Tempel Salomos, 55, 81, 135 f
Terebinthe *(Pistacia terebinthus)*, 150 f
Theodosius, Kaiser, 72

Thompson, 158
Tolowa, 188
Tor zu anderen Dimensionen, 119
Totara *(Podocarpus totara)*, 154 f
Totempfähle, 75
Tradition, 42
Traditionelle Chinesische Medizin, 62 f, 81, 90, 106, 112, 124, 128, 132, 138, 146, 164, 170
Trauben-Eiche *(Quercus petraea)*, 172
Tsalagi , 22, 46, 48, 86, 110, 112, 142, 186
Türkei, 29, 55, 71, 148, 152, 152
Tuthmosis I., Pharao, 194

Ulme *(Ulmus)*, 105, 210 f
Upanischaden, 99

vaginale Infektionen, 78, 100
Veden, 43
Velkhanos (Vulkan), 158
Verbot von Bräuchen, 123, 167, 185
Verbrennungen, 194
Vergil, 62, 130, 210
Verstauchungen und Prellungen, 29, 123, 170, 182
Viehmast, 172

Wacholder *(Juniperus)*, 54, 72, 115, 116–119
Wald-Kiefer *(Pinus sylvestris)*, 146
Wales, 32, 66, 71, 110, 193, 202
Walleechu von Patagonien, 19
Walnuss *(Juglans)*, 112–115
Warzenbehandlung, 90
Weide *(Salix)*, 95, 178–181
Weißdorn *(Crataegus)*, 68–71
Weiße Göttin 36, 42 f, 45, 71, 182
Weiß-Esche *(Fraxinus americana)*, 102
Weiß-Ulme *(Ulmus americana)*, 210

Weltenbaum, 46, 55, 81, 100, 105
westliche Kräutermedizin, 210
Wilson, E. H., 99
Wintersonnenwende, 45, 177, 203
Wohlgefühl, 51, 70, 110, 178, 192, 208
Wulfdietrich-Sage, 32
Wuti, Kaiser von China, 63

Xerxes, König, 93, 152

Yakushima Nationalpark, 77
Yggdrasil, 105, 202 f
Yurok, 188

Zapoteken, Mexiko, 196
Zeder *(Cedrus)*, 52 ff, 72, 115, 118
Zeus, 51, 152
Zucker-Ahorn *(Acer saccharum)*, 20, 22
Zypresse *(Cupressus)*, 54, 72 ff, 115

Impressum

Umschlaggestaltung von eStudio Calamar auf Basis der englischen Ausgabe.

Titel der Originalausgabe: THE LIVING WISDOM OF TREES
All rights reserved
Copyright © Duncan Baird Publishers 2005
Text Copyright © Fred Hageneder 2005
Commissioned Artwork Copyright © Duncan Baird Publishers 2005
Bildrechte siehe Abbildungsnachweis auf dieser Seite.

Gedruckt auf chlorfrei gebleichtem Papier

© 2014, Franckh-Kosmos Verlags-GmbH & Co. KG, Stuttgart
Alle Rechte vorbehalten
ISBN: 978-3-440-14544-9

Projektleitung: Dr. Stefan Raps
Übersetzung aus dem Englischen: Peter Simon
Produktionsbetreuung: Print Company Verlagsges.m.b.H.
Produktion: Johannes Geyer
Printed in China / Imprimé en Chine

Unser gesamtes lieferbares Programm und viele weitere Informationen zu unseren Büchern, Spielen, Experimentierkästen, DVDs, Autoren und Aktivitäten finden Sie unter **kosmos.de**

Danksagung und Abbildungsnachweis

Über den Autor

Fred Hageneder, geboren 1962 in Hamburg, erforscht seit 1980 mit Leidenschaft die Bäume in Verbindung mit Religion, Kulturgeschichte, Mythologie und Archäologie. Er ist ein führender internationaler Autor auf dem Gebiet der Ethnobotanik und der kulturellen und spirituellen Bedeutung der Bäume. Bücher von ihm liegen auf deutsch, englisch, italienisch und tschechisch vor. Seine Vortragstätigkeit führte ihn bisher in verschiedene ökologische Zentren in Deutschland und in der Schweiz sowie in die Forstabteilung der Universität Istanbul (Abant Izzet Baysal Universität), Türkei.

  Sein Werk *Geist der Bäume* (Neue Erde, Saarbrücken 1999) ist eine ganzheitliche Betrachtung des einflussreichsten Geschöpfes der Erde und eine Kulturgeschichte der Menschheit und der Bäume. Derzeit arbeitet er an einer Monographie über die Eibe, in der er wiederum Natur- mit Kulturgeschichte verbindet.

Hageneder ist Mitglied der *Ancient Yew Group* (www.ancient-yew.org), einem Zusammenschluss unabhängiger Forscher in England, und Mitbegründer von *Freunde der Bäume e.V.* (www.freunde-der-baeume.de), der moderne Baumheiligtümer als Orte des Friedens aber auch als multikulturelle und interreligiöse Begegnungsräume schaffen möchte. Hageneder spielt verschiedene traditionelle Harfen und hat Musik für verschiedene Baumarten komponiert. Er lebt als Grafiker, Musiker und Buchautor im Westen Englands.

  Mehr Informationen zu seiner Arbeit: www.spirit-of-trees.de

Danksagung

An erster Stelle größten Dank meiner Partnerin Vijaya für all ihr Verständnis und ihre Unterstützung, und Edward Parker für seine eindrucksvollen Bilder. Besonderen Dank auch Steven Ash, Robert Standing Bear und Laurinda Reynolds für ihre informativen und inspirierenden Worte zur Tradition der amerikanischen Ureinwohner. Roselle Angwin danke ich für das Korrekturlesen des Manuskripts, Mary Sharma für ihre Unterstützung in Ernährungsfragen, Nathan Hughes in der Kräutermedizin und Scott Messenger für die Erörterung astrologischer Bezüge.

  Vielen Dank auch Chris Worrall, Christine Konrad und Martin Trilk, sowie Sangita und Sam Squires und allen bei Duncan Baird Publishers, die dieses Buch möglich machten.

Fred Hageneder

Abbildungsnachweis

Alle Fotografien von Edward Parker, mit Ausnahme der folgenden:
Seite 9 Arni Magnusson Insitute, Reykjavik/The Bridgeman Art Library; **10** Deriel-Medina, Thebes/The Bridgeman Art Library; **64** John Feltwell/Garden Matters; **74–75** F.H.C. Birch/Sonia Halliday Photographs; **76** Max Alexander/Duncan Baird Publishers; **78–79** John Feltwell/Garden Matters; **91** John Ferro Sims; **96–97** Inga Soence/Holt Studios; **101** Robert Preston/Alamy; **137** John Ferro Sims; **159 unten** Archie Miles; **169 oben** John Ferro Sims; **184** Mike J. Thomas/Frank Lane Picture Agency.